사회적경제로
사회복지
하기

| Social Economic Initiatives and Social Welfare |

사회적경제로 사회복지 하기

사회복지사는 왜 사회적경제를 공부하는가?

기획
성공회대학교 사회적기업연구센터

지음
김상신
김성기
김연아
박동옥
박명혜
박용수
박정환
백정연
송선영
심옥빈
우세옥
이영환
정원오
황인매

한울
아카데미

차례

1부 사회복지와 사회적경제

서문: 사회복지사의 사회적경제 공부

　이 책은 지난 10여 년간 성공회대학교 시민사회복지대학원을 중심으로 사회복지와 사회적경제를 주제로 공부하고 연구하고 또 실천해왔던 동학들의 경험을 성찰하고자 하는 목적으로 탄생했다.

　2007년 한국 최초의 사회적경제 관련 입법인 「사회적기업육성법」이 제정될 무렵, 성공회대학교는 시민사회복지대학원에 '자활과 사회적기업 전공'을 개설했다. 대학원 정규 과정으로 개설된 국내 최초의 사회적경제 관련 교육 과정으로 당시 해당 분야에서 선구적 역할을 해오던 대한성공회 김홍일 신부와 한신대학교 이인재 교수, 보건사회연구원 노대명 박사가 자문도 하고 강의에도 참여했다. 사회적경제운동은 1998년 경제위기를 계기로 새롭게 발견된 한국 사회의 빈곤과 양극화 문제에 어떻게 대응할 것이냐 하는 질문에서 시작되었고, 이는 자연스럽게 사회복지의 문제로 인식되었다.

　학과 개설과 함께 고맙게도 (주)현대제철 사회공헌사업의 도움을 받아 '사회적기업 현장연구자 육성 장학사업'을 10여 년에 걸쳐 진행할 수 있었는데, 현장의 경험을 학문적인 연구와 결합하자는 의도를 가진 기획이었다. 이 사업을 수행하기 위하여 대학 내에 사회적기업연구센터를 설립했고, 한겨레신문사와 의료생협연합, 주거복지연대와 같은 시민사회와 협력하여 각종 교육사업을 진행하고, 대학원생들을 위한 국내외 연수사업을 진행할 수 있었다. 특히 해외 연수사업은 영국, 일본, 인도, 프랑스, 독일, 캐나다, 미국, 네팔, 베트남을 무대로 사회적경제와 사회복지가 어떻게 결합하는지를 관찰하는 좋은 기회였고, 해외 경험이 많지 않은 현장 활동가들에게는 쉼과 공부를 병행할 수 있는 잊을 수 없는 추억이었다. 밤을 꼬박 지새우며 서로의 삶의 지혜와 경험을 나누면서 '세상에는 만만한 사람이 없구나'라는 깨달음도 얻었다. 실로 '서로를 만만하지 않은 사람으로' 존중하는 것이 사회복지와 사회적경제를 관통하는 핵심적인 정신이 아닐까 생각한다.

그동안 사회적기업 전공을 통해 많은 연구자와 현장 실무자를 배출하여 사회적경제운동의 발전에 기여해온 일은 틀림없이 보람되었지만, 한편으로 사회적경제와 사회복지를 결합하는 본격적인 연구작업이 미흡하다는 점은 찜찜했다. 수년 동안 '사회적경제와 사회복지'라는 과목을 강의해 오면서 흡족한 교재나 연구자료를 찾기 어렵기도 했다. 유사한 어려움이 현장에도 마찬가지였으리라 생각한다. 사회적경제운동은 빈곤과 자활 영역에서 출발했지만 이제는 돌봄과 육아라는 사회서비스 영역으로 진출했고, 노인, 아동, 장애인, 여성, 청년, 지역사회 개발, 문화와 같은 다양한 영역으로 확대되면서 사회적경제와 사회복지가 중첩되는 영역이 늘어났다. 사회복지사들이 기존의 사회복지기관을 넘어서 협동조합을 결성해 사회복지 관련 사업을 창업하는 사례도 늘고 있다. 사회복지기관과 사회적경제 단체가 사업 수주와 기관 위탁에서 경쟁 관계를 형성하기도 한다. 이러한 상황은 전통적인 사회복지 실천에 익숙한 사회복지사들에게 적지 않은 혼란을 야기하고, 양자가 어떠한 관계를 형성해야 하는지 고민을 준다. 양자는 한정된 자원을 놓고 각축하는 경쟁 상대에 불과한가, 아니면 아직도 가깝지 않은 복지국가의 꿈을 실현해나가는 협력자가 될 것인가?

다른 한편, 한국의 사회복지와 사회적경제는 모두 난관에 봉착해 있음도 사실이다. 한국의 사회복지는 1980년대 민주화 이후 빠르게 발전했지만, 서구 복지국가에 한참 못 미치는 국가의 역할, 지나치게 시장 의존적인 사회서비스, 그리고 복지국가의 국가 주도적 성격으로 인한 시민의 수동적 수급자화 현상의 문제를 안고 있다. 사회복지보다 역사가 일천한 사회적경제 현장은 척박한 생태계와 인색한 정책 지원 그리고 지나친 이윤창출 압박으로 시장 기업화의 압력에 직면해 있다.

이 책을 만드는 작업에 참여한 연구자들은 복지국가를 향한 운동의 한계를 극복하기 위하여 사회적경제의 잠재력이 충분히 고려되어야 한다는 입장에서, 양자의 결합이 새로운 돌파구를 만들어나갈 수 있으리라는 기대와 희망을 가지고 있다. 하지만 이러한 적극적인 관계를 형성하기 위해서는 현장에서 부단히 노력하고 더불어 그에 못지않게 치열히 연구해야 한다. 엄격한 아카데미즘에 입각한 연구를 비롯해, 사회복지와 사회적경제가 맞물리는 실천 현장의 경험을 발굴하는 탐색 작업도 필요할 것이다.

이러한 공감대가 연구와 강의에 참여하고 있던 연구자들 사이에 형성되면서, 다양한 현장에서 적지 않은 성과를 산출하고 있는 동문들의 경험을 우선적으로 성찰해보자는 의견이 모아졌다. 한창 코로나19 팬데믹이 기승을 부리던 2021년 봄이었다. 지난 수년간 수업 시간을 이용해 현장 동문을 몇 분씩 초청하여 특강을 진행했는데 수강생들의 반응이 매우 좋았고 이는 고무적인 경험이었다. 강단의 연구자들이 공동 편집자 역할을 담당하기로 하고, 8월에는 현장에 종사하는 동문들에게 참여를 권유하는 서신을 발송했다. 상당수 동문의 열띤 호응에 힘입어 9월부터 월례 세미나를 진행했다. 코로나 상황이었기 때문에 온라인(줌)으로 총론 외에 일곱 차례에 걸쳐 현장 경험에 대한 발제와 토론을 거치면서 자신감을 얻고 단행본 작업에 돌입했다. 처음에는 현장 종사자들이 원고를 작성하는 데 어려움이 있으리라 생각했지만, 실제로는 학교 연구자들이 담당한 이론적 정리 작업에 더 많은 시간이 소요되었다. 결국 기대했던 출간 시기가 1년가량 늦어졌다.

그동안 편집위원의 역할을 담당한 강단 연구자들(이영환, 정원오, 김연아, 김형돈, 송선영, 황인매) 외에 다수의 현장 활동가들이 토론과 집필에 참여했는데, 활동 영역별로 보면 다음과 같다. 크라우드 펀딩(성진경), 사회적 금융(박정환, 남원호), 사회주택(문영록, 채준배), 도시재생(김상신, 이낙규), 돌봄(심옥빈), 자활(박동옥), 지역정치와 지역운동(박명혜, 김진숙), 사회적협동조합(김성기, 강희설, 김종인), 사회적경제 교육 및 지원기관(박설인, 조미연, 이선화, 박찬희), 의료사협(우세옥), 장애인 관련 사회적기업(백정연), 지역네트워크(박용수)이다. 참여는 개방적이고 계속 확대되어왔다. 이 중 여러 가지 사정으로 이 책에 참여하지 못한 영역의 동문들이 많은데, 후속 작업이 뒤따르기를 기대한다.

1부는 '사회복지와 사회적경제'를 주제로 한 이론 작업이다. 이 분야의 선행연구가 매우 빈약한 상황에서 시론적인 연구를 벗어나기 어려웠지만, 이론 연구를 위한 초석을 마련한 것에 만족해야 할 것이다. 앞으로 많은 연구자들의 본격적인 연구를 기대한다. 2부는 현장의 경험을 성찰했다. 개인 경험을 중심으로 하되, 가급적 그 분야의 객관적인 발전상과 현장의 고민을 보여주기 위해 노력했다. 원고마다 관점이나 강조점의 차이가 불가피했다.

여러 가지로 부족할 수밖에 없는 결과물이지만, 이 분야의 연구가 활성화되는 조그마한 계기가 되었으면 하는 바람이다. 집필과 토론에 참여한 분들은 물론, 그동안 격려하고 기대를 품어준 동문들과 성공회대학교 교수님들에게 감사의 말씀을 드린다. 수년 전부터 성공회대학교 사회복지학 전공 교수들이 '사회복지사의 ○○ 공부'라는 시리즈물을 발간하고 있는데, 이 책도 그 시리즈와 맥을 같이한다. 집필과 함께 편집위원 역할까지 해준 연구자들에게도 감사드리고, 책이 나오는 데 힘써준 한울엠플러스(주) 식구들에게도 감사를 드린다.

마지막으로, 이 서문의 제목을 '사회복지사의 사회적경제 공부'라고 붙인

까닭은 "사회복지사는 왜 사회적경제를 공부하는가?"라는 질문이 머리를 떠나지 않아서였다. 이에 대한 근사한 대답을 찾는 분들이 많아지면 좋겠다.

2023년 12월

필자들을 대표하여 이영환

1부
사회복지와 사회적경제

1장

한국의 사회적경제와 복지국가운동

이영환 (성공회대학교 명예교수, 사회복지학)

사회적경제가 확대되면서 사회복지의 실천과 중복되는 영역이 증가하고 양자 간 관계가 복잡하게 얽히는 양상이 전개되고 있다. 사회적경제는 통상 영리 목적보다는 사회문제 해결이나 취약계층을 위한 일자리 창출 등 사회적 목적을 우선시하는 경제활동을 의미한다. 좁게는 사회적기업, 협동조합, 마을기업, 자활기업 등의 활동을 의미할 수도 있지만, 넓게 보면 시민사회에서 이루어지는 자선활동과 돌봄, 나눔 등 경제적 의미를 갖는 활동들도 포괄할 수 있다. 즉 국가 주도의 경제 영역과 영리기업 중심의 시장경제 영역 외의 제3부문에서 이루어지는 광범위한 시민사회활동을 아우를 수 있다.

한국에서 사회적경제운동은 빈민운동 영역에서 출발하여, 돌봄과 보육 등 사회서비스 영역으로 확대되었고 노인, 아동, 장애인, 여성, 청년복지, 지역사회 개발, 자활 등 다양한 영역에서 폭넓은 시도가 전개되고 있다. 사회복지사들이 기존의 사회복지기관을 넘어서 협동조합 결성을 통해 사회복지 관련 사업을 창업하는 사례도 늘고 있다.

이와 같은 상황이 사회복지사들에게 상당 정도의 혼란을 야기하는 것은 불가피하다. 사회적경제운동이 사회복지만을 목표로 하지는 않지만, 기본적인 이념과 정신—사회적 약자에 대한 일자리 제공과 서비스, 지역사회 개발 등—이 사회복지를 지향하고 있어서 양자를 엄격하게 구별하기 어려운가 하면, 이렇게 유사한 목적을 추구하는 것 같으면서 또 상당히 다른 양상으로도 나타나기 때문이다. 사회복지기관은 비영리조직인 반면 사회적경제조직은 대체로 시장에서 경쟁하는 영리기업의 모습이다. 복지기관은 보건복지부 관할이고, 사회적경제조직은 고용노동부 관할, 그리고 협동조합은 기획재정부 관할로 나뉘어 있어 관련된 정부 정책의 분위기도 상당히 다르다. 특히 사회서비스가 본격적으로 확대되면서 사회적경제조직들이 사회서비스 공급에서 그리고 사회복지기관 위탁 등에서 사회복지조직들과 경쟁자 관계를 형성하기도 하고, 사회복지 전문가들의 위상에도 도전적인 국면을 조성하고 있다(이인재, 2017). 더욱이 사회적경제조직의 생존과 발전이 상당 부분 사회복지제도를 토대로 하고 있기 때문에 이러한 양상은 앞으로 더욱 심화될 것으로 볼 수 있다.

이와 같이 사회적경제는 사회복지 현장에 상당한 충격을 주고 있기 때문에 사회복지사들에게 혼란을 주고 있음에 틀림없고, 사회복지 발전을 위해 사회적경제운동과 어떤 관계를 형성해야 하는지 고민이 불가피하다. 사회적경제운동은 사회복지 현장의 실천에 어떤 긍정적 영향을 가져올 수 있을까? 양 조직 간 긍정적인 융합 효과는 가능할까?

이러한 상황에도 불구하고, 그리고 사회적경제를 연구하고 교육하는 기관이 늘고 있음에도 불구하고, 사회적경제운동과 사회복지정책 및 실천이 어떤 관계를 형성해야 하는지에 대한 고민과 연구는 빈약하다. 사회복지 현장에서도 마찬가지 양상을 볼 수 있는데, 이러한 무관심의 이유는 무엇일까?

뒤에서 좀 더 설명하겠지만 서구 복지국가의 역사를 보면 사회적경제운동의 발전과정 자체가 사회복지 발달에 조응하면서 동반 발전해 왔다. 사회복지가 결여되거나 미진한 부분에서는 협동조합과 상호공제조합 등 사회적경제운동이 민중의 삶을 보호하기 위한 선구적 역할을 했고, 이러한 노력이 사회보장제도로 진화하기도 했다. 복지국가가 발전하면서 상대적으로 사회적 경제는 주변화되고 잠복 상태에 들어갔지만, 1970년대 오일쇼크 이후 복지국가가 여러 가지 측면에서 위기를 맞이하면서, 다시 부활하여 복지국가의 재구조화에 힘을 보태고 있다.

한국은 후발 복지국가로서 민주화 이후 빠른 속도로 복지정책을 확대하면서 제3세계에서 거의 유일하게 선진 복지국가를 향해 전진하고 있지만, 아직도 많은 과제를 안은 교착 상태이다. 과연 사회적경제는 이러한 한계를 극복하는 데 기여할 수 있을까? 이와 관련하여 사회적기업이나 사회적경제가 복지국가(혹은 복지사회) 발전에 기여할 수 있다는 다소 원론적인 주장(이태수, 2009; 정무권, 2018; 장원봉, 2011)도 있고, 이들과는 전혀 다른 맥락에서 사회적 기업의 일자리 창출을 통해 '퍼주기 식' 사회복지를 대체할 수 있으리라고 희망하는 다소 보수적인 담론도 존재한다. 그러나 이 정도 주장을 넘어서는 본격적인 논의는 진행되지 않고 있다. 적어도 사회복지 진영의 경우는 분명히 그러하다. 그리고 이런 경향은 비단 한국만의 문제는 아닌 것 같다. 에버스와 라빌(Evers and Laville, 2007: 16)은 "기존의 사회정책 및 복지체제 이론에서 제3 섹터(즉 사회적경제 – 필자 주)가 다루어지지 않는 것이 그 이론의 최대 약점"이라고 갈파했다.

필자는 복지국가를 향한 운동의 한계를 극복하기 위해 사회적경제의 잠재력이 충분히 고려되어야 한다는 입장이다. 이와 관련된 많은 연구가 필요할 것이다. 엄격한 아카데미즘에 입각한 연구도 필요하고, 사회복지와 사회적경제가 맞물리는 실천 현장의 경험을 발굴하는 탐색적 작업도 필요할 것이다. 이 글에서는 우선 사회적경제와 사회복지의 관계를 이해하고, 구체적인 이론적, 경험적 연구를 촉발하기 위해 다음과 같은 몇 가지 주제를 시론적으로 검토하려고 한다.

첫째, 한국에서 사회적경제와 사회복지는 어떤 관계를 형성하고 있는가?

둘째, 서구 복지국가의 경험에 대한 고찰: 사회적경제와 복지국가는 어떤 관계를 형성하면서 발전되었는가?

셋째, 한국 사회복지는 어떤 상황이며, 사회적경제운동은 복지국가 발달에 기여할 수 있는 잠재력을 가지고 있는가?

넷째, 양자의 관계를 정립하기 위해 구체적으로 무엇을 고민하고 연구할 것인가?

1. 사회복지와 사회적경제의 관계와 의미

사회복지와 사회적경제는 어떤 관계일까? 무엇보다 양자의 목적과 지향이 매우 유사하고 발전 양상이 상호 의존적이라는 점을 강조할 수 있다. 사회복지는 사회적경제 발전의 토대가 되고, 사회적경제는 사회복지서비스의 혁신에 기여할 수 있다는 것이다.

1) 목적과 지향의 동일성

사회적경제는 영리가 아닌 사회적 가치 실현을 주목적으로 한다. 사회적 가치는 매우 다양하겠지만, 한국의 대표 사회적경제조직인 사회적기업의 경우를 보면, '취약계층을 위한 일자리 창출'과 '한국 사회, 특히 취약계층에게 부족한 사회서비스 공급', '지역사회문제 해결과 발전에 기여' 등을 주된 가치로 제시하고 있다['사회적기업육성법'(2007)]. 나아가 사회적 가치를 중시하는 경제활동 문화와 삶의 방식 만들기, 그리고 사회적 목적을 우선시하는 사회책임기업의 모델 형성 등도 사회적경제운동의 중요한 목표라 할 수 있다. 이와 같은 목표는 결국 한국 사회의 주요 사회문제를 해결하고 삶의 질을 높이려는 것이다. 그리고 이는 복지국가의 목표와 본질적으로 동일하다. 즉 사회문제 해결과 예방, 삶의 질 향상, 나아가 불평등을 줄이면서 좀 더 평등한 사회를 추구하는 복지국가의 목표와 본질적으로 다르지 않다.

2) 사회적경제 발전의 토대: 사회복지

목표의 동일성은 활동 영역의 중첩을 결과하면서 양 조직 간 밀접한 상호 작용을 가져온다. 여기에서 두 조직은 경쟁자인 동시에 파트너가 될 수 있는 가능성이 존재한다. 필자는 복지국가 발전을 위해서 사회적경제의 발전이 필수이지만, 그 역으로 사회적경제의 발전을 위해서도 복지국가의 발전은 기본 토대라고 생각한다. 우선 사회복지(정책)가 사회적경제에 기여할 수 있는 측면은 다음과 같이 볼 수 있다.

첫째, 복지정책은 사회적경제에 비즈니스 기회를 제공한다. 노동부가 인증한 사회적기업의 업종을 보면 사회복지, 가사간병, 보육 등 범 사회복지 영역의 기업이 상당한 비중을 차지하고 있고, 그 외의 영역도 사회복지적 목적과 연관되는 경우가 많다. 그리고 앞으로 한국의 사회복지는 양적으로 더욱 확대될 가능성이 많다. 노인인구 비중이 계속 늘어나고 있을 뿐만 아니라, 한국 복지비 지출이 서구 복지국가와 비교할 때, 절반 정도에 불과해서 앞으로 좀더 확대될 것을 기대한다면, 그리고 그 상당 부분이 사회복지서비스 영역에 주어진다면, 복지서비스 영역에서의 비즈니스 기회는 크게 증가할 것이다.

둘째, 복지정책의 발전은 취약계층에게 공정한 경쟁 기회를 부여하는 데 기여할 수 있다. 장애인, 노인 등 취약계층이 시장 경쟁에 무방비로 노출되는 것 또한 공정하지 않다. 따라서 이들 취약계층이 공정하게 시장 경쟁을 할 수 있도록 생활상의 제반 문제와 욕구에 대한 복지서비스, 즉 생계비 보조를 포함하여 교육, 훈련, 이동보조, 활동보조, 아동돌봄 등의 서비스가 충분히 제공될 필요가 있다. 복지국가의 발전은 취약계층의 '취약성'을 상당히 완화함으로써 이들의 경제활동을 고취할 수 있다.

셋째, 복지정책의 발전을 통한 사회안전망의 제공은 사회적 벤처 분위기를 조성할 수 있다. 사회적경제 발전의 중요한 과제는 많은 사람의 참여, 특히 젊은이의 참여 확대가 관건이다. 하지만, 사회적경제가 추구하는 공공성이 역설적으로 장애 요인으로 작용할 수 있다. 즉 노동력이 취약한 계층을 다수 고용하거나, 구매력이 약한 취약계층을 위한 서비스를 제공하는 사회적기업은 성공해도 대단한 이익을 건지기 어렵지만, 일반 기업체와 마찬가지로 항상 실패의 위험에 직면하고 있기 때문이다. 더욱이 실패한 후에 재기의 버팀목이 되는 사회안전망이 미비하고, 활용할 수 있는 사회적 자본이 미흡한 상황이라면 젊은이들이 용기 있게 사회적 벤처 사업에 뛰어들 것을 기대하기는 어렵다. 사회복지의 발전 없이 사회적경제의 발전을 도모하기 어렵다는 것이다.

이와 같이 사회복지의 발전은 사회적경제 발전의 토대이므로, 복지정책이 사회적경제와 친화적인 방향으로 발전하도록 노력하는 것이 중요하다.

3) 사회적경제운동을 통한 사회서비스의 혁신

2007년 이전 한국의 사회서비스는 전통적으로 복지기관이 정부의 재정 지원을 받아 복지 수혜자에게 서비스를 전달하는 공급자 주도 방식이었다. 문제는 복지 수혜자가 서비스의 주체임에도 불구하고 현실에서는 복지기관이 주도권을 행사하고, 수혜자는 수동적인 서비스 대상자로 객체화되는 것이었다. 2007년 바우처 제도의 도입은 이러한 상황을 바로잡아 정부가 복지 수요자를 직접 지원하는 체제로 전환하는 계기가 되었다. 즉 정부지원을 직접 받는 수요자가 복지서비스의 구매자로 등장하고, 복지기관 등 서비스 공급자는 수요자의 선택을 얻기 위해 경쟁적인 노력을 기울여야 하는 관계로 변화된 것이었다. 결과적으로 복지서비스 시장이 발생한 것인데, 복지기관 등 비영리단체는 물론 영리기관의 참여도 허용되었다. 하지만, 사회서비스가 경쟁 상태로 전환되고 시장기업이 세력을 확장하면서 과도한 이윤 추구와 서비스의 질 하락에 대한 우려가 고민으로 등장했다.

이러한 상황에서 사회적경제기업의 참여는, 사회복지기관에 비해 보다 전문적이면서, 서비스의 공공성 유지와 기업의 민주적 운영 등에서 영리기업에 비해 비교우위를 갖는 준공공 성격을 가진 공급자의 출현을 의미하는 것이었다. 사회적경제는 복지서비스 시장의 균형 잡힌 발전을 위한 중요한 요소로 기대를 받았다.

사회적경제조직이 공공 성격을 강하게 지닐 것이라는 기대는 그 조직적 특성에 근거를 두고 있다. 우선 사회적경제조직은 자본투자에 대한 이윤배당을 금지하거나 제한한다. '사회적기업육성법'에 따르면 사회적기업은 이윤의 2/3 이상을 사회적 목적을 위해 사용해야 하고(제8조), '협동조합기본법'에서는 잉여금 배당에서 출자금에 대한 배당은 출자금의 10% 이내로 한정한다(제51조). 나아가 사회적협동조합은 잉여금을 조합원에게 배당할 수 없다(제98조)고 규정하고 있다. 따라서 이윤이 발생할 경우, 자본에 따른 배당률이 높은 일반 시장기업에 비해 사회적경제기업은 직원복지나 사회적 책임을 더 잘할 수 있고, 경제적 지속가능성도 높을 수 있다고 기대되는 것이다. 실제 사회적기업의 창업 5년 후 생존율은 79.7%로 일반 기업의 31.2%에 비해 월등하게 높은 것으로 나타나고 있다(사회적기업진흥원 보도자료, 2021.9.8).

사회적경제조직은 또한 조직 운영에서 민주주의 원리를 지향함으로써 기업 운영의 합리성과 투명성을 높일 수 있을 것으로 기대된다. 대표적으로 협동조합은 조합원의 공동 출자를 통한 공동 소유를 지향하고, 출자자본(즉 주식수)에 비례하여 차등적으로 의결권을 행사하는 일반 기업과 달리 1인 1표제의 민주적 운영 원리를 채택함으로써 조합원과 직원의 적극적이고 헌신적인 참여를 유도한다. 물론 책임성 약화 등 공동 소유의 약점 또한 존재할 것이다.

이러한 조직적 성격을 기반으로 사회적경제운동은 사회서비스에 혁신을 가져올 것으로 기대된다. 좀 더 구체적으로 보면, 사회적경제기업은 영리기업의 이윤 추구적인 서비스나 획일적이고 관료화된 서비스를 지양함으로써 서비스 사각지대를 해소하고 새로운 사회서비스를 창출하는 등의 혁신을 가져올 수 있다. 또한 개인 사업자에 비해 보다 안정적이고 책임 있는 공급 주체가 될 수 있다(노대명 외, 2017). 나아가 사회적경제조직은 소셜 벤처기업이라는 특성도 가지고 있는데, 동원할 수 있는 소량의 자원만으로도 위험을 감수하고 선구적인 사업을 개척해내는 장점이 있다. 반면 제도권 사회복지기관은 정부의 예산과 인력, 전달체계 등의 제약을 받기 때문에 혁신적인 노력을 기울이기 어려운 경우가 많다. 실제 사회적경제운동이 선구적으로 개척한 사업이 제도화하면서 사회서비스의 확장에 기여한 사례도 적지 않다. 자활지원사업을 위시한 지역아동센터(공부방), 대안학교, 공동육아운동 등이 대표 사례이다.

2. 사회적경제와 복지국가의 발전

1) 유럽 사회의 경험

산업혁명 이후 18세기 후반부터 시작된 초기 자본주의 단계에서, 노동자는 저임금과 열악한 노동환경 그리고 살인적인 장시간 노동에 시달렸다. 이렇게 민중의 삶을 파괴하는 자본주의를 폴라니(폴라니, 2009)는 "악마의 맷돌"이라고 표현했다. 삶의 위기에 처한 민중은 자구적 대응으로 전통적인 상호부조 공동체를 새로운 환경에서 재건하는 노력을 전개했다. 이러한 공동체는 협동조합과 상호공제조합 그리고 각종 민간단체의 모습으로 드러났다. 밀가루 등 생필품의 공동구매를 위한 협동조합의 초기 노력이 대체로 실패했으나 1844년 영국 로치데일에서 설립된 공정개척자협동조합이 성공했고 이후 빠른 속도로 발전했다. 상호공제조합은 연대와 상호부조의 원리에 기반하여 질병, 산재, 고령 문제 등에 대응하는 자생적 사회보험을 발전시켰으며, 1880년대 독일을 필두로 국가 차원으로 발전한 사회보험제도의 원형을 형성했다. 공제조합은 각국의 사회보장체계에 편입되어 사회보장시스템의 일선 관리기구(전달체계)를 담당하기도 했다.

이와 같이 자구적 상호부조 공동체의 노력은 복지국가 건설의 바탕이 되었다. 즉 이들이 창안한 상호부조 프로그램은 복지국가의 사회보장 프로그램으로 발전했고, 민간 조직체의 일부는 사회보장 프로그램의 관리 운영 및 전달체계의 역할을 담당했으며, 무엇보다도 이러한 과정에서 복지국가 건설에 필수적인 사회연대 이념이 형성되었다. 이렇게 사회적경제운동은 복지국가 건설의 밑바탕이 되었지만, 복지국가 프로그램이 하나하나 정착되고 확대되는 과정에서 사회경제조직은 사회서비스 공급 역할을 맡는 등 하위 파트너로 포섭되고, 협동조합 등은 시장경제의 일부로 편입되면서 본래의 혁신적인 성격을 상실하고 주변화되었다고 평가된다.

하지만, 주변부에 잠복하게 된 사회적경제는 복지국가가 1950년대의 전성기를 지나 위기 국면에 돌입하면서 재발견되었다. 복지국가의 위기는 1970년대 초 중동전쟁과 석유파동 그리고 그로 인한 서구 복지국가의 재정위기를 주로 의미하지만, 이와 더불어 당시의 주요 사회변화에 따라 새로운 사회적 위험이 증가하면서 기존의 복지국가가 드러낸 무력함으로 이해할 수도 있다. 즉 저출산과 고령화, 이민자 증가, 실업과 양극화, 고학력 사회화로 인한 스트레스 증가 등의 새로운 사회적 위험에 대해 기존 복지체제의 대응 능력이 현저히 저하되는 현상이었다. 복지국가가 이러한 문제에 무력했던 것은 한편으로는 복지국가의 팽창으로 인한 관료주의(영화 〈나, 다니엘 블레이크〉를 상기할 수 있다) 그리고 그에 따른 복지 사각지대의 확산, 다른 한편으로는 복지 수급자들의 의존성(오남용)의 증가에 기인했다는 것이 일반적인 평가이다.

이 같은 상황은 사회 저변 민간 주체들의 혁신적인 사회적경제운동이 부활하는 계기가 되었다. 이들은 관료적이고 중앙 집권적인 국가 주도의 복지 프로그램에 대한 개혁 의지를 담은 연대의 경제를 주창했다. 프랑스에서는 1970년에 '상호공제조합, 협동조합, 민간단체 들의 전국연락위원회'가 결성되어 자신들의 공통된 정체성을 '사회적경제 헌장'으로 발표하면서 '연대적 경제 관점의 부활'을 선포했다(엄형식, 2008). 보다 근본적으로 시장자본주의에 대한 대안을 모색하는 흐름도 있었다. 이후 유럽의 복지국가와 유럽연합은 이러한 사회적경제운동을 복지개혁을 위한 민관 파트너십으로 수용하면서 국가적 차원의 지원 체계를 발전시켜 나갔다.

이와 같이 유럽의 사회적경제는 국가별 차이는 있겠지만, 시민사회의 역량을 바탕으로 시장경제 및 복지국가와 불가분의 역동적 관계를 맺어왔다. 요약하자면, 사회적경제는 자본주의 초창기에 시장의 실패에 대응하여 창출되었고, 그 확산 과정이 결국 복지국가 형성으로 귀결되었다는 설명이 가능할 것이다. 그리고 복지국가의 발전 및 전성기에는 사회적경제가 주변화되기도 했지만, 복지국가 위기 후에 사회적경제의 가치가 재발견되어 복지국가의 혁신을 견인하는 상황으로 볼 수 있다.

2) 한국 사회적경제의 발전

한국도 사회적경제의 발전은 사회복지 상황과 밀접한 관계를 형성하면서 진행되었다. 현재까지 한국에서 사회적경제 발전의 주요 계기는 1990년대 초반의 생산공동체운동, 2000년에 '국민기초생활보장법'으로 전국화된 자활사업, 2007년의 '사회적기업육성법', 2012년의 '협동조합기본법' 제정 등으로 볼 수 있다. 사회적경제를 민중의 자구적 경제활동이라는 의미에서 본다면, 전통 사회에서의 계나 두레, 일제하 협동조합운동, 1960년대 이후의 신협운동과 새마을운동 등도 포함되어야 하지만, 여기서는 편의상 1990년대 이후에 대해서 언급하고자 한다.

1990년대 초 빈민지역을 중심으로 전개된 생산공동체운동은 본격적인 사회적경제운동의 맹아로 볼 수 있다. 당시 소개되었던 스페인 몬드라곤 지역의 노동자협동조합 사례를 모범으로 하여, 빈곤지역의 활동가들은 실업자를 조직하고 이들의 기술과 경험을 바탕으로 건축, 봉재, 자연 화장품 제조 등의 생산공동체운동을 전개했다. 이 운동은 대부분 경영 미숙으로 실패했지만, 이후 정부에서 채택한 자활지원 사업의 중요한 모티브가 되었다. 즉 복지국가의 위기를 겪은 서구 사회의 '노동연계 복지'라는 정책적 지향이 '생산적 복지'라는 이념으로 한국에 수용되면서 이를 구현할 수 있는 유력한 정책 사례로 선정되었던 것이다. 자활지원 사업은 생활보호법 체계에 포함되었고, 2000년에 '국민기초생활보장법'이 발효되면서 전국적인 지원사업으로 발전했다.

1997년 말의 IMF 경제위기는 사회적경제의 발전에 결정적인 계기를 제공했다. 사상 초유의 대량 실업과 빈곤 사태에 정부는 공공 근로를 적극 확대했고, 민간에서도 국민 성금을 바탕으로 실업극복운동을 전개했다. 정부나 민간 모두 이러한 사업이 일시적 일자리 확대에 그치지 않고 좀 더 지속적으로 고용을 창출할 수 있는 양질의 일자리가 될 수 있도록 노력했고, 이를 위해 민간단체들은 다양한 기획 아이디어로 일자리 창출을 위한 공공위탁사업을 수탁했다. 노동단체와 시민단체, 여성단체 그리고 지역에서 활동하는 다양한 단체가 이러한 위탁공모사업에 참여했다. 기존의 복지단체도 다수 참여했다. 결과적으로 시민사회가 사회적경제 사업을 집단적으로 경험하게 된 최초의 계기였다고 볼 수 있다. 이러한 단체의 일부는 2000년부터 본격화된 정부의 자활후견기관 위탁사업에 참여했고, 다른 일부는 이후 전개된 사회적일자리 및 사회서비스 일자리사업에 참여했다.

사회적일자리사업은 2000년대 초 외환위기 극복 이후에 저출산, 고령화 그리고 신빈곤, 양극화 현상이 본격화되고 있던 사회적 분위기에서 한국 사회에 부족한 사회적 서비스 공급과 고용 창출을 결합하는 아이디어로 부각되었다. 국민의 정부(1998~2002)와 참여정부(2003~2007)에서 적극 추진되었고 2007년 '사회적기업육성법' 제정의 배경이 되었다. '사회적기업'은 사회서비스 공급에 참여한 사업단의 지속가능한 미래 비전으로 부각된 것이다. '사회적기업육성법' 제정 이후 사회적기업이 고용노동부 소관으로 진행되자 다른 부처에서도 유사한 사업 진행을 독려하여, 기존의 자활기업(보건복지부)과 더불어 마을기업(행정안전부)과 농어촌공동체기업(농림수산부) 육성사업 등도 전개되었다.

2014년 '협동조합기본법' 실시(2012년 제정)는 사회적경제운동이 발전하는데 또 하나의 중요한 계기가 되었다. 기존의 사회적기업은 편의상 대부분 주식회사 등 영리기업의 조직 형태로 운영되었기 때문에 기업의 정신적 지향과 회사 운영이 모순된 관계였다. 이를테면 출자금에 비례하여 차등적으로 의결권을 부여하는 주식회사는 공동 소유와 민주적 운영(1인 1표제 등)을 지향하는 사회적경제조직의 정신과는 어울리기 어렵다. 사회적 가치를 지향하는 영업 방식으로 이윤 창출이 방해를 받거나 이익금을 사회에 환원하는 일도 일반 회사에서는 배임으로 지탄받거나 형사처벌의 대상이 될 수 있다. 이러한 상황에서 협동조합은 기업 활동과 기업의 민주적 운영을 결합할 수 있는 최적의 법인격으로 부각되었지만, 당시에는 농협, 수협 등 특별법으로 설립된 협동조합 외에 소비자협동조합만이 설립 가능했다. '협동조합기본법'은 이러한 상황을 타개하고자 시민사회와 사회적경제운동 진영이 노력하여 제정된 결과물이다. 법 제정 이후 협동조합의 수는 폭발적으로 증가했는데, 2007년 '사회적기업육성법' 제정 이후 사회적기업의 수적 증가가 정부의 기대에 비해 대단히 더뎠던 것과 대비된다. 이는 사회적경제운동에 참여하는 시민사회의 잠재적 역량이 상당히 크다는 것과 동시에 복지국가 발전을 위한 시민 참여의 가능성도 보여주는 것이었다.

한국사회적기업진흥원(2023)에 따르면 한국의 대표적인 사회적경제조직인 사회적기업의 현황은 다음과 같다. 사회적기업은 2007년부터 인증을 시작했는데, 2017년부터 2022년까지 매년 256개, 312개, 392개, 429개, 500개, 428개의 기업이 새로 인증을 받아 2022년 12월 말 4,222개의 사회적기업이 탄생하여 3,534개소가 활동 중이다. 정부 각 부처 및 지역 단위로 인증하는 예비 사회적기업은 2,775개이다. 기업 유형별로는 일자리 제공형이 인증 사회적기업의 66.4%를 차지하고 있으며, 최근 지역사회 공헌형이 증가하면서 일자리 문제뿐만 아니라 복지, 도시재생, 돌봄 등의 사회문제 해결에도 사회적기업의 역할이 점차 확대되고 있다. 그리고 종사자 수는 6만 6,191명인데 이 중 장애인, 고령자, 저소득자 등 취업 취약계층은 3만 9,966명으로 사회적기업 총 고용의 60.4%에 달한다.

기획재정부에 등록하는 협동조합은 2022년 말 2만 3,915개로서 사회적경제운동에 참여하는 시민사회의 잠재력을 보여준다. 이 중 사회적협동조합은 4,114개이다. 행정안전부가 지원하는 마을기업은 1,697개, 보건복지부가 관할하는 자활기업은 1,012개(지역자활기업 967개, 광역자활기업 41개, 전국자활기업 4개)이다.

3. 한국 복지국가 건설 과제와 사회적경제

한국은 여타 아시아 국가와 다르게 정치 민주화와 경제성장에 동시에 성공했고, 이를 바탕으로 복지국가 건설에서도 제3세계 출신 국가 치고는 보기 드문 성취를 보이고 있다. 2021년에 한국은 경제 차원에서 선진국 진입을 공인받은 상황이다. 하지만 사회복지 측면에서는 복지국가라고 자신 있게 긍정하는 목소리를 찾기 어려운 실정이다. 1990년대부터 본격적으로 확대되기 시작한 사회복지제도는 전 국민에게 적용을 확대한 국민연금 등 공적연금제도와 국민기초생활보장제도를 양축으로 하면서 기초연금과 장애인연금, 아동수당 등을 도입하여 소득보장제도를 상당 수준으로 확립했고, 국민건강보험과 노인장기요양보험제도를 위시하여 무상보육, 아동돌봄, 장애인활동지원제도 등의 사회서비스를 확충해나가고 있는 상황이다. 이와 같이 상당한 수준의 복지 발전을 인정할 수 있지만, 아직도 소득보장의 사각지대가 광범위하고, OECD 최고 수준의 노인 빈곤율과 자살율, 불평등도와 세계 최저의 출산율 등 국민의 전반적인 삶의 질과 행복 추구라는 측면에서 부족한 부분이 많다. 한국의 복지 발전은 급격한 성장 후의 숨 고르기 상황에 있는 것 같다. 한국 복지국가운동이 한계와 과제를 일별해보자.

1) 정부 복지지출 확대의 한계

우선 복지국가의 주요 지표라고 할 수 있는 '국가의 복지지출(GDP 대비 혹은 국가예산 대비)' 비중이 OECD 복지 선진국의 절반 또는 1/3 수준에 불과하다. 그만큼 시민을 위한 복지서비스가 빈약하다는 것이고, 따라서 획기적이고 비약적인 증가가 필요한 상황이다. 그러나 이 같은 비약적 변화가 가능할지에 대해서는 회의적인 시각이 많다. 일종의 한계에 봉착한 것이 아닐까. 나아가 서구의 복지 모델을 계속 따라가는 것이 가능하고 바람직한지, 그렇지 않다면 자생적 복지 모델이 가능한 것인지 본격적인 고민이 필요한 상황이다.

2) 사회서비스의 시장 의존성 문제

앞에서도 언급했지만, 2000년대 이후 뒤늦게 돌봄 등 사회복지서비스가 활성화되면서 영리기관의 주도권 장악이 심화되고 있다. 예를 들어, 노인장기요양보험과 관련된 간병서비스 영역에서 (시장) 공급자 과잉 현상이 나타나기도 하고, 보육기관도 국공립 시설이 절대 부족한 상황에서 시장 공급자가 주도하는 양상을 볼 수 있다. 비영리 도시락 공급업체가 없는 지역의 결식아동은 편의점 삼각김밥으로 끼니를 때우고, 저소득 아동을 위한 멘토링 사업은 영리 부문의 학습지 구독 사업으로 변질되기도 한다. 규모와 경영 마인드가 뒤처지는 비영리·복지 기관은 시장 경쟁에서 이기기 어려워 폐업을 고민하는 실정이기도 하다.

이런 현상은 사회서비스 공급이 갑자기 확대되었으나 전통적인 복지 공급자는 변화 앞에 무방비인 상태로 시장 부문이 주도권을 장악한 형국이다. 근본적인 문제는 시민의 욕구에 적절하게 반응할 수 있는 시민사회의 저변, 즉 사회적경제운동의 전통이 결여되어 있는 현실일 것이다. 비영리 부문이나 국가기관의 견제가 허약한 상태로 시장 경쟁이 가열된다면, 대인사회서비스의 속성상 인건비 하향 경쟁이 불가피하고, 독과점 형성에 이르기까지 수많은 군소업체의 출혈 경쟁과 몰락이 불가피할 것이다. 또한 독과점 형성 이후에는 시장 논리가 지배하면서 서비스 가격의 상승과 저소득층의 소외로 다시 국가가 이들을 떠맡는 잔여적 복지로 이원화할 공산이 크다. 즉 국가의 재정 지원으로 공공성 확대보다는 영리 부문의 이익 창출에 기여하는 결과가 우려된다.

하지만, 복지기관이 서비스 공급을 독점하던 전통적 방식으로 돌아갈 수도 없을 것이다. 이렇게 볼 때 유력한 대안은 공공성과 경영 능력을 겸비한 제3의 공급자, 즉 사회적기업과 같은 공급자를 육성하는 것이며, 기존의 복지기관도 이러한 방향으로 변화하려는 노력이 필요하다. 문제는 사회 공급자 역할을 담당할 잠재적 자원이 얼마나 있느냐인데, 시민사회의 자발적 참여가 중요한 변수일 것이다.

3) 복지국가의 국가 주도적 성격과 시민의 수급자화

서구 복지국가 발달 과정에서 보듯이 복지국가는 민중의 자구적 사회경제 운동이 제도화된 것으로 해석할 수 있다. 문제는 그 과정에서 국가 주도적 프로젝트의 성격을 강화하게 되고, 그 반대 급부로 시민 참여가 약화된다는 점이다. 즉 나라마다 상황은 다양하지만, 발달된 복지국가도 급격한 사회적 변화에 대응하기가 쉽지 않고, 관료주의와 국가 주도적 성격으로 인해 시민 참여가 어렵다는 나름의 한계를 안고 있다. 그 결과는 복지제도의 민감성 하락과 비효율성 그리고 결정적으로 '시민의 수급자화(수동화)' 경향이다. 시민은 '무기력해야, 즉 불쌍하게 보여야' 수급권을 유지할 수 있다는 것이다. 힐러리 코탐(Hilary Cottam)의 저서 『래디컬 헬프(Radical Help)』는 복지 현장을 배경으로 이러한 상황을 실감나게 비판하면서 대안적 노력을 제시한다.

2차 세계대전 이후 서구의 사회적경제운동은 이러한 국가 주도적 사회복지에 대한 대응을 주요한 계기로 하고 있다. 즉 사회서비스 발전이 뒤늦은 이탈리아에서는 민간 주도의 협동조합운동이 그 공백을 메우는 역할을 하면서 발전했지만, 독일이나 스웨덴처럼 사회보장과 사회서비스가 높은 수준으로 발전한 경우에도, 사회복지 프로그램의 경직성과 관료주의적 운용에 반발하는 시민 주도적 운동(공동 육아 등)이 사회적경제운동을 출발시키는 역할을 했다는 것이다(에버스·라빌, 2007; 요하난, 2007).

4. 시민사회의 활성화와 사회적경제의 잠재력

한국의 사회복지 그리고 복지국가운동이 당면한 문제를 복지국가의 양적 확대의 한계, 시장화 문제 그리고 국가 주도성과 시민참여 배제의 문제로 요약해 보았는데, 이러한 상황을 초래한 근본적인 문제로 복지국가를 추동하는 주체 세력이 미약하다는 점을 중시해야 할 것이다. 한국은 서구와는 다르게 복지국가의 견인 세력인 노동운동이 취약한 것은 물론이고, 복지정치의 기반이 되는 시민사회도 취약하다. 한국은 1980년대 후반에야 민주화되었고, 식민지배와 독재체제 아래 극도로 억압되었던 시민사회는 민주화 이후에야 활성화되었다. 따라서 복지국가의 국가 주도성을 극복하고 시민 참여를 활성화할 수 있는 여지도 척박한 편이고, 이러한 상황이 한국 복지국가운동의 본질적 한계로 작용하고 있다. 서구의 복지국가는 생활 세계에 천착하는 소규모 지역 단위의 다양한 시민단체로 구성되는 강력한 시민사회를 형성함으로써, 정치집단을 견제하고 정당의 정책 경쟁을 가능케 했다(노대명, 2009). 이 같은 사회적경제운동의 전통에 서구 복지국가의 발전이 상당 정도 빚지고 있다면, 한국 사회는 역으로 사회적경제의 발전이라는 배경이 결여된 결과로 복지국가의 발전에 여러 가지 문제와 약점이 발생하는 경우로 볼 수 있다.

따라서 복지국가운동의 약점을 극복하는 과정에서 사회적경제는 유력한 대안이 될 수 있을 것이다. 왜냐하면 사회적경제는 풀뿌리 민주주의 발전을 위한 시민 참여와 훈련의 장이 될 수 있으며, 바람직한 사회의 모습을 선취하고 보여줌으로써 시민의 행동 변화를 이끌어낼 잠재력을 가지기 때문이다. 또한 사회적경제는 시장경제의 혁신을 희망하는 이들에게 조직과 자금 등 비빌 언덕을 제공함으로써 시민운동의 폭과 깊이를 확대하는 역할을 해낼 수 있다. 예를 들어, 사회적경제운동의 모범 사례 중 하나인 캐나다 퀘벡지역을 보면, 1900년대 초반에 뿌리를 내린 데자르댕 신용협동조합이 이 지역 협동조합 확산의 결정적 계기가 된 첫 번째 지원 체계로 평가되고 있다(김창진, 2015).

　좀 더 구체적으로 사회적경제운동은 취약계층에 대한 일자리 창출을 넘어 대안적 일자리 창출에도 기여할 수 있다. 오늘날 청년층이나 취약계층 일자리는 단기, 계약직 등 비정규 일자리가 대세인데, 협동조합적 방식을 통해 노동자의 대안적 일자리를 창출하는 등 다양한 노력이 전개되고 있다. 사회복지사도 마찬가지인데 사회복지사협동조합 등을 통한 창업이 용이해지면서 대안적 일자리는 물론, 복지 사각지대 해소에 기여할 가능성도 커졌다. 이러한 노력은 노동자가 일방적으로 불리한 위치에 처해 있던 노동시장에서 힘의 균형을 회복하는 데도 기여할 것으로 기대된다.

　사회적경제운동은 또한 전통적인 사회복지 법인과 시설의 문제에 대안의 의미를 가질 수도 있다. 사회복지시설은 사회복지 발전에 많은 공헌을 했지만 폐쇄적이고 비민주적, 비합리적인 운영의 문제를 노정하는 경우가 많았고, 거대 법인이 시설 위탁을 독과점하는 현상도 노정되고 있다(이영환, 2020). 이와 같은 여러 가지 문제점에도 불구하고 복지시설 운영의 책임을 담당할 공공성 있는 조직이 많지 않다는 한계에 봉착해 있는데, 각 지역이나 각 분야에서 사회복지사가 자발적으로 조직한 협동조합 같은 조직은 전문성과 공공성 측면에서 대안적 조직으로 부각될 수 있을 것이다.

　사회서비스 영역을 넘어 좀 더 거시적인 차원에서도 사회적경제의 역할을 기대할 수 있다. 우선 사회적경제는 영리기업의 공공성 확립에 기여할 수 있다. 오늘날 대기업은 표면적으로라도 '사회적'기업임을 자임하고 있다. 기업의 공공성을 강조하는 ISO 16000 등 국제 표준도 발전하고 있고, ESG(Environment, Social Resposibility, Governance) 경영이 중요한 화두가 되었다. 의료생협이나 소비자생협 등은 이러한 면에서 선구적이고 모범적인 역할을 수행해오고 있다.

　나아가 사회적경제의 시장조절 효과를 강조하는 경우도 있다. 서구 국가가

1980~1990년대 불황을 겪을 시기에 사회적경제 부문이 고용을 확대함으로써 경기조절 효과를 보인 사례도 있고, 인플레이션 상황에서 소비자생협이 애초의 계약을 준수하면서 생산자와 소비자 간의 균형과 물가 안정을 위해 노력해온 사례도 종종 거론된다(노대명, 2009). 커피 시장 등 불공정거래가 만연하고 있는 상황에서 공정무역이나 공정여행을 통해 생산자와 원주민을 보호하는 운동도 사회적경제의 중요한 기여이다.

이와 같이 사회적경제운동은 사회혁신의 중요한 동력으로 작용할 잠재력을 가지고 있다. 물론 앞에서 언급한 것처럼 사회복지와 사회적경제의 상호의존적 발전 경로를 전제할 때, 복지국가와 사회적경제의 동반발전 전략이 한국 사회의 중요한 과제라고 보아야 할 것이다. 그리고 사회적경제에 대한 기대와 존재 의미는 분명하지만, 사회적경제조직이 과연 기존의 복지기관이나 시장기업에 비해 우월한가 하는 것은 선험적으로 주어진 것은 아닐 것이다. 그리고 꼭 우월해야만 하는지도 생각해볼 일이다.

이러한 문제의식을 포함하여, 서두에서 언급한 바와 같이, 실천 현장에서의 혼란을 극복하고, 사회적경제와 사회복지 간의 보다 긍정적인 융합 효과를 기대하기 위해, 그리고 이러한 노력이 모여서 우리가 바라는 복지국가를 구현하기 위해, 양자의 관계에 대한 연구가 좀 더 깊이 있게 진행되어야 한다는 생각이다. 한 가지 명심할 점은 이러한 문제에는 정답이 없다는 것이다. 사회복지는 물론이고, 사회적경제 역시 고정된 실체가 아니라 역사적으로, '형성되어 나가는 실체'라는 관점이 중요하다고 본다. 양자의 관계 역시 변화 가능성을 항상 내포하고 있고, 잠재력의 발현도 노력 여하에 따라 달라지리라는 것이다. 그러므로 사회적경제를 '운동(social movememt)'이라는 관점에서 보는 것이 필요하고, 따라서 이론적 작업과 더불어 현장 경험에 대한 성찰이 종합되어야 한다. 즉 사회적경제와 사회복지의 접점에서 이루어지고 있는 많은 실천 사례를 적극적으로 발굴하고 조망하는 노력이 요구된다. '사회적경제로 사회복지를 실천하는' 사회복지사 혹은 사회적기업가들의 현장 경험을 통해 이 주제에 관한 통찰력을 좀 더 확장하는 것이 당면 과제일 것이다.

참고문헌

김창진. 2015. 『퀘벡모델』. 가을의 아침.

노대명. 2009. 「사회적기업을 강화해야 할 세 가지 이유」. ≪창작과 비평≫, 2009년 가을호.

노대명 외. 2017. 『사회서비스 분야 사회적경제 활성화 방안 연구』. 보사연·보건복지부.

엄형식. 2008. 『한국의 사회적경제와 사회적기업: 유럽 경험과의 비교와 시사점』. 실업극복국민재단.

에버스·라빌(Evers and Laville) 엮음. 2007. 『세계화시대의 새로운 복지: 사회적경제와 제3섹타(The Third Sector in Europe)』. 자활정보센터 옮김. 나눔의집.

요하난(Yohanan). 2007. 「스웨덴의 사회서비스와 사회적기업」. 『사회서비스와 사회적기업에 관한 국제심포지엄 자료집』. 성공회대학교 사회적기업연구센터.

이영환. 2020. 「사회복지 법인 지배구조 개혁방향」. ≪비판사회정책≫, 제67호. 비판과 대안을 위한 사회복지학회.

이영환. 2011. 「복지국가와 사회적경제: 복지국가운동에서 왜 사회적경제가 필요한가?」. 사회적기업 가학교 심포지엄 발표문.

이인재. 2017. 「사회적경제 발전과 사회서비스 실천 변화」. ≪사회과학논총≫, 20(1). 숭실대 사회과학연구소.

이태수. 2009. 「한국의 복지국가 발전에 있어 사회적기업의 의의와 한계」. ≪창조와 혁신≫, 제2권 제2호, 255~293쪽.

장원봉. 2011. 「복지사회의 이행전략으로써 사회적경제의 가능성에 관한 탐색」. ≪생협평론≫.

정무권. 2018. 「복지국가와 사회적경제: 사회적경제는 복지국가 미래에 어떤 기여를 할 수 있는가?」. ≪월간복지동향≫, 232. 참여연대사회복지위원회.

코딤, 힐러리(Hilary Cottam). 2020. 『래디컬 헬프: 돌봄과 복지제도의 근본적 전환』. 박경현·이태인 옮김. 착한책가게.

폴라니, 칼(Karl Polanyi). 2009. 『거대한 전환』. 홍기빈 옮김. 도서출판 길.

한국사회적기업진흥원. 2023. 『2023 한 손에 잡히는 사회적기업』.

2장

사회적경제와 정책
사회혁신, 민주주의, 거버넌스를 중심으로

김연아 (성공회대학교 사회적기업연구센터 부센터장)

한국에서 사회적경제는 일자리 창출의 일환으로 정책적으로 도입된 이후 빠르게 그 규모가 확산되어 오늘에 이른다. 1920년대에 이미 민간 협동조합이 있었고 농협, 수협 등 개별 법에 근거한 협동조합도 앞서 존재하지만 현대적 의미의 사회적경제는 외환위기 이후 본격화된 제도화 과정을 거치면서 지금의 모습을 띄게 되었다 말할 수 있을 것이다.

1990년대 초 빈민 지역을 중심으로 전개된 생산공동체운동과 장애인재활·자립사업, 1996년 시작된 자활사업 등 복지정책과 깊은 관련성을 두고 있지만, 사회복지 현장에서 사회적경제를 바라보는 시선은 여전히 낯설고 복잡하다.

여기에는 몇 가지 이유가 존재하는데 이는 사회적경제를 기업 활동으로 한정하여 바라보는 시각과 무관하지 않다. 정책도 일자리를 만들기 위해 사회적경제기업을 육성하는 방식으로 발전했고, 사회적경제는 자활사업에 그치지 않고 사회서비스를 넘어 환경, 교육, 문화, IT 등 다양한 분야로 진출했다. 전통적인 복지 영역에서 볼 때 사회적경제기업의 활동은 사회복지의 시장화로 여겨지기 쉽다.

사회적경제가 높은 정책 의존도를 스스로 극복해야 할 과제로 설정하고 있는 현실 또한 사회복지와의 간격을 좁히지 못하는 요소 중 하나다. 국가와 민간의 역할 논의를 중심으로 복지국가를 추구해온 사회복지 영역에서 볼 때 자립적 생태계 조성, 규모화, 경쟁력 확보 등을 요구받고 있는 사회적경제는 사회복지계가 직면한 과제와 현안이 다르다.

그러나 사회적경제를 다만 시장경제의 대안으로 인식할 경우 (지방)정부와의 거버넌스, 민관협치, 나아가 복지국가 발전에서 사회적경제가 갖는 함의를 온전히 설명하기 어려워진다. 현대 사회의 위기는 경제뿐 아니라 복지, 환경 등 다양한 영역에서의 균열로 나타났고, 사회적경제는 기존의 방식으로는 해결이 어려운 사회적 난제에 대한 해법으로 주목받기 시작했다. 시장실패뿐 아니라 정부실패에 대한 대응으로 사회적경제가 등장했다는 의미다.

이 글은 사회적경제의 의미를 정책적 측면에서 살펴보고자 한다. 사회복지와 사회적경제의 관계를 논하는 이 책의 여러 글 중 사회적경제정책의 함의를 다루는 장이다. 여기서는 사회적경제와 정부 역할에 관한 몇 가지 키워드를 중심으로 논의를 전개한다. 이를 위해서는 먼저 사회적경제에서 '경제'의 의미를 되짚어볼 필요가 있다.

1. 사회적경제에서 '경제'의 의미

사회적경제에 관한 학문적 논의는 지난 세월 다양한 영역에서 상당 수준 축적되어왔다. 그중 사회적경제와 정책의 관계를 논하기 위해 우리가 꼭 알아야 할 학자가 있다면 칼 폴라니(Karl Polanyi)와 엘리너 오스트롬(Elinor Ostrom)을 들 수 있겠다.

『거대한 전환(The Great Transformation)』의 저자로 한국에서도 잘 알려진 폴라니는 2008년 금융위기 이후 포스트 케인지언 경제학자들과 함께 다시 주목받기 시작했는데, 사회혁신과 사회적경제의 이론적 틀을 제시한 학자로 평가받는다. 자본주의 시장체제에 대한 역사적 분석을 통해 시장중심주의를 비판한 폴라니의 주된 관심은 '사회 안에서 경제가 차지하는 위치'에 관한 것이다.

폴라니는 '경제'의 어원과 의미 변화를 추적하면서 '살림살이'로서의 경제가 '돈벌이'로서의 경제로 전락했다고 비판한다. 애초 경제는 하나의 경제 단위에 만족스러운 질서를 부여하는 포괄적인 문제를 다루는 용어로서 집안 살림에서 나라 살림으로 차츰 그 의미가 확장되었는데, 20세기 호모 이코노미쿠스의 등장 이후 원래의 의미는 사라지고 개개인이 자기 이익을 얻기 위해 벌이는 합리적 선택 행동으로 그 의미가 변했다는 것이다. 폴라니에 따르면 경제란 돈벌이 경제, 시장경제가 아니라 '삶의 필요를 조달하는 활동'으로서 의미를 지닌다. 인간의 삶의 필요가 오직 돈벌이에 국한될 리 없고 기업 활동을 통해서만 조달될 리도 없다. 경제 영역뿐 아니라 복지, 문화, 교육, 환경 등 다양한 영역에서 개인과 사회의 '좋은 삶'에 필요한 것을 조달하는 일련의 과정과 활동이 원래 의미의 경제라는 것이다.

이러한 주장은 국가와 시장이 14세기 이후 인간 사회의 필요에 따라 인류가 조직해낸 기능적 산물임에도 어느새 인간이 국가 또는 시장에 종속되고 말았다는 문제의식에 기반한다. 폴라니는 사람, 자연, 그리고 화폐가 상품화되면서(허구적 상품) 인간의 경제(살림살이)가 자기조정시장(시장경제)으로 재구성되었고, 이윽고 사회 안에 묻어 들어(embedded) 있던 경제가 사회로부터 뽑혀 나왔다고 설명한다. 고작해야 형성된 지 200년 정도밖에 되지 않는 시장이 마치 원래 있었던 것처럼 인류 사회를 지배하며 인간의 삶을 황폐화하고 있다는 주장이다. 경제발전이 모든 가치에 우선하면서 시장경제 외에 다양한 형태로 존재하는 인간의 경제가 묵살당하고, 정치, 환경, 문화, 산업 등 사회 전반이 시장을 중심으로 위계적으로 조직되면서 현대 사회의 위기가 초래되었다고 보는 것이다. 폴라니에게 시장은 시장주의자들이 만들어낸 인위적 유토피아에 지나지 않는다.

한편 폴라니는 산업혁명 이후 노동운동을 비롯해 다양한 형태로 표출된 저항에 주목하고, 이를 시장경제에 맞서 자발적이고 자생적으로 생겨난 '사회의 자기보호운동'이라고 정의한다. 이는 폴라니에 관한 여러 저서에서 '사회의 발견'이라는 명제로 설명되는데, 풀이하자면 인간 세상의 실체는 국가나 시장이 아니라 인간과 인간이 실제로 관계를 맺는 '사회'라는 것이다. 폴라니는 인간들의 집합이자 인간관계의 총체로서 사회에 주목하고, 사회를 인간들의 '연대'로 보았다. 사회 안에서 인간은 개개인의 자구책이 아니라 함께 관계와 역할을 조정하며 공동의 필요를 조달한다. 경쟁을 위해 각자도생하는 기업 생존의 논리로는 사회의 작동 원리를 설명할 수 없다.

폴라니의 사회-연대-경제 개념은 그래서 중요하다. 폴라니의 경제와 사회에 대한 관점에 기초하면, 사회적경제를 기업 활동을 넘어 '우리 삶의 필요를 조달하는 자발적인 연대 활동'으로 보다 폭넓게 해석할 수 있다. 즉, 사회적경제는 "개인과 전체의 '좋은 삶'에 필요한 것들을 사람들의 자발적이고 전면적인 연대를 통해 조달해 나가는 활동과 영역"으로 정의할 수 있다(홍기빈 외, 2015).

이러한 개념 정의는 자연스럽게 사회적경제와 시장경제, 공공경제(국가)의 관계에 관한 논의로 확장된다. 시장경제 외에도 다양한 형태로 존재하는 인간의 경제(살림살이)는 어떻게 사회 안에서 통합될 수 있을까? 사회적경제는 시장 그리고 국가와 어떻게 관계를 맺어야 할까?

2. 국가와 시장, 사회적경제의 관계: 다원적 민주주의

"이 통합의 형태들, 즉 상호성(호혜), 재분배, 교환은 경제의 다양한 수준과 상이한 부문에서 병렬적으로 나타날 수 있다. … 이들 형태는 경제의 다양한 부분과 수준 간에 분화함으로써, 비교적 간단한 방법으로 경제과정을 기술하는 수단을 제공하고 이에 따라 경제의 끊임없는 변화에 질서를 부여하게 된다"(Polanyi, 1957; 홍기빈 외, 2015 재인용). 이 문장으로 대표되는 폴라니의 다원적 민주주의는 후일 여러 제도주의 경제학자들에 의해 현대적으로 재해석되었다.

먼저, 정태인은 우리 삶의 필요를 조달하는 경제의 상이한 부문들, 즉 시장경제, 공공경제, 사회적경제, 생태경제의 예를 들어 다원적 민주주의를 설명한 바 있다. 폴라니가 인간의 살림살이에서 중요하게 언급한 통합의 형태들, 즉 교환, 재분배, 상호성은 각각 시장경제(교환), 공공경제(재분배), 사회적경제(상호성)에 녹아 있다. 각각의 경제는 서로 다른 작동 원리를 가지고 있는데 이를 하나의 원리로 통합하려는 게 문제라는 것이다. 신자유주의가 시장원리로 모든 문제를 해결하려 한 시도라면, 국가사회주의는 공공경제의 원리로 모든 사회를 조직하려는 시도다. 인간의 본성을 무시하고 하나의 틀로 모든 사회를 재단하려 한 시장만능주의나 국가만능주의 모두 사회적경제가 추구하는 가치와는 거리가 멀다. 그렇다면 다양한 수준과 상이한 부분의 경제들은 어떻게 분화하며 질서와 균형을 만들어가는 걸까. 정태인은 각각의 경제 제도는 고유의 상호작용 메커니즘과 가치, 그리고 약점을 지니는데 이들 경제 제도를 어떻게 배열하느냐는 '사회'에서 결정된다고 보았다(정태인·이수연, 2013).

라구람 라잔(Raghuram Rajan)은 자본주의 사회를 지탱하는 세 가지 기둥, 즉 공동체, 국가, 시장 사이의 균형을 강조한다(Rajan, 2019). 자본주의는 과거 효과적인 시스템이었지만 시장과 정부가 지나치게 비대해지면서 불평등과 같은 현재의 균열이 야기되었다는 것이다. 그에 따르면, 민주주의 원리가 작동하는 국가라면 시민의 요구를 반영해 시장에 한계를 부여하고 공정한 기회를 제공하고자 노력할 것이고, 공정한 시장에서 효율이 발휘된다. 무엇보다 시민들이 참여하는 공동체가 국가와 시장의 유착을 막고 민주주의가 제대로 작동할 수 있도록 사회를 이끌 것이라 보았다(박종현 외, 2020). 최근 그의 견해는 포용적인 지역주의(inclusive localism)로 대표되는데, 이는 시장경제나 국가계약만으로는 충족되지 않는 필요를 지역공동체가 해결할 수 있다는 믿음에 기초한다. 라잔은 고령화, 이민자 문제 등 심화되고 있는 사회문제를 시장이나 국가가 모두 해결할 수는 없다고 주장하면서 어느 정도 개방적인 시스템을 갖는 공동체, 즉 포용적 지역사회가 해법이 될 수 있다고 강조했다.

라잔이 공동체, 시장, 정부 사이의 균형을 강조한다면, 대런 아세모글루(Daron Acemoglu)와 제임스 로빈슨(James Robinson)은 사회와 국가의 균형에 보다 관심을 갖는다. 이들은 자유와 번영이 공존하는 삶을 위해서는 국가와 사회 양쪽 모두가 강해야 한다고 보았다. 국가가 본연의 기능을 효과적으로 달성하려면 충분히 강해야 하고, 강한 국가가 자신의 이익이 아닌 공공의 이익에 충실하게끔 하려면 그만큼 사회의 힘이 강해야 한다는 것이다. 강한 국가와 강한 사회는 건강한 긴장 관계를 이루면서 경쟁과 협력의 관계를 형성하는데, 이때도 둘 사이의 균형은 중요하다. 이러한 조화 속에서 사회가 원하는 것을 전달할 '국가의 역량'이 커짐과 동시에 국가의 행동을 감시하고 이끌 '사회의 결집력과 동원력'도 커질 수 있다(Acemoglu and Robinson, 2019; 박종현 외, 2020 재인용).

폴라니의 사상은 여러 학자들에 의해 다양한 맥락과 수준에서 재해석되었다. 물론 사회적경제에 관한 논의가 폴라니나 경제민주주의 관점에서만 논의된 것은 아니다. 사회적경제에 대한 개념 정의가 시대나 국가, 학자마다 다른 것과 마찬가지로 사회적경제와 시장, 국가의 관계에 대한 논의도 서로 다른 역사적 토양 위에서 다양한 형태로 전개되었다. 혹자는 사회주의로의 이행을 위한 유력한 대안으로, 어떤 이에게는 자본주의의 한계를 보완하는 수단으로, 누군가에게는 새로운 사회 건설의 방법론으로 사회적경제가 자리하거나 소비되었다. 영국의 보수당 정부도 '큰 사회(big society)'를 표방하며 사회적경제를 강조한다.

이탈리아의 시민경제(Civil Economy)는 대체로 사회적경제를 국가, 시장과 관계를 맺는 어느 한 부문이 아니라 시장경제의 총체로 인식한다. 반면 프랑스의 연대경제(Solicdarity Economy)는 공공경제와 사회적경제의 관련성을 강조한다. 이에 비해 한국이 사회적경제정책을 도입할 당시 모델의 상당 부분을 가져왔던 퀘벡의 사회적경제(Social Economy)는 국가와 시장, 사회적경제 세 영역을 구분하고자 한다(정태인·이수연, 2013). 폴라니가 제시했던 통합의 형태들—상호성, 재분배, 교환—로 실질적 경제가 구성되어 있다고 보고(다원적 경제), 각각의 경제에 새로운 질서와 조화를 부여하는 일련의 사회혁신운동으로 사회적경제를 정의하는 것이다.

마거릿 멘델(Marguerite Mendell)은 1988년 캐리 폴라니 래빗(Kari Polanyi Levitt)과 함께 칼폴라니정치경제연구소를 설립한 이후 지난 30여 년간 퀘벡에서 전개한 사회적경제운동은 다름 아닌 사회혁신 실천이라고 강조한다.

"퀘벡에는 첨단기술, ICT, 주택, 문화, 관광, 에너지 등 모든 분야에 사회적경제가 존재한다. 시장경제와 평행을 이루는 또 하나의 경제체제가 형성된 것이다"(Mendell, 2018). 이는 공공부문과의 관계에 대한 언급에서도 마찬가지이다. "사회적경제가 제공하는 사회서비스가 공공서비스를 대체한 적은 한 번도 없다. 사회적경제는 공공부문(국가)과 민간부문(시장) 모두가 놓치는 새로운 요구를 충족시키는 것이 목표이다. 즉, 공공부문에서 기존에 제공하던 서비스와는 다르다"(Mendell, 2018).

이러한 관점은 사회적경제를 공공부문이나 시장경제가 잘 작동할 수 있도록 도와주는 기능적 보조물로 보는 관점과는 큰 차이를 지닌다. 사회연대경제로서의 사회적경제는 국가와 시장 두 영역 모두 우리 삶의 필요를 조달하는 데 내재적인 한계가 있을 수밖에 없다는 인식에 기초하여 사람들의 자발적인 연대로 문제를 풀어보겠다는 노력으로서, 적극적인 의미의 '사회혁신'이라 할 수 있다(Marie, 2014; 홍기빈 외, 2015).

3. 사회적경제와 사회혁신

사실 '혁신'이 새로운 단어는 아니다. 학문적으로는 1960년대부터 민주주의, 참여민주주의, 교육 등의 의제에서 하향식 구조에 관한 문제의식이 싹트기 시작했고, 오일쇼크 이후 사회적 배제 관점에서의 연구와 논의로 이어졌다. 1980년대 이후 사회적 규모의 혁신은 주로 시장경제의 영역에서 프로세스 혁신, 기술혁신, 산업혁신 등을 중심으로 이루어졌다. 차츰 기업의 사회공헌, 사회적 책임, 윤리경영 등 내용의 진화가 이루어지기는 했지만, 국가와 기업, 여러 조직이 주도해온 혁신은 대부분 성장과 효율에 초점이 맞춰져 있었다. 그러나 2008년 금융위기 이후 제기되는 혁신은 문제의식과 추구하는 전략에서 과거와는 많은 차이를 보인다. 지난 혁신이 경제발전을 위한 문제의 해결이나 신 성장전략 개발에 방점을 두었다면, 오늘날의 혁신은 현대 사회의 위기에 대한 대응으로부터 출발한다. 여기에는 경제성장을 위해 내달려온 결과로 현재 인류가 맞닥뜨리고 있는 양극화, 환경파괴, 기후변화, 에너지 문제, 고령화 등 온갖 균열과 변화에 대한 긴장이 배어 있다.

국제 사회에서 사회혁신은 2010년 유럽연합(EU)이 '유럽 2020 전략(Europe 2020 Strategy)' 등 일련의 사회혁신 지원정책을 발표하고 추진하면서 등장했다. 이는 EU가 2000년 발표한 리스본 전략의 실천 과정에서 겪었던 실패를 극복하기 위해서는 유럽 사회정책 전반의 패러다임 변화가 필요하다는 유럽정책자문국(BEPA)의 제언을 반영한 것이다(김정원 외, 2016). 영국의 영파운데이션(Young Foundation)과 네스타(NESTA), 덴마크의 마인드랩(Mind Lab), 네덜란드의 케니스랜드(Kennisland), 핀란드의 시트라(Sitra), 글로벌 사회혁신 네트워크

식스(SIX) 등 민간의 사회혁신 관련 그룹이 사회혁신의 정책적 도입을 꾸준히 요구한 결과이기도 했다.

BEPA는 EU의 사회혁신에 관한 보고서(2010)를 통해 "최근의 경제·금융 위기로 인해 지난 10년간 달성한 경제성장과 일자리가 사라졌으며 향후 지속적 경제성장 달성도 쉽지 않은 상황"이라고 진단하고, 사회혁신을 향후 정책 방향의 주요 기제로 삼아야 한다고 강조했다. 보고서에는 유럽공동체의 사회혁신 실천을 위한 방안 40개가 담겨 있었다. 이에 맞춰 '유럽 2020 전략'은 스마트한 성장, 지속가능한 성장, 포용적 성장을 어젠다로 설정하고, 혁신 프로젝트에 기금을 투입하고 지원하는 사회혁신유럽(SIE: Social Innovation Europe)을 가동하는 등 대대적인 사회혁신운동을 시작했다. 이러한 문제의식은 한국을 비롯한 국제 사회로 확산되어 오늘날까지 많은 국가의 정책 전환 및 기제 형성의 모티브가 되고 있다.

이후 사회혁신에 대한 개념 정의나 실천 방법에 대한 논의도 활발하게 이루어졌는데, 사회혁신을 사회적 가치, 사회적경제와 떼어놓고 이야기하기는 쉽지 않다. 이들 모두 경제성장에 중심을 둔 기존의 접근에 대한 반성으로부터 출발해 시민 참여를 바탕으로 한 새로운 거버넌스, 구체적인 사회 변화를 추구한다는 공통점이 있다.

줄리 콜리어 그리스(Julie Caulier-Grice)는 사회혁신을 "기존의 방식으로 해결되지 않는 사회적 난제를 해결하기 위한 새로운 방식"이라고 정의하고, 다양한 영역 간 교차, 구체적인 상황 반영, 사회적 가치 내재, 측정 가능한 구체적 결과 도출, 사회적 관계 및 권력관계의 변화, 시민역량 강화 등의 특성을 포괄한다고 보았다(Caulier-Grice, 2012; 정미나, 2016 재인용). 특히 시민을 서비스 대상에서 문제 해결의 주체로 상정하고, 주체들의 역량과 자원, 다른 주체들과의 새로운 결합(거버넌스)을 강조한다는 점에서 과거 혁신과의 차이를 강조했다.

같은 맥락에서 김병권은 사회경제적·정치적 일상의 다양한 국면에서 사회적 필요 문제에 봉착한 당사자, 이해관계자, 공동체가 자체적으로 문제의 해법을 발견하고 실천에 옮기는 것을 사회혁신으로 파악한다. 그는 사회혁신을 "① 절실한 시민적·사회적 필요가 있는 모든 생활의 현장에서 ② 신뢰와 협동이라는 새로운 가치와 접근법에 따라 ③ 기존 방식과 다른 문제 해결을 모색하는 ④ 당사자들의 참여와 행동"으로 정의하는 한편, 사회혁신의 결과는 지속적으로 사회적 자본을 축적하는 것이어야 한다고 강조했다. 이러한 관점에서 보면 사회혁신은 단순히 경제 영역에서 사회적경제기업을 육성하는 데 국한되지 않고 교육, 보건, 주민참여예산제와 같은 지방자치 등 사회 전반을 포괄한다(김병권, 2013). 사회(제도) 변화를 추진하는 전략적 틀로서 사회혁신을 해석하고 있는 것이다.

이를 정책 패러다임의 전환, 사회혁신과 공공정책과의 관계 측면에서는 어떻게 설명할 수 있을까. 비록 지속되지는 못했지만 과거 문재인 정부가 사회혁신을 추진할 당시 행정안전부(2017)는 사회혁신을 "주민이 주도하여 사회문제를 혁신적인 방법으로 해결함으로써 주민 삶의 질이 높아지도록 정부가 지원하는 것"이라 정의한 바 있다. 정부는 국가와 시장 중심으로는 해결하지 못한 사회적 필요(지역 현안과 주민 생활의 불편 문제)를 시민사회가 주도하고 정부가 뒷받침하는 협력적 거버넌스를 통해 해결하고자 했다. 이때 사회혁신 추진 전략의 핵심 골자는 시민과 정부의 역할을 전환하는 것이었다. 정책의 수혜자이자 소비자였던 주민을 사회문제를 해결하는 중요한 파트너 또는 주체로, 공공정책의 기획과 집행을 독점해온 정부는 재정을 지원하고 제도를 개선하는 플랫폼 생태계의 조성자로, 즉 거버넌스의 변화로부터 사회혁신이 시작한다고 본 것이다.

이와 관련하여 멘델은 사회혁신을 이야기할 때는 구체적인 내용뿐 아니라 그것이 지닌 체계적인 영향력도 함께 고려해야 한다고 강조한 바 있다. 사회혁신이 실질적인 사회 변화에 기여해야 한다는 것으로 사회혁신과 사회적경제, 공공경제의 관계에 주목한 주장이다. "정책이야말로 사회 변화에 있어서 그 무엇보다 중요한 핵심이라 할 수 있다. 정책 입안과 이행에서 혁신이 없다면 경제 민주화를 위한 제도적 역량은 발휘되기 어렵다"(Mendell, 2018). 이에 기반하여 퀘벡의 사회적경제활동가들은 퀘벡 사회혁신의 핵심에 정책의 공동수립(co-construction)과 공동생산(co-production)이 있다고 주장한다(Bouchard ed., 2013). 퀘벡 주 정부와 사회적경제조직이 이룬 거버넌스, 그리고 이를 통한 정책의 공동수립과 실행이 곧 사회혁신인 것이다.

이 점에서 사회혁신은 "시장과 정부가 충족시키지 못한 필요를 공급 거버넌스의 변화와 숙의민주주의를 통해 공급하는 것"이라고 정의할 수 있다(Mulgan, 2006; Mulgan et al., 2007; Moulaert ed., 2007; Bouchad ed.; 2013; 정태인 외, 2016 재인용). 즉, 진정한 사회혁신이란 단순히 사회적경제의 확대가 아니라 다원적 경제 시스템에서 참여(직접)민주주의가 관철되는 것을 의미한다(정태인 외, 2016). 이러한 인식은 사회적경제정책이 정부의 사회적경제기업에 대한 지원에 머물지 않고, 거버넌스와 민주주의의 확장이라는 관점에서 공공서비스 조달 과정의 혁신을 동반해야 한다는 점을 강력하게 시사한다. 오스트롬의 공동생산 이론은 이에 대한 검증이자 사회혁신과 사회적경제, 공공경제의 관계를 설명하는 중요한 논의가 될 수 있다.

4. '국가'와 '시장' 이분법을 넘어, 공유자원의 공동생산

오스트롬은 경제학의 오랜 딜레마 중 하나인 '공유재의 비극(the tragedy of commons)'에 대해 해법을 제시한 공로로 2009년 노벨경제학상을 수상한 미국의 정치학자이자 신제도주의 경제학자이다.

'공유재의 비극'은 생태학자인 개릿 하딘(Garrett Hardin)이 1968년 ≪사이언스≫지에 발표한 논문의 제목으로, 모두에게 열려 있는 목초지는 합리적인 목동들에 의해 과잉 소비되어 고갈되고 말 것이라는 사실을 은유적으로 설명한 논문의 핵심 개념이다. 누구나 이용할 수 있는 목초지가 있다면 사람들은 남보다 더 많은 이익을 얻기 위해 저마다 소를 풀어 목초지에서 풀을 뜯게 할 것이고 그 결과 목초지는 사라지고 소는 굶어 죽게 된다는 것이다. 공유재의 비극에 대한 전통적인 해법은 두 가지이다. 국가가 강제력을 행사하여 공유자원을 관리하거나 시장을 통해 자원을 완전히 사유화하는 것이다. 이러한 인식은 여러 학자들에게 계승되어 한편에서는 제3세계 국가에 대해 정부가 자원을 통제해야 한다는 정책 권고로 이어졌고, 다른 한편에서는 사유재산권을 설정하여 시장 제도에 자원의 관리를 맡겨야 한다는 주장으로 발전했다.

이에 대해 오스트롬은 '국가'나 '시장'이 아닌 제3의 문제해결 장치로 '공동체 중심의 자치제도'라는 새로운 대안을 제시한다. 오스트롬은 하딘의 주장과 달리 오늘날에도 존재하는 공유자원에 주목했다. 그의 주된 관심은 무임승차, 규칙 위반, 태만 등 기회주의적 행동이 존재하는 가운데 어떻게 사람들이 자치 제도를 만들어 공동의 이익을 확보해 가는가에 있었다. 소규모 목초지, 연안 어장, 지역의 공동 산림 등 공유자원 체계에서 당사자들이 문제 해결을 위해 어떻게 공동체를 조직화해 나갔는지에 초점을 맞춰 공유자원 체계를 분석한 것이다(오스트롬, 2010). 그 결과 스위스, 일본, 스페인, 필리핀 등 세계 각국에서 공동체 내부의 구성원들이 자발적인 조직과 자기 규율을 통해 성공적으로 공유재의 비극 문제를 해결해왔음을 실증해냈다. 그것이 2009년 노벨경제학상 수상 이후 다시 주목받아 뒤늦게 한국에서도 번역 출간된『공유의 비극을 넘어(Governing the Commons)』다.

오스트롬은 공유자원이 오랫동안 존속하기 위해서는 그것을 관리해온 공동체 내부의 운영 원리도 중요하지만, 무엇보다 하위 수준(자치공동체)에서 이미 존재하는 규칙을 상위 수준의 조직이 인정해야 한다는 점을 강조했다. 최소한의 자치 조직권이 보장될 수 있도록 공동체의 권리가 외부 권위체에 의해 도전받지 않아야 한다는 것이다. 예컨대 마을의 동산을 공동체가 꾸준히 관리해 왔더라도 상위 조직이 개발을 이유로 동산에 터널을 뚫는다면 공유자원은 유지될 수 없다. 공동체-지자체-국가-국제기구 등 각 수준에 맞는 규칙과 정책이 존재할 텐데, 이러한 중층적인 사업 단위들의 조화가 공유자원의 지속 가능성을 보장한다는 것이다. 오스트롬은 공동체 기반의 자율적인 거버넌스를 통해 공유자산의 성공적인 관리·운용이 가능하고, 이렇게 새로운 제도적 장치를 수립하거나 이를 공급하는 과정이 저렴한 비용으로도 가능하다는 사실을 구체적인 사례를 통해 검증해냈다.

이렇게 오스트롬은 공유자원 관리에 관한 새로운 대안으로 '국가'나 '시장'이 아닌 민간이 적극 참여하는 다중심적 관리 체계의 모델을 제시하면서, 이들의 거버넌스 구조가 공공의 중요한 영역을 차지할 수 있다고 주장했다. 공동체의 자치 제도와 다층적인 거버넌스를 통해 공공서비스 조달의 혁신이 이루어질 수 있다는 의미이다. 오스트롬은 이를 '다중심성' 개념과 '공동생산'이라는 개념으로 설명했는데, 이는 행정학에서 신거버넌스 이론으로 발전했다. 〈표 2-1〉은 공공서비스 조달에 관한 주요 모델의 진화 과정을 시민과 국가의 역할 변화에 초점을 맞춰 설명한 것이다. 이는 사회적경제가 어떻게 공공부문과 관계를 맺는지에 대한 설명이기도 하다.

전통적 공공행정 모델에서 공공서비스의 조달은 주로 국가에 의해 이루어진다. 공무원이 공공서비스의 공급자 역할을 담당한다면 시민은 공공정책의 수혜자이다. 복지국가의 발달이 이렇게 한동안 국가 책임의 증대를 통해 이루어졌다. 그러나 오일쇼크 이후 1980년대에 들어서면 공공서비스는 빠르게 민영화되기 시작해 시장 중심의 공급 체계를 구축하기에 이른다. 신공공관리 모델에서 공무원은 민간의 공급자와 계약을 맺은 커미셔너로, 시민은 외주화

<표 2-1> 공공서비스 조달 주요 모델의 진화

구분	전통적 공공행정 모델	신공공관리 모델	신거버넌스 모델
조직적 가치	위계, 통제, 관료	시장 지향, 성과 위주, 내주화/외주화	네트워크, 조직 간 관계와 다수 행위자의 정책 형성
시민의 역할	수혜자(Client)	소비자(Consumer)	공동생산자(Co-producer)
공무원의 역할	공급자(Providers)	커미셔너(Commissioners)	관리자와 중재자(Directors and mediators)
정치인의 역할	마스터(Masters)	감독자(Scruinizers)	촉진자(Facilliators)

자료: Sicilia et al.(2016); 정태인 외(2016) 재인용.

된 사회서비스의 소비자로 역할이 변화한다. 이때 등장한 논리가 경쟁 체제를 도입한 사회서비스 품질 향상과 시민의 이용자 선택권 확대이다. 이에 대해 오스트롬은 공공서비스의 조달이 반드시 정부 조직이나 시장에 의존하지 않고서도 다양한 방식에 의해 보다 효율적으로 조달될 수 있다는 전망을 제시한다. 그가 생각하는 보다 효율적인 대안은 공공서비스를 필요로 하는 당사자들이 자발적 조직화를 통해 서비스의 생산 및 공급 과정에 참여하는 것이다(오스트롬, 2010). 이러한 주상은 2008년 금융위기 이후 더욱 주목받기 시작해 사회혁신, 사회적경제와의 밀접한 연관성 속에서 재해석되었다.

신거버넌스 모델에서 시민은 공공서비스 조달에 관한 정책을 함께 수립하고 전달하는 공동생산자로서의 지위를 획득한다. 바로 이 지점에서 사회복지와 사회적경제의 당사자성이 확인된다. 작게는 장애인과 그 가족이, 어린이집에 아이를 보내야 하는 부모가, 자활을 요구받는 취약계층이 직접 자신들의 필요에 맞는 공동체를 조직하고 조달 체계를 구축한다. 복지기관을 비롯해 주민자치회나 마을공동체, 사회적경제조직 등 다수의 행위자들이 공공서비스 공급 정책의 형성 과정에 참여하는 것이다.

정책의 수혜자나 이용자에 머물렀던 주민들이 공공서비스 조달 과정에 참여한다는 것은 적어도 두 가지 측면에서의 변화를 의미한다. 첫째는 시민성·

당사자성이 발현되는 방식의 변화이다. 정부의 역할에 대한 사회의 개입이 그간 이슈 파이팅 등 비판적 시민운동의 형태로 나타났다면, 신거버넌스 모델은 당사자인 주민들이 직접 공공서비스의 모델을 만들어 대안을 제시하고 나아가 제도화를 추구한다. 둘째는 이를 통해 지역사회의 공공성을 확장한다는 점이다. 신공공관리 모델이 외주화·민영화·시장화를 특징으로 한다면, 신거버넌스 모델은 공공서비스의 무분별한 시장화를 막고 서비스의 품질 관리를 공동체의 연대를 통해 달성하고자 한다.

이 점에서 신거버넌스 모델(공동생산 이론)은 사회적경제가 공공서비스를 조달하는 데 있어서 일반 기업의 '사유화'나 공공사업의 '외주화(민영화)'와 어떻게 다른지를 설명하는 이론적 근거를 제시한다. 사회적경제는 공공서비스 조달에서 단순한 민영화(위탁)의 구조를 벗어나 민과 관이 함께 공공서비스 조달 범위와 내용을 결정하는 정책의 공동 수립을 지향한다. 사회적경제 주체들과 관련 부처들 그리고 집합적으로 조직된 이해당사자들이 함께 지역사회 공공서비스 조달 문제를 공동으로 기획하는 것이다(Mendell, 2018). 이는 사회적경제가 정부 역할의 축소를 추구했던 복지다원주의나 '작은 정부 큰 사회'와는 명확히 다른 노선 위에 있다는 사실을 보여준다. 사회적경제는 정부가 무엇을 해야 할 것인지에 대해 적극적으로 의견을 개진하고 대안적 모델을 제시함으로써 공공서비스의 증진을 도모한다.

폴라니가 사회적경제에 시민들의 자발적인 연대와 협동, 사회혁신의 특성을 부여한다면, 오스트롬은 공유자원의 이용과 관리에서 사회(공동체)의 역할을 규명하면서 시민들의 자발적 공동체와 정부의 다층적 거버넌스 구조가 지속가능성 확보를 위한 대안임을 경험적으로 검증해냈다(김종익 외, 2018). 또한 이들의 견해는 사회적경제가 시장경제와 공공경제 혁신의 동력임을 설명한다. 사회적경제기업의 운영 방식이 '경제민주주의'를 지향한다는 점에서 '시장경제의 혁신'을 추구한다면, 사회문제 해결을 위한 다양한 연대 활동으로서의 사회적경제는 '공공부문의 혁신(공공정책의 공동생산)'을 의미한다고 하겠다. 즉, 사회적경제는 국가와 시장에 새로운 관계 정립을 요구하는 아래로부터의 '혁신 활동'이라 할 수 있다.

5. 사회적경제 지원 정책이 아니라 사회적경제 활성화 정책

위로부터의 성장을 특징으로 하는 한국에서 폴라니와 오스트롬, 사회적경제 이론가들의 실천과 논의는 사회적경제와 공공부문의 관계를 정립하는 데 중요한 시사점을 제공해준다.

2008년 금융위기 이후 많은 국제기구와 선진국이 사회혁신, 사회적 가치, 지속가능성을 화두로 제시하며 이를 실현할 핵심 주체로 사회적경제의 역할을 강조하고 있다. 고령화, 에너지 문제, 기후변화는 물론 사스, 메르스, 코로나19로 이어진 반복적인 팬데믹 시대의 도래는 국가와 시장이 언제든 자동을 멈출 수 있다는 사실을 보여주면서 지역사회의 재생력을 확장하는 공동체에 대한 필요를 높이기도 했다.

이에 2022년 경제협력개발기구(OECD)가 "사회연대경제 및 사회혁신 권고안"을, 국제노동기구(ILO)가 "양질의 일자리와 사회연대경제 결의안"을 발표한 데 이어, 2023년 4월에는 유엔(UN)이 회원국 만장일치로 "지속가능한 발전을 위한 사회연대경제 활성화 결의안"을 채택했다. UN(2023)은 결의안을 통해 회원국들에게 지속가능한 경제 및 사회 발전을 위한 모델로서 사회연대경제를 지원하고 강화하기 위해 국가별·지역별 정책 및 프로그램을 활성화할 것을 제안하는 한편, UN 개발 시스템에 있는 관련 주체와 국제·지역 금융기관 및 개발은행 들에게 개발의 모든 단계에서 사회연대경제의 활성화를 위해 정책적·재정적 수단과 체계를 마련하고 지원할 것을 권고했다.

인류의 지속가능성 확보를 위한 노력은 국가 차원의 정책 패러다임 전환을 요구하고 있고, 이를 위해서는 정부와 공공기관, 기업과 조직 등 전 사회의 혁신적 노력이 필요한 게 사실이다. 그럼에도 특별히 사회적경제의 역할이 강조되는 이유는 우리가 이루고자 하는 목표가 경제성장이 아니라 경제발전을 추구하다 놓친 가치를 되찾고 무너진 사회의 기능을 복원하는 데 있기 때문일 것이다. 사회적 난제를 함께 해결하는 경험을 공유함으로써 재생 가능한 사회적 자본을 축적하기 위해 신뢰와 연대에 기반한 사회적경제의 역할이 강조되고 있는 것이다.

이 점에서 사회적경제정책은 사회적경제기업에 대한 지원 정책이 아니라 사회적경제 활성화 정책이라는 관점에서 접근할 필요가 있다. 사회적경제는 각자도생하지 않고 공생하는 경제공동체를 추구한다는 점에서 시장경제와 추구하는 바가 다르다. 이는 사회적경제정책이 소상공인 지원 정책과 다른 근본적인 이유이기도 하다.

사회적경제정책은 과거와는 다른 새로운 방식으로 공생의 생태계를 만들어보자는 취지로 민과 관이 함께 공적 자원을 투입하여 사회문제의 해법을 모색하는 혁신 활동이라 할 수 있다. 지원의 대상이 아닌 민관 협력, 즉 협치의 주체로서 사회적경제를 이해할 필요가 있다는 것이다. 이는 민간(사회적경제 주체)을 공동생산의 주체로 인식하고, 정책의 생산과 전달 과정에 다중심 거버넌스가 적절하게 작동할 수 있도록 지원하는 것이 (지방)정부의 중요한 역할이라는 의미이기도 하다. 예컨대 민관정책협의회나 사회적경제위원회가 운영되더라도 의사 결정권 없이 그저 의견 수렴에 그치는 회의라면 그것은 거버넌스가 작동한다고 보기 어렵다. 구색을 갖추기보다 예산 확보와 제도화를 이룰 수 있는 실질적인 협의와 결정, 실천 단위의 일상적인 활동에 대한 인정과 보장이 중요하다.

한국의 사회적경제는 수많은 사업추진 경험이 축적되긴 했지만, 아직까지

정치적 환경 변화에 따라 정책의 존속 여부나 사업의 지속가능성이 흔들리는 처지를 벗어나지 못했다. 폴라니와 오스트롬의 문제의식은 우리에게 현실이 기보다 과제에 가까운지도 모른다. 분명한 것은 사회적경제가 정부의 지원에 의해 성장하는 나무가 아니라 정부와 시장이 제 역할을 할 수 있도록 촉구하는 사회운동이자 사회혁신으로서의 의미를 지닌다는 점이다. 정부와의 관계 설정에서 사회적경제기업의 정책 의존도를 극복하는 것보다 더 시급한 과제는 정부가 사회적경제정책을 지원 정책이 아닌 활성화 정책으로 인식하고 민관 협력을 통해 사회문제를 해결하려는 적극적인 태도를 취하게끔 변화시키는 것이다. 이러한 변화는 주어지는 것이 아니라 민주주의의 결과로 획득되는 것이다.

참고문헌

김병권. 2013. 「대안적 사회변화 전략으로써 '사회혁신'」. 새로운사회를여는연구원.

김정원·김미경·김종선. 「유럽의 디지털 사회혁신 정책과 현황」. 과학기술정책연구원.

김종익·김연아·이강권·이기문. 2018. 「환경경제 패러다임 전환을 위한 사회적경제 육성방안 연구」. 사단법인 상생나무·환경부·환경산업기술원.

박종현·송원근·이은선. 2020. 「사회적경제 기본교육안 해설서」. 한국사회적기업진흥원.

오스트롬, 엘리너(Elinor Ostrom). 2010. 『공유의 비극을 넘어』. 윤홍근·안도경 옮김. 알에이치코리아.

정마나. 2016. 「사회혁신이란 무엇인가: 사회혁신의 특성과 사회변화」. ≪월간 사회혁신의시선≫. 서울혁신센터 사회혁신리서치랩.

정태인·마거릿 멘델·홍기빈·김연아. 2016. 「해외 모델 비교를 통한 서울의 사회적경제 모델 연구」. 칼폴라니사회경제연구소·서울시사회적경제지원센터.

정태인·이수연. 2013. 『정태인의 협동의 경제학』. 레디앙.

행정안전부. 2017. 「주민주도의 사회문제 해결을 위한 사회혁신 추진 계획」.

홍기빈·정태인·이병천. 2015. 「사회적경제 사상 연구 및 실제적 적용에 관한 연구」. 칼폴라니사회경제연구소·서울시사회적경제지원센터.

Acemoglu, Daron and James Robinson. 2019. *The Narrow Corridor. States, Societies, and the Fate of Liberty*. Penguin Publishers, New York.

BEPA. 2010. "Empowering People, Driving Change: Social Innovation in the European Union".

EC. 2010. EUROPE 2020 a strategy for smart, sustainable and inclusive growth, Brussels.

Marie, J., Bouchard. 2014. *Innovation and the Social Economy: Quebec Experiences*. University of Toronto Press: Toronto.

Mendell, M. 2017. '사회적경제와 사회혁신'. 제14회 칼폴라니국제학회 기조강연문.

Ostrom, E. 1990. *Governing the commons: The Evoultion of Institutions for Collective Action*. Cambridge Universtiy press: UK.

Polanyi, K. 1957. *Trade and Market in the Early Empires*. Free Press(이종욱 옮김. 『초기제국에 있어서의 교역과 사상』. 민음사. 1994).

Rajan, R. 2019. *The Third Pillar: How Markets and the State Leave the Community Behind*. Penguin Press: New York.

Sicilia, M., E. Guarini, A. Sancino, M. Andreani, and R. Ruffini. 2016. "Public services management and co-production in multi-level governance settings." *International Review of Administrative Sciences*, 82(1): 8-27.

UN. 2023. "Promoting the social and solidarity economy for sustainable development". Seventy-seventh session.

3장

노동통합사회적기업과 근로연계복지

송선영 (성공회대학교 사회적기업연구센터 연구교수)

'고용 없는 성장의 시대'라고들 말한다. 점점 더 많은 사람이 노동시장으로 부터 배제되고 있다는 말이기도 하다. 고용과 소득, 소비 구조의 양극화는 좀처럼 사그라들 조짐을 보이지 않는다. 이때, 국가는 어떠한 역할을 해야 하는가? 시장이 소비자 수요에 맞는 생산 활동을 통해 고용을 창출해왔다면, 국가는 전통적으로 공공부문의 고용 창출을 담당해왔다. 그러나 지속적인 경제성장의 둔화와 산업 구조의 고도화 속에서 이러한 고용창출 구조는 상당한 균열이 발생했다. 미숙련 노동자와 취업 취약계층은 반복 실업과 반복 빈곤의 늪에 빠져 있으며, 노동시장의 배제로부터 발생하는 광범위한 근로 빈곤층의 사각지대 문제는 사회문제의 핵심으로 자리하고 있다.

비단 한국 사회만 겪고 있는 현상일까? 그렇지 않다. 1970년대, 유럽 선진 복지국가들도 같은 문제로 골머리를 썼었다. 산업구조 개편을 강제하는 경제의 세계화 물결 속에서 국가 간 빈부 격차는 줄어들었지만, 국가 내 빈부 격차는 심각해져갔다. 주범은 멈출 줄 모르는 실업이었다. 완전 고용을 전제로 작동하던 포괄적 복지에 빨간불이 켜진 것이다. 유럽의 복지국가들은 머리를 맞대고 새로운 고용 전략을 마련해야만 했다. 그것이 다름 아닌 '고용의 유지와 창출'이라는 '이중 전략'이다(장원봉 외, 2009).

고용 능력의 개선과 기업가 정신 개발, 기업과 종업원의 적응력 촉진과 여성과 남성에 대한 평등한 기회 제공을 강화하는 것 등이 전자의 전략이라면, 국가와 시장을 통해 충족되지 않는 새로운 재화와 서비스를 제공하는 일자리의 창출이 후자의 전략이었다(장원봉 외, 2009). 이때 빛을 발하게 된 것이 유럽의 노동통합사회적기업이다.

1. 노동통합사회적기업

1) 노동통합사회적기업의 개념과 유형

유럽에서 사회적기업이 등장하는 추진 동력으로 평가받는 노동통합사회적기업(Work Integration Social Enterpise: 이하 WISE)은 사회적기업과 동의어로 불리기도 한다(Defourny and Nyssens,2010; Nyssens, 2006; O'Connor and Meinhard, 2014). 그렇다면 'WISE'란 무엇을 말하는가? 우리가 '사회적기업' 하면 직관적으로 '사회적' 목적을 수행하는 기업을 떠올리는 것처럼, WISE 역시 "노동시장에서 심각한 어려움을 경험하고 있는 사람들의 직업적 통합을 목적으로 활동하는 자율적인 경제적 실체"를 지칭한다(Davister, Defourny, and Gregoire, 2004). 1960년대 벨기에, 1970년대 프랑스, 1980년대 핀란드, 포르투갈, 스페인 등에서 WISE가 등장했다. 일반적으로 장애인의 통합을 지원하는 조직이었다. 지역사회에 뿌리를 내리고 있던 WISE는 노동시장에서 항구적으로 배제당할 위험을 지닌 취약계층에게 훈련과 사회적 지원, 유급 노동의 경험을 제공하여 노동시장의 통합을 지원하고, 더 나아가 지역사회에 편익을 제공했다

〈표 3-1〉 설립자 특성에 따른 WISE 유형

WISE 유형	기업(국가)
시민조직	• Cooperativa sociale(이탈리아) • Entreprises de formation par le travail(벨기에) • Entreprises d'insertion(프랑스) • Beschäftigungsgesellschaften von lokalen, unabhängigen Initiativen(독일) • Empresas de inserción(스페인) • Local development work integration social enterprises(아일랜드)
사회적 배제 집단	• Sociaalinen työosuukunta(핀란드) • Worker cooperatives(영국) • Socialkooperativ(스웨덴) • Entreprises insérantes(프랑스)
공공기관과 지역사회	• Lokale sociale virksomheder målrettet traening or beskaeftigelse(덴마크) • Kopmmunale Beschäftigungsgesellschaften(독일) • Régies de quartier(프랑스) • Social firms(영국) • community business(영국)

자료: Nyssens(2014); 김정원·이문국·지규옥·송선영(2019)에서 재인용.

(O'Connor and Meinhard, 2014).

　그렇다고 WISE 모두가 같은 색깔의 옷을 입고 있었던 것은 아니다. 어쩌면 당연하다. 각국의 노동시장과 노동정책, 제도적 환경이 서로 다르기 때문이다. 실제 WISE의 모습은 지원의 우선 대상과 운영 목표가 상이했다. 반드시 취약계층만을 고용하거나 전일제의 근로만을 제공하는 것도 아니며, 생산 활동만으로 기업의 활동이 구성되는 것도 아니었다. 재정 확보의 방식도 정부로부터 자금을 지원받는가 하면, 어떤 경우는 비즈니스 활동에 크게 의존하기도 했다(O'Connor and Meinhard, 2014).

　이처럼 다채로운 WISE의 모습은 연구자의 눈길을 끌 만하다. 그렇다. 실제로 많은 연구자가 참여자의 구조, 고용 형태, 프로그램, 재원 구성방식 등에 따라 WISE를 유형화하여 설명하고 있다. 마르테 니센스(Nyssens, 2014)는 WISE를 시민 조직이 설립한 유형, 사회적 배제 집단이 자조를 도모하기 위해 설립한 유형, 공공기관과 지역사회가 협력하여 설립한 유형 등으로 설립자의 특성에 따라 분류한다. 그런가 하면, 일자리 경험과 현장 훈련(OJT)을 병행하는 경과적 일자리(transitional occupation) 제공형, 장기적 자립을 목표로 참여자의 생산성이 향상되면 지원 규모를 점차 축소해가는 일자리 제공형, 장애인과 같이 취업이 어려운 계층에게 지속적으로 보조금을 지급하면서 일 경험을 제공하는 유형, 생산적 활동을 통해 재사회화를 목표로 일자리를 제공하는 유형 등으로 참여 대상의 성격과 목적에 따라 구분하기도 한다(Davister et al., 2004). 여기서 참여자들은 노동계약자로서의 지위, 연습생으로서의 지위, 작업 참여자로서의 지위를 갖는다. 공식적으로 노동계약을 맺은 이들은 노동자로서 법적 지위를 지니고 고용된 자들을 말하며, 연습생은 훈련의 일환으로 생산 활동에 참여하는 자들을 일컫는다. 작업 참여자들은 12~24개월 동안 직업 기회와 사회화를 위한 생산 활동에 참여하며, 급여는 받지 않지만 때때로 수당 또는 공동 생활과 같은 무료 숙식을 제공받기도 한다(Nessens, 2014).

한편, 로저 스피어와 에릭 비데(Spear and Bidet, 2005)는 정부 당국으로부터 받는 보조금, 취약계층에게 제공하는 고용, 참여자에 대한 훈련, 참여자의 자존감 향상 및 시민의식 발전 정도, 노동통합시스템을 통한 사회경제적 지위 이동 등을 기준으로 WISE를 세 가지 유형으로 구분하고 있다. 첫 번째 유형은 사회적기업이라는 법적 틀 내에서 노동통합을 위해 활동하는 조직으로 이탈리아의 B유형 사회적협동조합이 대표적이다. 두 번째 유형은 노동통합을 목적으로 하지만 법적 틀이 없어 다른 조직을 위한 법적 형태를 가지고 활동하는 조직이다. 아일랜드의 사회통합기업(Social Integration Enterprises)과 포르투갈, 프랑스, 벨기에의 통합기업(Insertion Companies), 핀란드의 노동자협동조합 등이 여기에 해당한다. 세 번째 유형은 특별한 법률적 근거가 없는 상황에서 노동통합 활동에 참여하는 일부의 노동통합사회적기업이다.

이처럼 다양한 연구가 쌓이자 폴린 오코너와 아그네스 마인하르트는 그간의 연구를 집대성하여 WISE의 특징을 여섯 가지로 설명했다. 첫째, WISE의 참여 대상은 신체적·정신적 취약계층과 주류 노동시장 진입에 어려움을 겪는 구직자들이다. 둘째, 노동의 형태는 대체로 단순 육체노동이지만 지역사회 편익을 제공하는 서비스 제공 등 WISE의 활동 영역이 다양하다. 셋째, 참여자들의 직업적 지위는 고용계약을 통한 공시적 지위뿐만 아니라 훈련생이나 단순 참여자의 지위를 가진다. 넷째, OJT 훈련이나 구조화된 직업훈련이 제공하는데, 상당수는 이를 병행한다. 다섯째, 수입원은 시장판매 수입에서부터 정부의 보조금, 기부에 이르기까지 다양하며, 많은 경우 비화폐적인 자원에 의존하기도 한다. 여섯째, WISE의 대부분은 제3섹터에 위치한 조직 구조를 갖는다는 것이다(O'Connor and Meinhard, 2014).

여기서 우리는 두 가지 지점에 주목할 필요가 있다. 하나는 WISE가 특정한 사회적 목적을 갖는 조직이라는 점이다. WISE의 '사회적 목적'은 무엇인가? 사회적 배제를 경험하는 이들을 비롯하여 취약계층의 필요를 해결하는 활동, 또는 낙후된 지역의 삶의 질 개선을 위한 활동 등을 수행하는 것이 그것이다(Campi et al., 2006). 이를테면, 개인의 역량을 강화하고, 고용 기회와 훈련을 제공하며, 사회서비스와 사회보장을 연결하고, 지역사회의 활동 참여를 비롯한 사회적 관계의 형성을 지원하는 것 등을 말한다. 우리가 알고 있는 사회적 기업의 미션과 다르지 않다. 유럽에서 WISE가 사회적기업과 동의어로 불리는 것도 이 때문이라 생각한다.

어찌 되었든, WISE가 사회적 배제를 경험하는 취약계층에게 노동 참여와 사회적 지원, 이를 통한 '사회통합'의 목적 실현을 가장 큰 특징으로 한다면(O'Connor and Meinhard, 2014), 또 다른 하나는 특정한 조직 구조를 선호한다는 점이다. WISE는 주로 제3섹터에 위치한 사회적경제조직으로(김정원 외, 2018), 기업의 소유권이 당사자 또는 지역사회에 있거나 다중 이해관계자가 참여하는 지배 구조를 가진다. 이는 '사회적 소유'를 의미한다.

그런데 WISE는 어떠한 맥락에서 이러한 조직적 특징을 지니게 되었을까? 사회적 배제 집단의 '사회통합' 실현과 '사회적 소유'의 지배 구조를 갖는 WISE는 어떠한 배경에서 등장한 것일까? 결론부터 말하면, 유럽의 공공정책, 특히 적극적 노동시장 정책(Active Labor Market Policy)과 밀접한 관련이 있다. WISE의 등장과 변천 과정을 통해 좀 더 구체적으로 살펴보자.

2) WISE의 등장과 변천

유럽의 WISE는 복지국가의 재편과 적극적 노동시장 정책의 추진 과정에서 주목받고 확산되었다. 시기로 보면 1990년대이다. 하지만 WISE가 모습을 드러낸 시기는 그 이전으로 거슬러 올라간다. 우리는 1960년대 직업 재활기관의 활동에서 WISE의 모습을 볼 수 있다. 당시 직업 재활기관에는 지적 또는 신체적 장애를 지닌 사람들이 참여했다. 경쟁적인 노동시장에 온전히 참여하기 어려운 사람들이었다. 삶을 살아가기 위한 기술 훈련(life skills training)과 사회화를 위한 다양한 지원이 필요했다. 이와 관련한 활동이 곳곳에서 펼쳐졌다. 주로 WISE라 불리는 조직이 활동의 중심에 있었다. 여기서 우리는 WISE의 활동이 '공공성' 또는 '사회적' 성격을 지닌다는 것을 알 수 있다. WISE의 활동 영역이 이후 정부의 보조금, 조달 정책 등과 만나면서 시장 경쟁으로부터 일정한 보호를 받게 되는데, 이 또한 같은 맥락에서 이해할 수 있다. 케이트 쿠니(Cooney et al., 2016)가 보호망이 작동하는 WISE의 활동을 케인스주의적 복지국가 모델의 일부로, 또 그들의 활동 영역을 탈상품화의 공간으로 평가하는 것도 이 때문이라 생각한다.

WISE의 두 번째 등장은 1970년대 후반부터 1980년대 초이다. 주로 사회사업가나 지역사회 활동가, 노조 등 시민사회 활동가가 WISE를 설립했다. 이 시기 WISE는 장애인은 물론 장기 실직자, 약물 중독자, 전과자, 이민자, 노숙인, 기타 빈곤층에 이르기까지 참여 대상의 범위가 크게 확대되었다(Cooney et al., 2016; Laville et al., 2006; Nyssens, 2014). 그런데 WISE는 왜 재등장한 것일까? WISE의 참여 대상이 장애인에서 다양한 계층으로 확대된 측면에서 실마리를 찾을 수 있다. 그렇다. 이 시기 WISE는 포드주의적 자본주의의 위기, 점증하는 실업, 스태그네이션, 인플레이션, 신자유주의적 정책 수용에 따른 정부지출 감소, 근로연계복지 개념 등장, 그리고 정부 조정의 축소 등 정치·경제적 환경의 변화가 등장의 주요 요인으로 작용했다(김정원 외, 2019). 특히 증가하는 실업 문제와 사회적 배제의 이슈 확산은 정부의 적절한 정책적 개입에 대한 시민사회의 요구로 이어졌다. 그러나 정부는 시민사회의 기대에 부응하지 못했으며, 결국 그 공백을 메우기 위해 시민사회의 자발적 발흥, 즉 WISE가 다시 등장하게 된다(Cooney et al., 2016; Nyssens, 2014).

1990년대 들어, 시민사회의 자발적 조직체인 WISE는 또 다른 국면을 맞이한다. 흐름을 이끈 것은 적극적 노동시장 정책이었다(Cooney et al., 2016; Laville et al., 2006; O'Connor and Meinhard, 2014; Nyssens, 2014; Spear and Bidet, 2005). 적극적 노동시장 정책이란 무엇인가? 고용 창출, 고용 알선 서비스, 교육과 직업훈련 제공, 직무 재배치 등 실업을 예방하거나 감축하는 정책을 통

〈표 3-2〉 WISE의 변천 과정

구분	비 제도화 시기		제도화 시기
	1960년대	1970~1980년대	1990년대 이후
주요 대상	장애인	사회적 배제에 노출된 자	사회적 배제에 노출된 자
주요 목적	기술 습득 및 재사회화	실업과 사회적 배제에 대한 대응	일반 노동시장 진입
조직화 주체	시민사회 중심	시민사회 중심	시민사회 중심이나 정부의 강한 견인
시기 특성	케인스주의 시기	케인스주의에서 신자유주의로의 변동	신자유주의 시기

자료: 김정원·이문국·지규옥·송선영(2018).

해 노동력의 수급 조절에 개입하는 정책을 말한다. 유럽 각국은 적극적 노동시장 정책의 추진 과정에서 WISE의 활동 내용에 주목했다. 이 시기 WISE는 국가와 시장이 제공하지 않는 고용 기회와 서비스의 창출을 목표로 활동하고 있었기 때문이다. 유럽의 몇몇 나라는 WISE를 노동시장을 매개하는(intermediary) 준 노동시장의 한 형태, 즉 정부에 의해 자금이 제공되는 제2노동시장(secondary labour market)의 프로그램으로 활용하기도 했다(Laville et al., 2006; Nyssens, 2014). 여기서 제2노동시장이란 미숙련 노동자의 일자리 창출과 생산적 활동 참여, 사회서비스 제공 등 다층적 목적이 작동하는 시장을 말한다. 적극적 노동시장 정책은 유럽 각국으로 퍼져나갔으며, WISE 또한 그러했다. 종국에는 제도화의 길로 접어들게 되었다(Cooney et al., 2016).

3) WISE가 추구하는 목표는 무엇인가?

WISE의 초기 목표는 사회적 배제를 경험하는 집단의 역량 강화와 사회통합이었다. 일자리 창출과 노동시장 통합은 그에 따르는 간접적인 결과일 뿐이었다(Defourny and Nyssens 2010). 그러나 적극적 노동시장 정책의 추진은 WISE의 최우선 과제를 취약계층의 일반 노동시장 진입으로 변화시켰다. 목적과 수단이 도치된 것이다. 그렇다고 WISE의 고유성마저 사라진 것은 아니다. 목표의 다층성이 그것이다. WISE가 추구하는 사회적 목표, 생산 목표, 사회·정치적 목표는 여전히 강조되고 있다(Nyssens, 2014). 그것이 무엇인지 개략적으로 살펴보자.

먼저, WISE의 사회적 목표는 한계 상황에 놓인 취약계층의 역량을 개발하고 강화하는 것이다. 이는 단순히 노동의 제공만을 뜻하는 것은 아니다. 지역사회에 공익적 편익을 제공하는 서비스의 생산과 민주적으로 운영되는 조직의 생성을 포함한다. 취약계층에게 고용 기회를 제공하고 그 과정을 통해 시민성의 훈련과 커뮤니티의 지역개발 미션을 수행하는 활동이 여기에 해당한다.

둘째, 생산의 목표는 노동자의 역량에 부합하는 생산 활동과 훈련을 병행하는 것이다. 이러한 목표를 달성하기 위해서는 틈새시장의 발견이 매우 중요하다. 자원 재활용서비스 영역처럼 말이다. 친환경적 자원순환 구조를 만드는 재활용 사업은 공익적 성격이 강한 사업 분야이다. 이윤 창출이 최대 목표인 민간 기업의 관심을 받을 리는 만무하다. 수익 구조를 만들기는 어렵지만 사업을 수행하기 위해 높은 기술과 역량이 필요하지는 않다. 그래서 이러한 일자리는 취업 취약집단의 지속적인 노동 참여와 사회적 관계 회복을 위한 훈련이 가능하다. 게다가 노동의 결과로 준 공공재의 생산물을 산출된다. 이러한 맥락에서 볼 때, WISE가 추구하는 생산목표 달성은 시장 경쟁에서 빗겨나 있는 사업 영역의 개발이 핵심이라 할 수 있다.

셋째, 사회·정치적 목표는 네트워크의 조직화를 통해 WISE의 이해를 방어하고 로비하는 것을 말한다. 이러한 활동은 순수하게 사회적 미션의 촉진이나 통합을 위해 자원을 확보하고 계약의 성공을 위한 것일 수 있다. 또는 기업이 만든 독특한 기여를 입증하려는 의도일 수도 있다. 적극적 노동시장 정책의 목표를 달성하기 위해 취약계층의 '노동시장 통합'만을 WISE의 목표로 강제하는 상황을 고려할 때, 사회·정치적 목표는 WISE가 실현해야 하는 가장 중요한 목표라 생각한다. 노동시장 통합을 수단으로 사회적 배제 집단의 사회통합을 이루는 것이 WISE가 등장하고 존재하는 이유이기 때문이다.

2. 근로연계복지 정책: 한국의 자활사업

1) 자활사업이란?

현재 한국 사회의 대표적인 공공부조 정책이자 근로연계복지 정책이 자활사업이다. 1996년, 5개의 지역자활센터가 지정·운영되면서 세상에 모습을 드러낸 자활사업은 1999년 '국민기초생활보장법'이 제정되면서 제도화되었다. 유럽의 WISE가 적극적 노동시장 정책의 하나로 활용되고 있다면 한국은 자활사업이 그러한 위치에 있다. 유급 노동에 대한 의무 이행을 조건으로 수급의 권리가 부여되며, 복지 수급보다 일자리 창출과 취업 가능성 제고, 고용 지원 서비스의 3대 요소를 핵심으로 하여 노동시장으로의 진입을 유도한다는 측면에서 그러하다. 자활사업은 탈빈곤 및 빈곤 예방이라는 빈곤층의 '경제적 자활'을 사업 목표로 한다. 한시적 일자리 제공을 통한 저소득층의 취·창업 지원, 경제활동을 영위할 수 있는 기초능력 배양과 자립의 장애요인 제거에 정책의 초점이 맞춰져 있는 것도 이 때문이다(보건복지부, 2022). 자활사업의 내용을 좀 더 들여다보자.

정책의 대상은 근로 능력이 있는 '조건부 수급자'이다. 자활사업 참여를 조건으로 생계급여를 받는 사람을 말한다(보건복지부, 2022). 그런데 근로 능력이 있다고 해서 모두가 자활사업에 참여할 수 있는 것은 아니다. 근로 능력 유무에 대한 엄격한 판정 절차를 거쳐 80점 이상이면 고용노동부의 취업 경로 프로그램에 참여해야 하고, 그 이하만이 자활사업에 참여할 수 있다. 물론 근로 능력이 없는 생계급여 수급권자나 의료급여·주거급여·교육급여를 받는 수급권자, 근로 능력이 있는 시설 수급자도 참여를 희망할 경우 자활사업에 참여할 수 있다. 참여 기간은 최대 60개월이다. 참여자들은 자활 역량에 따라 근로 유지형, 인턴·도우미형, 사회서비스형, 시장 진입형 자활근로사업단으로

<그림 3-1> 자활사업 추진 체계 및 주체별 역할

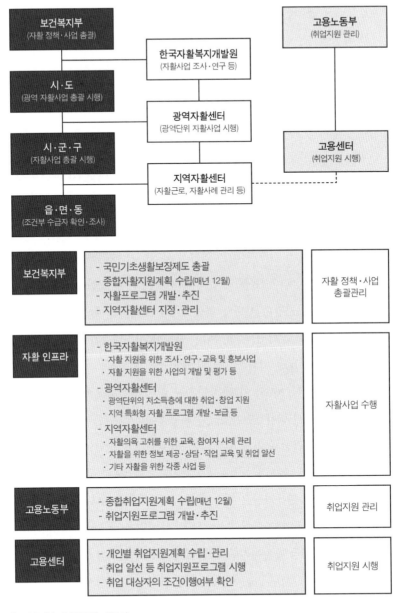

자료: 보건복지부(2022) 재구성.

배치되어 근로의욕 고취, 직업훈련, 임파워먼트 및 사회적 관계 향상 등을 위한 프로그램에 참여한다. 현재 시·군·구 지자체에는 250개의 지역자활센터가 자활 촉진에 필요한 체계적이고 집중적인 자활지원 서비스를 제공하고 있다. 자활사업의 지원 체계와 각각의 역할은 〈그림 3-1〉과 같다.

2) 자활사업의 등장과 변천

자활사업은 1996년 시범사업으로 출발했다. 비록 법적 근로가 마련되지 않은 상황에서 시범적으로 자활사업이 시작되었지만, 그것의 시작은 매우 역사적인 의미를 지닌다. 한국 사회에서 근로연계복지제도의 출발이자, 무엇보다도 사회적경제의 물적 토대를 닦은 역사적 사건이기 때문이다. 당시 자활지원센터의 실무자들은 '자활운동' 또는 '자활활동가'라는 표현을 사용했다. 이는 자활사업이 탈빈곤만이 아니라 협동조합을 조직하는 활동의 연장이었음을 의미한다. 바꾸어 말하면, 자활사업은 단순한 비즈니스가 아니며, 근로 가능한 수급권자에게 노동 기회를 제공해 탈빈곤을 지원하는 공공부조만도 아니라는 것이다(이문국, 2010). 이 같은 관점은 어떠한 맥락에서 형성되었는가? 우리는 빈민지역에서 펼쳐졌던 생산공동체운동에서 그 답을 찾을 수 있다.

1970~1980년대 민중 교회를 거점으로 도시 재개발 지역의 빈민운동이 전개되었다. 그것의 하나가 '생산공동체운동'이다. 지역으로 들어가 가난한 이들과 동고동락하던 활동가들은 생산공동체운동에 주목했다. 열악한 노동조건과 불합리한 하도급 구조에서 오는 경제적 불이익을 극복하고, 민주적인 의식과 공동체적 품성을 발전시켜나갈 수 있는 대안적 틀이라 여겼기 때문이다(신명호·김홍일, 2002). 생산공동체운동은 단순히 가난한 사람들의 먹거리를 해결하는 데 그치지 않고 물질 만능으로 우상화된 병든 사회를 치유하고자 하는 변혁적 사고가 전제된 운동이었다(신명호, 1999). 소원한 채로 경쟁적인 삶을

살아가는 자본주의 체제에서 생산 활동을 매개로 상호 간의 깊은 유대감을 교류하고, 보다 긴밀한 관계를 나누는 공동체를 형성하고자 했던 활동이 생산공동체운동이었다. 대안경제 혹은 사회적경제로 지칭되는 새로운 인간 중심의 경제공동체를 우리 사회에 접목하는 운동으로 생산공동체운동을 평가하는 것도 이 때문이다(이문국, 2010).

1993~1994년을 전후로 협동 노동을 통해 공동체를 실현하고자 했던 시민사회의 노력은 언론과 학계의 관심을 불러일으켰다. 때마침 개발독재 시기 미흡했던 국가 복지의 개선 과제를 해결해야 했던 김영삼 정부는 생산공동체에서 정책적 아이디어를 얻었다. 당시 한국의 복지정책은 소득 이전을 통해 생계·주거·의료 등 최저생활을 보장하는 정책과 근로 능력이 있는 저소득층에게 소득 이전 대신 생업자금융자, 직업훈련 등을 통해 자립을 지원하는 두 축의 정책이 시행되고 있었다(김승오, 2010). '삶의 질 세계화'로 사회복지정책의 이념과 목표를 설정하고 있던 김영삼 정부는 국민복지기획단을 창설하여 생산공동체 모형을 통한 생산적·예방적 복지를 구상하게 된다. 이러한 정책 산출은 학계·전문가들로 구성된 국민복지기획단의 정책 입안과정에서 운동 진영의 건의가 수용되었기 때문에 가능한 일이었다.

그런데 왜 생산공동체운동 진영은 정부의 정책생산 과정에 적극적으로 호응한 것일까? 자생적인 조직화를 통해서는 탈빈곤 운동을 펼치는 데 한계를 느꼈기 때문이다. 영세한 조직 규모와 낮은 기술력, 스스로 통제할 수 없는 노동시장 구조, 실천 주체의 지속적인 재생산의 어려움을 타개하기 위한 국면전환이 필요했다. 그 당시 생산공동체운동 진영이 내건 요구 사항은 다음과 같다. 첫째, 복지의 개념을 시혜가 아닌 참여를 제공하는 복지의 개념으로 변화시킬 것. 둘째, 가난한 사람들의 자발성을 끌어내며, 빈민지역 활동가와 단체의 잠재력과 헌신성을 바탕으로 민관협력 체계를 갖출 것. 셋째, 고용과 교육을 함께 펼쳐나가 지역공동체 시스템으로 발전시키고, 자활지원센터는 협동조합운동을 지원해야 한다는 것이었다(김수영, 2006).

이러한 과정을 거쳐 1996년 2월, 생산공동체를 모델로 하는 시범자활사업이 추진되기에 이른다. 정부는 소극적인 빈곤 정책에서 벗어나 민간 주도에 의한 자발적 협동과 지역사회에 기반한 경제 사업의 참여 유인을 통해 지역 발전과 상승 작용할 수 있는 적극적 빈곤 정책이 필요했다. 운동 진영은 시범자활사업을 통해 노동자협동조합의 활성화를 꾀하고자 했다. 비정부 단체로 지칭되는 시민사회단체와 정부의 이해관계가 맞물려 생산 활동을 매개로 공익적 가치를 추구하는 새로운 민·관협력 모델, 자활사업이 세상의 빛을 보게 된 것이다.

3) 자활사업의 변화: '사람 중심' 과 '시장 중심' 논리의 경합

공공부조와 근로연계복지 정책의 성격을 지니는 자활사업은 어떠한 정책 기조를 강조하느냐에 따라 정책 변동이 이루어졌다. 복지에 초점을 두느냐 아니면 고용에 초점을 두느냐의 경합 과정이었다고 해도 과언이 아니다. 본질적으로 사회복지는 탈상품화를 속성으로 하며, 시장의 실패가 가져오거나 가져올 수 있는 위험에 대한 연대적 대응이라 할 수 있다. 그중에서 공공부조는 최후의 생활안전망의 기능을 수행한다. 그렇다면 공공부조 정책을 대표하는 자활사업은 어떠한 정책적 속성을 지니는가? 그간의 과정을 되돌아보면 복지 수급자들에게 최후의 안전망에서 벗어나 시장에 진입할 것을 요구해왔다. 보호의 원리를 담고 있는 제도가 보호로부터 벗어날 것을 요구해온 제도가 자활사업이었다고 생각한다.

하지만 그 과정에서 자활 현장의 '저항'이 없었던 것은 아니다. 생산공동체 운동의 규범을 내재화하고 있던 실천 현장은 사회적 배제에 대한 대응과 적극적인 시민권의 보장보다 복지를 경제에 종속시키려는 정부의 정책 지향에 제동을 걸기도 했다. 그간 자활 현장은 인간의 성장에 기여하는 노동을 제공하여 사회에 통합된 시민으로 자리매김할 수 있도록 지원하는 '사람 중심'의 자활사업을 주구하고자 했다. 그런데 여기서 궁금한 점이 하나 있다. '사람 중심'의 자활사업이란 도대체 무엇을 말하는가? 사람은 어떤 사람을 말하며, 이를 중심으로 하는 사업은 어떤 사업을 말하는가?

김정원 외(2022)는 '자유롭고 평등한 주체'로서의 '사람', 즉 해당 사회의 주체로 참여할 수 있는 자격이 주어진 시민(citizen)을 지칭한다고 말한다. 자유롭고 평등한 존재로서의 '사람'은 중세 봉건사회의 균열과 그 과정에서 발한 계몽주의를 거쳐 근대적 시민사회가 형성되는 기초가 되었다(김정원 외, 2022). 그러나 상품화를 근간으로 한 시장경제와 그에 따른 시장 중심적 가치관이 사회의 주류 질서로 자리하면서 사람에 대한 상(相)은 훼손되기 시작했다. 자본주의 원리가 작동하는 시장경제에서 대부분의 사람은 자신의 노동력을 상품으로 판매할 수 있어야 생계 유지가 가능하고, 그렇지 않으면 자유롭지 못한 존재가 되었다(김정원 외, 2022). 현재에도 여전히 많은 사람이 자유에 대한 제약을 받고 있다. 평등하지 못한 상태에 놓여 있는 것이다. 빈곤층이 겪는 어려움은 이에 비할 바가 아니다. 이들은 경제적 결핍만이 아니라 교육, 주거, 노동, 건강, 각종 사회서비스와 정보 등에 대한 접근에서도 불이익을 당한다. 생애 경험에서 나타나는 다층적 빈곤의 양상은 이들을 사회적 배제의 악순환에서 쉽사리 헤어나지 못하게 하고, 삶을 다시 제약하는 또는 악화시키는 구조로 작동한다. 심지어 다음 세대로까지 전승되기도 한다. 이러한 맥락에서 볼 때, 빈곤층은 시민으로서 완전한 자격을 갖추지 못한 존재로 위치해 있다고 봐야 한다(Cheetham and Fuller, 1998). 그러면 '사람 중심'의 자활사업은 무엇을 말하는가? 빈곤층에게 사회적이고 공적인 삶에 참여할 수 있도록 다양한 자원과 지원의 기회를 제공하여 온전히 그들 자신의 힘으로 '자활'할 수 있도록 지원하는 사업이라 할 수 있다. 생산공동체운동의 연장선에 있었던 초창기 시범자활사업이 그러했다. 그러나 제도화의 길로 접어들면서 자활사업은 변화의 흐름을 거스를 수 없게 된다.

자활사업의 정책 변동은 크게 세 시기로 구분할 수 있다. 첫 번째 시기는 생산공동체운동의 핵심적 규범을 내재화하고 있던 '사람 중심' 자활사업 단계이다. 이 시기 자활사업은 주체인 주민이 자조를 통해 공동체를 만들고, 어려움에 처한 자신들의 어려움을 스스로, 그리고 서로 협력해서 빈곤을 극복해 나가도록 하는 것이었다. 실천 현장은 공동체-자조-주민 주체를 실천 방법으로 하여 자활공동체를 설립하고 주민 금고를 만들었으며, 참여주민이 노동공동체를 매개로 사회적 배제를 극복하고 주체적인 시민으로 성장할 수 있도록 지원했다.

두 번째 시기는 '성과 중심'의 자활사업 단계이다. 2000년 국민기초생활보장법이 제정되면서 시범적으로 추진되었던 자활사업은 공공부조 정책으로 자리 잡는다. 자활 현장의 조직들은 제도화를 통해 활동의 정당성과 자원의 확보, 그것을 통한 자활운동의 유지라는 유용성을 얻게 되었다. 그러나 사람 중심 가치관에 입각한 자활사업의 작동은 점차 변화를 겪게 된다. 대규모 재정이 투입되는 사업이니 만큼 자활사업은 대내외적으로 '성과'를 요구받게 되었다. 정부는 이에 부응하여 발 빠른 정책 변화를 꾀하기 시작했다. 정책 대상은 유급노동 참여를 전제로 생계급여를 제공받는 조건부 수급자로 제한했으며, 지역자활센터를 전국적으로 확대·지정하여 표준화된 사업을 통해 빈곤층의 노동시장 진입을 촉진하는 정책들을 펼쳤다. 공공부조이자 근로연계복지 정책으로 위치하던 자활사업은 빈곤층의 일자리 창출, 즉 적극적 노동시장 정책의 하나로 변화되어 갔으며, 그 과정에서 참여주민의 일 경험이나 욕구, 문제적 상황들에 대한 고려는 보이지 않았다.

제도 정비가 어느 정도 마무리되자 2004년부터는 성과 제도를 본격적으로 도입하여 사업수행기관인 지역자활센터를 평가하고 규모에 따른 예산의 차

등 지원을 통해 서로 경쟁하게 만들었다. '자활복지 선진화 프로젝트'라는 계획 아래 빈곤층을 취업 시장으로 유인하는 성과 관리형 자활시범사업이 추진되기도 했다. 정부의 관심은 오로지 취·창업과 탈수급률로 일변되는 자활사업의 경제적 성과일 뿐, 참여주민의 변화나 성장에는 무관한 듯 보였다. 그런데 수치로 결과하는 경제적 성과는 참여자 개개인의 환경과 상황이 고려된 선택의 결과물이며(백학영·조성은, 2012), 그 과정은 매우 복합적일 수밖에 없다. 참여자의 일 경험과 욕구, 신체·심리적인 상태가 각기 다르며, 그것의 충족 또는 해결을 위한 개입 정도에 따라 자활의 성과는 매우 다르기 때문이다.

자활 현장은 이러한 사실을 경험적으로 알고 있었다. 단편적인 경제적 성과에 초점을 두고 있는 정부의 정책 기조가 문제가 있음을 간파했다. 그러나 예산의 주도권이 정부의 손아귀에 있었다. 자활 현장이 자활사업 초기와 같은 민·관 파트너십을 발휘하기란 쉽지 않았다. 그렇다고 가만히 손 놓고 있을 자활 현장이 아니었다. 주민협동회를 조직하여 빈곤층의 자조적인 생활안전망을 조직하는가 하면, 자활기업협회를 조직하여 당사자들이 연합된 힘을 만들어내기도 했다. 다른 한편, 참여주민의 욕구와 문제를 해결하기 위해 사례관리 시스템을 개발·운영하기도 하고, 인문학 프로그램과 심리·정서적 자활 담론 등을 제기하며 사람 중심의 자활사업을 유지하기 위한 강도 높은 실천들이 펼쳐졌다. 칼 폴라니(Karl Polanyi)의 표현을 빌리자면 자활사업 내 '이중 운동'이 벌어진 시기라 할 수 있다.

성과 중심 자활사업과 사람 중심 자활사업의 경합 단계를 지나 문재인 정부가 들어서면서 다시 '사람 중심' 자활사업을 모색하는 단계로 접어들었다. '복지'를 강조하는 정책 기조로 흐름이 바뀐 것이다. 2020년 '제2차 기초생활보장 자활급여 기본계획(이하 2차 계획)'이 발표되었는데, 여기에는 개인별 강점과 자활 역량에 맞춰 자활사업 목표를 다변화하고, 이에 따라 자활사업을 재구조화하겠다는 내용이 담겨 있다. 공식적인 정부의 문건에 처음으로 '사람

중심'이라는 언표가 등장했다. '과정' 중심 자활사업의 중요성에 대한 언급도 눈길을 끈다.

그렇다면 왜 정부는 자활사업에 대해 태도를 달리한 것일까? 그럴 만한 이유가 존재하기는 한다. 자활사업 참여자들의 인적 구성이 크게 변화되었다. 2018년 한국지역자활센터협회의 조사 결과에 따르면, 자활 참여자의 51.0%가 45점 미만의 근로 역량 평가 점수를 받은 이들이고, 무려 2/3의 참여자가 50점 이하의 근로 역량을 보유하고 있는 것으로 나타났다(김정원 외, 2018). 그 누구라도 이들을 정책 대상으로 하여 노동시장 진입을 통한 탈빈곤의 성과를 낼 수는 없을 것이다. '사람 중심' 자활사업의 정책 방향이 수립된 것은 참으로 다행스러운 일이다. 물론 3차 계획 수립이 코앞으로 다가왔지만 아직까지 2차 계획에 대한 구체적인 실천안은 제시되지 않고 있다. 그렇지만 사회적으로 유용한 노동을 제공하고, 각종 교육과 프로그램 운영, 자원 연계 등을 통해 빈곤층이 사회적이고 공적인 삶에 참여할 수 있도록 지원하고자 애쓰고 있는 자활 현장의 활동이 온전히 평가받을 수 있는 공간이 열렸다는 점은 바가운 일이다.

3. 같지만 또 다른 자활사업

1) '노동통합'의 의미

WISE에서 '노동통합'은 노동시장 진입에 어려움을 겪는 이들에게 근로연계복지 프로그램을 공급함으로써 노동시장으로 진입시키는 것을 의미한다. 근로연계복지 프로그램으로 작동하는 한국의 자활사업도 '노동통합'이라는 용어를 오래전부터 사용해왔다. 그런데 자활 현장에서 사용되는 노동통합은 노동을 통한 '사회통합'으로 이해되는 경향이 강하다. 이는 유럽의 노동통합 개념이 자활사업 현장에 소개된 역사적 맥락과 관련이 있다.

자활사업 초기, 자활 현장에 소개된 대표적인 해외 사례가 프랑스의 '지역관리기업'이었다. 낙후지역 임대아파트 단지 등에서 지역의 빈곤층이 청소와 집수리 등 각종 관리서비스를 공급하는 기업으로 프랑스의 노동통합사회적기업의 한 유형이자 자활사업의 한 부분을 담당하는 기업을 지칭한다. 프랑스는 자활사업을 사회통합을 목표로 조직된 경제활동으로 바라본다(김신양, 2018). 빈곤의 문제를 경제적인 측면만이 아니라 사회적인 측면, 즉 '사회적 배제'의 관점에서 접근하는 시각이라 하겠다.

프랑스의 지역관리기업이 소개될 당시 한국에서도 빈곤 문제에 대한 접근 방식의 하나로 '사회적 배제'의 용어가 등장했다. 학술 영역과 자활 현장에서

〈그림 3-2〉 지역자활센터 노동통합모형 사례

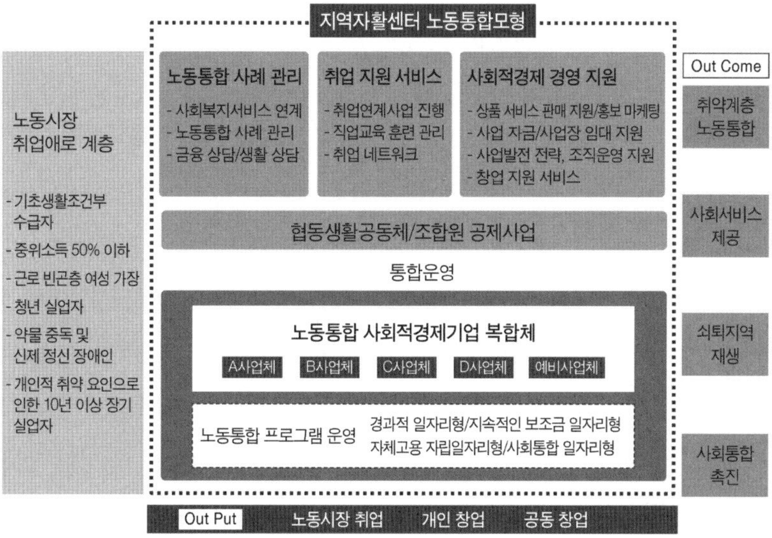

자료: 사회투자지원재단(2013) 자료 재구성.

지지를 받았다. 빈곤층의 사회적 배제를 극복하기 위해 자활사업의 목표를 '노동을 통한 사회통합'으로 가져가야 한다는 자활 현장의 주장도 이러한 맥락과 같다. 프랑스의 지역관리기업은 자활사업 현장의 인기 있는 해외 탐방처가 되었으며 강원도와 경기 지역의 지역자활센터는 프랑스의 지역관리기업을 자활사업의 모델로 설정하기도 했다(〈그림 3-2〉). 그뿐인가? 한국지역자활센터협회 부설 자활정보센터도 WISE를 자활기업의 발전 경로로 제시했다.

2) 무엇이 같고 무엇이 다른가?

참여자들의 성격과 활동 측면에서 한국의 자활사업과 프랑스의 지역관리기업, 즉 유럽의 노동통합기업은 매우 유사한 측면이 존재한다. 자활사업 참여자가 한계 상황에 놓인 취약계층이라는 점(참여자의 유사성), 자활사업이 역사적으로 시민사회의 자생적 조직화를 기반으로 했다는 점(초기 출발의 유사성), 제도화 이후 정부의 개입이 강화되었다는 점(제도화의 유사성), 사회적경제의 한 구성 부분을 이룬다는 점(프로그램 성격의 유사성) 등이 그것이다(김정원 외, 2018).

그렇다고 WISE의 측면만으로 자활사업에 접근하는 것이 바람직한가? 무리가 있다. WISE는 주로 지역사회에 뿌리를 내리고 있는 조직으로서 노동시장에서 항구적으로 배제당할 위험을 지닌 취약계층에게 훈련과 사회적 지원, 유급 노동의 경험을 제공하여 노동시장에 통합하는 접근을 취한다. 또한 취약집단뿐 아니라 지역사회에도 편익을 제공하는 것을 목적으로 한다. 즉 '지역사회 기반', '취약계층에 대해 훈련과 사회적 지원, 그리고 '유급 노동의 경험 제공', '지역사회 편익 제공'이 WISE의 핵심 구성요소라 할 수 있다. 물론 이러한 구성 요소는 한국의 자활사업에서도 관찰된다. 그러나 좀 더 깊이 들여다보면 유럽의 WISE와 한국의 자활사업 간 차이가 존재함을 엿볼 수 있다.

'지역사회 기반'의 측면을 보자. 일반적으로 지역자활센터와 자활기업은 특정한 지역사회를 공간적 기반으로 활동하는 조직이다. 그런데 유럽의 WISE에서 말하는 지역사회 기반은 '지역사회 이해관계자의 참여'가 핵심이다. 한국의 지역자활센터와 자활기업은 어떠한가? 지역사회 구성원이 공식적으로 참여할 수 있는 구조는 마련되어 있다. 그러나 대부분 형식적이다.

'취약계층에 대해 훈련과 사회적 지원', '유급 노동의 경험 제공' 측면은 어떠한가? 자활근로사업단에서 이러한 활동이 주로 이루어진다. 그런데 자활근로사업단의 활동은 유급 노동의 경험에 치중되어 있다. 작동 방식은 매출에 더 많은 초점을 둔다. 형식적으로는 훈련과 사회적 지원의 과정으로 설정하고 있지만 그 내용은 빈약하기 짝이 없다.

끝으로 '지역사회에 편익 제공'의 측면을 보자. WISE가 제공하는 지역사회 편익은 노동을 통해 발생한다. 이러한 측면에서 한국의 자활사업과 그것의 정책 산출인 자활기업의 활동은 긍정적으로 평가할 만하다. 자활사업은 노동을 매개로 사회적 위험에 처한 취약계층을 생산 활동과 사회적 관계의 장을 통해 포용하고 있다. 또한 많은 경우 공공서비스 시장에서 유용한 사회서비스를 공급하고 있기 때문이다.

이상을 정리하면, 한국의 자활사업과 유럽의 WISE는 지역사회에 기반을 둔 활동과 취약계층에 대한 유급 노동, 그리고 지역사회 편익 제공이라는 측면에서 상당한 유사성을 지닌다고 할 수 있다. 그러나 거버넌스 측면에서 본다면, 지역자활센터와 자활기업의 활동에 지역사회 이해관계자의 실질적 참여는 아직 미흡하고, 빈곤층에 대한 훈련과 사회적 지원 또한 매우 취약하다는 점은, 같지만 또 다른 두 조직의 차별성을 보여준다.

4. 노동통합기업으로서의 자활사업 전망

유럽의 WISE가 자활사업에 제공하는 함의는 무엇인가? 무엇보다 목표의 다층성을 꼽을 수 있다. 한국의 자활사업은 취·창업이나 탈수급을 목표로 한다. 주된 지향은 시장경제 내에서 하나의 독립적인 경제행위자로 자리매김하는 것이다. 즉 경제적 자활이 목표이다. 따라서 자활사업에 참여하는 순간 일원화된 목표를 향해 달음질칠 수밖에 없다. 개인의 여건과 처지는 비집고 들어갈 자리가 없다. 그러나 유럽의 WISE는 다르다. 앞서 살펴본 바와 같이 제도적 동형화의 우려는 존재하지만, WISE는 여전히 다층적인 목표를 추구한다. 한국의 자활사업이 주목해야 할 지점이다. 자활사업 참여자의 문제는 매우 복합적이고 참여자 구성도 다층적이어서 경제적인 측면으로만 해결되기어렵다. 참여자의 상태를 고려하지 않고 시장경제 내에서 하나의 독립적인 경제행위자로서의 자리매김만을 강조한다면 빈곤층의 사회적 취약성에 대한 대응력은 더 나빠질 수밖에 없다. 정책의 목표를 다층석으로 설정해야 하는 이유이다. 좀 더 개방적이고 유연한 접근이 필요하다.

또 다른 함의는 집단에 따른 차별적 프로그램의 운영이다. 한국의 경우 자활사업 참여자는 신체, 심리·정서적 상태가 점점 취약해지고 있다. 그러나 프로그램은 여전히 취·창업과 탈수급이라는 경제적 목표의 달성에 초점이 맞춰져 있다. 훈련과 사회적 지원보다 매출을 우선시하는 사업단 운영 방식은 어쩌면 당연한 귀결일 수 있다. 참여자의 상태에 따른 집단의 구별과 그에 맞는 프로그램 운영이 필요하다. 자활사업 참여자의 상태에 따른 단계별 목표를 수립하고, 각각의 단계에 따라 차별적인 프로그램이 적용되어야 할 것이다. 이러한 내용을 담고 있는 2차 기본계획이 단지 정치적 수사의 전시물로 끝나지 않기를 간절히 바란다.

WISE에서 또 하나 주목할 점은 상당히 높은 수준의 조직 운영 자율성이다.

시민사회의 역량과 민·관의 관계 양상의 오랜 역사성의 차이를 외면할 수 없다. 여기에 조직의 성격도 한몫한다. 지역자활센터는 정부의 정액 보조금을 받는 사회복지시설이다. 정부의 개입이 클 수밖에 없고 그만큼 지역자활센터의 자율성은 낮아질 수밖에 없다. 물론 유럽의 WISE도 정부의 정책 동향에 영향을 받고 제도적 동형화가 진행 중이기는 하다. 그럼에도 불구하고 WISE는 집단의 성격에 따른 다양한 프로그램의 운영을 통해 다층적인 목표를 달성하고 있다. 이는 물론 상당한 수준의 조직 자율성이 작동하기 때문에 가능한 것일 터이다. 지역자활센터가 운영 모델로서 WISE의 전망을 가져가고자 한다면 조직의 운영 자율성을 어떻게 확보할 것인가에 대한 과제를 풀어야 할 것이다.

참고문헌

김수영. 2006. 「사회운동의 사회복지제도화 과정과 결과에 대한 연구: 민관협력 자활사업의 역사를 중심으로」. 서울대학교 사회복지학과 석사학위 논문.

김승오. 2010. 「시범사업 단계: 자활사업 제도화 초기」. 『자활운동의 역사와 철학』. 한국지역자활센터협회.

김신양. 2018. 『마을에서 함께 읽는 지역관리기업 이야기』. 서울: 착한가게.

김정원. 2018. 「노동통합사회적기업의 측면에서 살펴본 자활기업의 현실과 과제」. ≪비판사회학회≫, 118호, 213~239쪽.

김정원·이문국·김현숙·박호준. 2022. 『자활프로그램 이원화 및 전달체계 역할 개편 방향에 대한 연구』. 한국지역자활센터협회.

김정원·이문국·지규옥·송선영. 2018. 『한국형 근로복지 개편방안 연구: 지역자활센터 역할과 기능을 중심으로』. 한국지역자활센터협회.

백학영·조성은. 2012. 「자활사업 참여자의 수급 지위와 노동시장 지위 변동」. ≪사회복지연구≫, 제43권 1호, 143~178쪽.

보건복지부. 2022. 『2022년 자활사업 안내(I)』.

신명호. 1999. 「한국 지역주민운동의 역사(3)」. ≪도시와 빈곤≫, 12호, 135~145쪽. 한국도시연구소.

신명호·김홍일. 2002. 「자활사업의 발자취를 통해서 본 제도의 개선방향」. ≪도시와 빈곤≫, 4권 55호, 61~76쪽. 한국도시연구소.

이문국. 2010. 「자활사업 제도화 전 단계: 생산공동체운동 시기」. 『자활운동의 역사와 철학』. 한국지역자활센터협회.

장원봉·장효안·남원호. 2009. 『한국의 노동통합사회적기업에 관한 연구보고서』. 사회투자지원재단.

Campi, S., J. Defourny, and O. Grégoire. 2006. "Work integration social enterprises: are they multiple-goal and multi-stakeholder organizations?" *Social Enterprise: At the crossroads of market, public policies and civil society, London.* New York:Routledge, pp. 29~49.

Cheetham, Juliet and Roger Fuller. 1998. "Social Exclusion and Social Work: Policy, Practice and Research." *Socail exclusion and social work: Issues of theory, policy and practice.* Russell House Publishing Ltd.

Cooney, K., M. Nyssens, M. O'Shaughnessy, and J. Defourny. 2016. "Public Policies and Work Integration Social Enterprises: The Challenge of Institutionalization in a Neoliberal Era." *Nonprofit Policy Forum*, 7(4), pp. 1~19.

Davister, C., J. Defourny, and O. Grégoire. 2004. Work integration social enterprises in the European Union: an overview of existing models. Working Papers Series, no. 04/04. Liège: EMES European Research Network.

Defourny, J. and M. Nyssens. 2010. "Social enterprise in Europe: At the crossroads of market, public policies and third sector." *Policy and Society*, 29(3), pp. 231~242.

Nyssens, M. 2014. European work integration social enterprises: Between social innovation and isomorphism. Social enterprise and the third sector: Changing European landscapes in a comparative perspective, 211-30.

O'Connor, P. and A. Meinhard. 2014. Work Integration Social Enterprises(WISEs): Their Potential Contribution to Labour Market (Re)Integration of At Risk.

Populations. Working Paper Series Vol.2. Centre for Voluntary Sector Studies.

Spear, R. and E. Bidet. 2005. "social enterprise for work integration in 12 European countries: a descriptive analysis." *Annals of Public and Cooperative Economics*, 76(2), pp. 195~231.

4장

사회적경제와 사회적 자본

정원오 (성공회대학교 사회복지학과 교수)

최근에 사회적 자본이라는 용어를 자주 접하게 된다. 사회복지와 사회적경제 현상을 다루는 분야에서 '자본'이라는 용어를 사용하는 것은 신자유주의적 경제 논리에 매몰될 우려가 있다는 비판에도 불구하고, 경제와 사회를 합성한 '사회적경제'라는 용어처럼 자본과 사회를 합성한 '사회적 자본'도 참신하게 다가온다. 사회적경제 현상이 지속되고 강화되는 본질적 속성을 표현한다는 점에서 사회적 자본은 매력적인 용어이다.

2020년부터 전 세계를 휩쓸고 있는 코로나 팬데믹 상황은 지구촌의 지속가능성에 대해 심각하게 질문한다. 먼 미래의 일이 아니라 당장에 해결해야 할 직면한 과제로 다가왔다. 생태 체계의 균형 회복, 지속가능한 성장 등은 경제적 자본과는 다른 유형의 자본, 즉 사회적 자본, 문화적 자본 등에 사람의 관심을 집중시키고 새로운 해결책의 실마리를 제공하지 않을까 기대하게 한다.

이 책은 사회복지사는 왜 사회적경제를 공부해야 하는가, 사회복지 현상은 사회적경제조직과 어떤 관련을 지니고 있는가에 질문하고 답변하고자 한다. 사회복지와 사회적경제와의 관계를 본질적으로 설명할 현상이 무엇일까 곰

곰이 생각해보니 '사회적 자본'이 아닐까 했고, 사회적경제조직과 사회적 자본 현상을 본격적으로 탐색해보기로 했다.

1. 사회적 자본이란?

'사회적 자본'이라는 용어는 참신하고 매력적이다. 그런데 막상 설명하려고 하면 어렵다. 요약해서 간결하게 정의하려면 학자의 개념 정리에 도움을 받아야 하는데 그때부터 미궁에 빠져드는 느낌이다. 일부 비판적인 학자는 사회적 자본이라는 개념 자체가 실체가 없는 부적절한 개념이라거나, 규범적이어서 사람의 가치나 규범에 따라 다르게 규정될 수밖에 없다고 주장한다. 즉 객관적인 접근과 과학적 분석이 불가능하다는 입장이다. 마르크시스트 정치경제학자인 피네(Fine, 2001)는 생산관계를 형성하는 자본의 다양한 성격을 무시하고 사회적 자본이라는 개념으로 자본의 형태를 분류하는 것은 현상만으로 본질을 설명하는 오류를 범하는 것이라고 비판하기도 한다. 사회적 자본이라는 현상을 두고 다양한 논쟁이 존재한다는 것은 그만큼 현실에서 설득력이 있고 학술적인 영향력이 크다는 반증이기도 하다. 소위 젊은 층의 용어로 '핫'한 주제, 뜨거운 주제임은 분명하다.

사회적 자본이라는 주제어로 학술지를 검색하면 등장하는 주요한 학자는 퍼트남(Putnam, 1993), 부르디외(Bourdieou, 1986), 콜만(Coleman, 1988) 등인데, 대체로 1980년대 중반 이후 이들의 논의와 주요 저작이 발표되었다. 퍼트남은 사회적 자본을 '상호 편익을 위한 조정과 협동을 조장하는 연결망(네트워크), 규범, 사회적 신뢰'로 정의한다. 신뢰는 협력과 상호부조 행위가 발생하는 토대가 되며, 사회적 규범은 이러한 신뢰를 강화한다. 또한 수평적 네트워크가 긴밀한 사회에서는 규범을 벗어나는 행위자가 익명성 뒤에 숨지 못하게 하여 규범과 신뢰를 강화하는 기반이 된다. 네트워크, 규범, 신뢰는 사회적 자본을 구성하는 주요한 요소이며, 이러한 자본이 강한 사회는 시민 참여가 활성화되고 민주주의와 경제가 발전한다는 설명이다.

부르디외와 콜만은 자본의 종류를 몇 가지 유형으로 분류하여 사회적 자본의 특성을 설명한다. 부르디외에 의하면 자본의 기본 형태는 경제적 자본, 문화적 자본, 그리고 사회적 자본 세 가지이다. 경제적 자본은 즉각적으로 현금화할 수 있으며 재산권의 형태로 제도화된다. 문화적 자본은 일정 조건 아래 경제 자본화될 수 있으며 교육적 자격으로 제도화된다. 사회적 자본은 사회적 의무(연결)로서 경제 자본화될 수 있으며 고상한 명칭의 형태로 제도화된다고 설명한다. 부르디외가 규정한 사회적 자본의 개념은 "상호 습득과 인정의 제도화된 관계가 지속적 연결망의 소유와 연관되는 실제적 혹은 잠재적 자원"으로 번역할 수 있다. 그에 의하면 사람은 한 그룹에 가입함으로써 집합적으로 소유되는 신뢰라는 그룹의 자본을 공유하게 된다.

콜만도 자본의 유형을 경제적 (물질적) 자본, 인적 자본, 사회적 자본 세 가지로 구분했다. 부르디외의 문화자본이 콜만에게는 인적자본이라는 형태로 변용되었지만, 유사한 구분이다. 물질적 자본은 생산을 가능케 하는 도구를 형성하는 물질적 변화로, 인적 자본은 기술과 능력을 교육함으로써 개인의 변화로, 사회적 자본은 행동을 가능케 하는 관계의 변화로 형성된다.

콜만은 인간 행동을 이해하는 관점을 사회학적 시각과 경제학적 시각으로 구분하고 두 관점을 접목시키는 시도로서 사회적 자본 개념의 유용성을 이해하고자 했다. 사회학적 시각에서 인간의 행동은 사회적 의무, 규칙, 규범 등으로 설명하고, 경제학적 시각에서 인간의 행동은 독립적인 자기 이해관계를 추구하는 것으로 설명한다. 양자의 관점에서 인간 행위가 작동하는 조건과 기준은 상이하지만 사회적 자본의 관점에서 보면 사회구조를 합리적 행위 이론으로 설명 가능하다는 것이다. 그에 의하면 "사회적 자본은 행위자가 그 이익을 달성하기 위해 사용하는 자원으로서, 사회구조적 (연결망) 측면에서의 가치"이다. 사회적 자본의 형태는 의무와 기대, 정보 채널, 사회적 규범과 제재(sanction) 세 가지로 분류한다.

세 학자가 설명하는 사회적 자본 개념의 구성 요소를 정리해보면, 사회적 규범, 정보 채널(네트워크, 연결망), 의무와 기대(신뢰) 등이 공통 요소라고 할 수 있겠다. 그런데 이러한 요소가 어떻게 '자본'으로 작동하고 만들어지고 소비되는가? 이 같은 질문에 답하려면, 1970년대부터 약 25년간 사회적 자본의 관점에서 이탈리아 지방정부의 민주주의와 시민 참여를 분석한 퍼트넘의 저작 『사회적 자본과 민주주의』를 살펴볼 필요가 있다. 그는 사회적 자본이 형성되고 작동하는 논리를 '신제도주의' 관점에서 접근하되, 게임 이론과 합리적 선택 이론을 차용하여 설득력 있게 해석했다.

2. 사회적 자본: 신뢰, 네트워크, 규범은 어떻게 형성되고 발전하는가

공유지의 비극, 죄수의 딜레마 등은 게임 이론과 합리적 선택 이론에서 자주 거론하는 비합리적 결정의 사례이다. 잘 알려진 내용이지만, 그래도 박스 글로 제시해보았다. 한번 읽어보고 논의를 시작하고자 한다.

- **공유지의 비극:** 어떠한 목동도 다른 목동이 방목하는 가축으로 인해 자신이 방목하는 가축을 제한할 수 없다. 만약 자신만이 공유지에서 방목을 줄인다면, 혼자서 손해를 보아야 하기 때문이다. 하지만 무제한적인 방목으로 모든 사람의 생존이 걸린 공유자원은 파괴되고 말 것이다.
- **집합행동의 논리:** 만약 모든 노동자가 동시에 파업한다면 목적을 달성할 수 있을 것이다. 하지만 파업 주동자가 다른 혜택을 추구하는 배신자에게 불이익을 당할 수 있다는 생각에 이르면 행동이 달라진다. 사람은 파업의 참여 여부를 유보하고 관망하게 된다. 무임승차를 노리는 사람이 많아지면 파업은 실패한다.
- **죄수의 딜레마:** 두 공범자가 체포되어 서로 의사소통이 불가능한 상태에 놓여 있다고 하자. 각

자는 경찰에게 다음과 같은 제안을 받는다. 만약 너만이 배신하여 상대방을 고발한다면 너는 무죄로 방면되고 상대방은 처벌받는다. 상대방도 경찰에게 똑같은 제안을 받는다. 둘 다 범죄를 부인하면 아주 가벼운 처벌만 받는다. 이 딜레마의 결과는 서로 협력할 수 있는 대화 채널이 없기 때문에 서로의 이익을 위하는 방향보다는 상대방이 어떠한 전략을 택하든 자신은 상대방을 밀고하는 전략을 택하고 둘 다 무거운 처벌을 받는 상황이다.

우리는 각자 나누어진 힘의 합보다 협력을 통한 결실이 더 좋은 성과를 얻을 수 있다는 사실을 잘 안다. 줄다리기 같은 단체 게임에서 개인의 단순한 몸무게의 합이 승패를 좌우하기보다는 개인의 힘을 통합하는 단결력, 즉 협력의 조건이 극대화된 팀이 승리한다는 사실에서 간단하게 확인할 수 있다. 그런데 현실에서는 합리적인 인간으로 구성된 사회에서도 협력이 잘 발생하지 않는 이유가 무엇인가? 이를 잘 설명하는 논리가 앞서 예를 든 공유지의 비극, 집합행동의 논리, 죄수의 딜레마이다.

서로 협력할 수 있다면 보다 나은 결과를 가져올 것이다. 그런데 상호 신뢰가 부재한 상황에서 개인은 배신하고 '무임승차'하려는 유인 체계를 가지게 된다. 이러한 경향은 인간이 악한 존재여서가 아니라, 타인에게 해를 끼치고자 하지 않더라도, 더 나아가 양 당사자가 조건부로 협력할 생각이 있다고 할지라도(예컨대, 당신이 하면 나도 하겠다), 합리적인 인간이라면 작동하게 된다. 상호 신뢰가 없다면 합리적인 인간이 서로에게 나쁜 결과를 초래하는, 결과적으로 어이없는 결정을 하게 된다.

현실에서 게임 이론의 나쁜 결과가 항상 작동하지 않는 이유가 무엇인가? 게임 이론에서는 행위자들이 무한정 반복되는 게임을 수행하면 협력이 발생한다고 설명한다. 배반자가 다음번 게임에서 처벌될 가능성이 높아지기 때문이다. 현실 세계에서는 협력이 잘 작동하기도 하고, 그렇지 않기도 한다. 경제학자 윌리엄슨(Williamson)은 공식 제도(formal institutions)의 역할을 강조한다. 공식 제도는 거래 비용(즉 계약을 감시하고 강제하는 데 드는 비용)을 감소시켜서 효율적인 대응을 가능하게 한다는 것이다. 기회주의와 배반의 전략이 처벌 혹은 불이익을 받게 되는 규칙이 확립됨으로써 행위자들이 협력하게 되고, 서로 협력하게 될 것이라는 신뢰가 형성됨으로써 새로운 합리성, 즉 협력이 상호에게 이익이 되는 결정을 하는 것이다.

그런데 우리는 여기서 집합적 행동의 문제를 극복할 수 있도록 해주는 공식적 제도가 '어떻게' 그리고 '왜' 실제로 공급되는가? 어떤 사회는 그러한 협력이 더 잘 일어나고 또 다른 사회는 그렇지 않은가? 하는 문제를 제기해볼 수 있다. 퍼트남은 집합행동의 딜레마를 극복하는 데 성공하느냐 혹은 자기 패배적인 기회주의에 빠지느냐의 여부는 특정한 게임이 행해지는 보다 넓은 사회적 맥락에 의해 결정되는 것으로 설명한다. 이 지점에서 퍼트남은 '사회적 자본'의 개념을 등장시킨다. 자발적 협력은 호혜성의 규범과 시민적 참여의 네트워크 등 사회적 자본이 충분히 축적된 공동체에서 더 쉽게 달성된다는 주장이다. 여기서 사회적 자본은 협력적 행위를 촉진시켜 사회적 효율성을 향상시키는 사회조직의 속성을 의미하며, 구체적으로 신뢰, 규범, 네트워크 등으로 구성된다.

> 다른 형태의 자본과 같이 사회적 자본은 생산적이기 때문에 그것의 부재 시에 달성할 수 없었던 특정 목표를 달성하는 것을 가능하도록 해준다. 예를 들자면 구성원들이 상호 신뢰하고 타인에 대한 믿음을 보이는 집단은 그렇지 않은 집단보다 많은 것을 성취해낼 수 있을 것이다. 농부들이 서로 상부상조하고 농기구의 사용을 공유하는 농촌 사회에서는 훨씬 더 작은 물적 자본을 가지고도 자신의 일을 해낼 수 있는 것이다(퍼트남, 281쪽).

자발적 협력은 사회적 자본에 의해 촉진된다. 그러한 사례로 전 세계의 모든 대륙에 존재하는 비공식적 저축 기구의 한 형태인 '계'를 들 수 있다. 계는 "정기적으로 돈을 모아 순번을 정하여 탈 수 있도록 하는" 행위 조직(혹은 집단)을 지칭한다. 계는 전 세계 어느 지역에서나 발견된다. 한국의 전통 사회에 서뿐만 아니라, 페루, 나이지리아, 베트남, 스코틀랜드, 일본, 이집트 등 동서양과 인종을 뛰어넘어 공통적으로 존재하는 것으로 알려져 있다. 미국의 상호신용금고도 계에서 발전한 경우가 많다고 한다. 계 조직은 집합행동의 논리에 반하는 것이다. 순번에 따라 먼저 돈을 받게 된 사람이 왜 그 이후에 탈퇴하지 않을까? 이러한 위험을 알면서도 왜 계에 가입하는 것일까? "분명한 것은 모든 구성원이 약속을 지키지 않는다면 기능할 수 없다는 점이다." 하지만 국가가 법적으로 계에서 배반하는 사람을 처벌하지 않는 곳에서도 계는 번창하고 있다. 참여자는 부도의 위험도를 잘 알고 있고, 계의 조직자는 참여자를 조심스럽게 고른다. 새롭게 참여하고자 하는 자의 정직과 신뢰도에 대한 평판이 매우 중요해진다. 그 이전의 다른 활동에 대한 평판이 중요한 정보가 된다. 강력한 '규범'이 있고, 호혜적 관례가 밀접한 '네트워크'로 연결된다면 평판의 불확실성과 부도의 위험을 최소화할 수 있다. 배반에 대한 처벌 규정이 강력할 경우 신뢰할 만한 제재가 되고 상호 신뢰의 복잡한 네트워크가 형성된다. 상호 신뢰는 서로가 만들어가는 것이다. 사회적 네트워크의 존재로 인해 신뢰가 상호 이동하고 확산할 수 있게 된다. 예를 들면 내가 당신을 신뢰하는 이유는 내가 그를 신뢰하고 그는 당신을 신뢰한다는 것을 보증하기 때문이다.

계 조직의 사례는 집합행동의 딜레마를 해결하는 데 외적 요소인 사회적 자본이 어떻게 활용될 수 있는지를 잘 보여준다. 계와 같은 상호부조의 관행은 그 자체로서 사회적 자본에 대한 투자의 성격을 지니고 있다. 한국 농촌지역의 계(두레, 향약)는 노동력의 상호 교환, 호혜적인 선물 주고받기, 마을회관의 건설과 수리, 상을 당하거나 병들거나 다른 개인적 위기 시의 상호부조 등 전통적 협력 체계이다. 계는 단순한 경제적 제도 이상의 것으로서, 촌락의 전체적 유대감을 강화하는 기제이다.

전통적인 자본과 마찬가지로 사회적 자본을 가진 자는 더 축적하는 경향이 있다. "작은 규모의 제도를 만드는 데 성공하면 사회적 자본을 형성할 수 있으며, 나아가 더 크고 복잡한 제도를 형성함으로써 더 많은 문제를 해결한다." 눈덩이 효과처럼 처음 자본을 형성하기는 어렵지만, 한번 뭉쳐지면 굴러가면서 점점 커지고 확대되는 자본의 일반적인 축적 논리가 작용한다. 그런데 차이도 있다. 전통적인 물적 자본은 소유의 주체가 개별화되지만 사회적 자본은 개인 소유물이라기보다는 집합적 소유물이다. 그래서 사회적 자본을 가진 '자'라는 표현보다 사회적 자본이 형성된 '집단' 혹은 사회적 자본이 풍부한 사회(조직)라는 표현이 적절하다.

또 다른 중요한 차이점이 존재한다. 신뢰, 규범, 네트워크 등 사회적 자본은 사용하면 할수록 그 공급이 많아지고 사용되지 않으면 고갈되는 속성을 지닌다. 두 사람이 서로에 대하여 믿음을 보이면 보일수록 상호 신뢰는 더 두터워진다. 이와 반대로 뿌리 깊은 불신은 치유되기가 매우 힘들다. 왜냐하면 상호 신뢰가 없기 때문에 이를 극복하려는 시도가 힘들 뿐만 아니라, 더 나쁜 경우에는 신뢰의 부재를 증폭시키는 행동에 빠지도록 만들기 때문이다. 사회적 규범과 네트워크 같은 다른 형태의 사회적 자본 역시 마찬가지이다. 사용하면 증가하고 사용하지 않으면 감소한다. 이러한 이유로 사회적 자본의 생산과 파괴는 선순환 혹은 악순환 관계로 연결된다.

사회적 자본의 구성 요소는 신뢰, 규범, 네트워크이면서 동시에 상호 성장(혹은 감소)의 자양분으로 영향을 주고받는다. 신뢰는 네트워크를 통해 형성 및 강화되고, 네트워크는 호혜적 상호작용이 반복됨에 따라 형성·강화된다. 이는 곧 신뢰 관계의 형성을 의미한다. 신뢰가 네트워크(관계망)이고, 관계망이 신뢰이다. 규범과의 관계도 마찬가지이다. 규범이 있어야 신뢰가 형성되는데, 규범은 네트워크를 통해 형성되고 강화·발전한다. 게임 이론에서 논의한 바와 같이 배반 행위는 규범에 의해 처벌되거나 불이익이 주어질 때 사라지고 신뢰에 기반한 협력 행위가 발생한다. 그리고 행위의 반복에 의한 신뢰의 형성은 관계망이 지속되어야 가능하다. 규범은 관계망을 통해 형성·강화되며, 규범을 통해 신뢰가 형성·강화된다. 신뢰는 규범과 관계망에 의해 강화·발전한다. 그 역도 마찬가지이다. 달걀이 있어야 닭이 있고, 닭이 있어야 달걀이 있다. 사회적 자본의 구성 요소인 신뢰, 규범, 네트워크의 생성과 발전의 관계도 뫼비우스 띠처럼, 풀 수 없는 인과관계의 끈으로 이어져 있다.

3. 사회적 자본과 사회적경제

사회적경제조직과 사회복지조직은 사회적 자본을 토대로 성장 발전하는 공통성을 지닌다. 그래서 사회적경제와 사회복지가 어떤 관계가 있을까를 생각할 때 핵심 주제로 사회적 자본을 떠올리게 된다.

사회직경세소식에서 재화와 용역의 생산과 교환의 목적은 개인의 이윤 추구가 아니라 사회의 이익, 공공의 이익, 즉 공익에 있다. 개인이든 조직이든 일반적인 경제행위는 행위 주체의 이익, 이윤 추구가 그 목적이다. 이러한 경제행위와 구분하여 사회적 목적을 달성하기 위한 경제행위 주체를 사회적경제조직이라고 한다. 재화와 서비스를 생산하는 목적이 저소득계층을 고용하여 일자리를 창출하기 위한 목적일 수도 있고, 일반 영리추구 조직에서는 생산하지 못하거나 부족한 '사회서비스'를 제공하기 위한 것일 수도 있다. 이런 목적을 공익적 목적, 즉 사회적 목적이라고 한다. 빈곤층에게 소득을 제공하여 빈곤에서 벗어나도록 하는 것, 즉 빈곤층의 자활을 지원하는 것에서부터, 장애인, 노인 등 일반적인 경제조직에서 고용이 어려운 취약계층에게 일자리 제공하는 데 이르기까지 사회적 목적은 다양하다. 사회적 목적을 추구하는 사회적경제조직은 다양하다. 사회적기업 형태로 활동하기도 하고, 사회적협동조합이나 마을기업 형태로 활동하기도 한다. 어떤 형태이든 사회적경제조직은 개인의 이익을 위해 혹은 이윤 추구 그 자체만을 위해 활동하는 것이 아니라 사회적 목적, 즉 공익을 위해 활동한다. 경제학에서 모든 개인의 경제활동은 이윤 추구 혹은 그 행위 주체의 효용을 극대화하는 것으로부터 출발한다. 행위의 동기가 행위 주체의 이익이므로 자발적이고 창조적이며 효율적일 수밖에 없다. 그런데 사회적경제조직의 참여자는 개인의 이익이 아니라 조직의 이익 더 나아가 사회의 이익, 즉 공익을 추구한다고 한다. 공익이 행위의 일차적 동기가 될 수 있을까? 이런 조직이 재화와 용역을 생산하고 교환한다면 일반 시장 참여자에 비해 지속가능한 경쟁력이 있을 수 있을까?

학자들에 의하면, 사회적경제조직이 지속가능하고 생존할 수 있는 조건은 '사회적 자본'의 존재이다. 사회적 자본이 풍부한 사회에서 사회적경제조직이 번성하고 발전하는 반면에 사회적 자본이 빈약한 사회에서는 사회적경제조직이 발생하거나 생존하기 어렵다는 것이다. 신뢰와 규범, 사회적 관계망이 발전한 곳에서 포괄적 호혜성이 작동한다. 사회적경제조직 참여자의 행위 동기는 포괄적 호혜성에 대한 신뢰로부터 출발한다. 포괄적 호혜성이란 교환 관계에서 보상 시기나 보상 가치가 다를 수 있지만 교환 관계의 지속성을 통하여 결과적으로 등가교환이 가능함으로써 호혜성에 대한 신뢰가 이루어지는 교환 관계를 의미한다. 일반적인 경제에서 상품 교환이 교환의 동시성과 가치의 동일성을 전제로 이루어진다는 점에서 구체적 호혜성이라고 한다면 사회적경제에서 교환은 포괄적 호혜성이라고 할 수 있겠다. 오늘 내가 베푸는 혜택이 미래에 보상을 받으리라는 상호 기대는 포괄적 호혜성 논리가 작용하는 것이다. 이러한 신뢰 관계가 풍요로운 사회에서 사회적경제조직의 참여자가 많아지고 그들의 활동이 활발해지는 것이다.

사회적기업과 같은 사회적경제조직은 사회적 자본을 자양분으로 성장·발전한다. 더 중요한 점은 사회적 자본의 특성상 사회적 자본은 소비할수록 증가한다는 것이다. 사회적기업과 사회적경제조직의 활동이 활발해지면 사회적 자본이 풍요로워지는 것이다. 즉 사회적경제조직은 사회적 자본을 생산한다.

사회적경제조직의 활동가는 공동의 규범과 신뢰에 기반하여 재화와 용역을 생산하고 교환하는 행위를 한다. 그리고 그들의 관계망은 사회적경제조직을 통해 활성화되고 확대된다. 관계망은 호혜성의 규범을 강화하고 강화된 규범에 의해 신뢰는 더 돈독해진다. 신뢰와 규범 그리고 네트워크라는 사회적 자본의 발전은 다시 사회적경제조직의 확대와 성장의 자양분이 되어 사회적경제조직의 발전에 기여하는 것이다. 이러한 관계는 사회적경제조직의 사례에서 잘 나타난다. 광진지역공동체의 사례는 사회적 자본과 사회적경제조직 간의 관계를 구체적으로 보여준다. 지역주민공동체(광진주민연대)가 초기 관계망 형성에서 중심 역할을 하여 광진협동사회경제네트워크로 발전했다. 사회적기업, 협동조합, 대학의 창업지원센터 등 매우 다양한 사회적경제조직이 참여하고 있으며, 2022년 약 70개가 넘는 단체와 조직이 사회적경제공동체로 활동하고 있다. 광진지역공동체 사례를 소개하는 글에서 자세히 살펴볼 기회가 있겠지만, 사회적 자본의 역할과 사회적 자본이 확대 재생산되는 과정의 측면에 주목할 필요가 있다.

광진협동사회경제네트워크는 사회적협동조합법인격인데, 네트워크에 참여하고 있는 사회적경제조직 간의 생산품 내부 거래를 통해 신뢰 관계를 확산하고자 했다. '상호호혜' 관계 형성을 통한 '생존 전략'으로 표현되고 있는데, 회원사의 제품과 서비스를 상호 구매하고, 상호거래 매출액의 2%를 적립하여 경영상의 어려움을 지원하는 인내기금을 마련하고자 했다. 초기에는 상호거래 사례가 매우 드물었는데, 신뢰 부족이었다. 개별 회원조직은 생산 판매에 어려움을 겪고 있었지만, 회원 조직 간의 거래보다는 품질이 보장되는 대기업과의 거래 혹은 저렴한 중국산 제품과의 교환관계에 의존하는 형태였다. 즉 품질에 대한 신뢰, 가격의 적절성에 대한 신뢰가 없었던 것이다. 가치의 등가

교환 관계에 입각한 교환, 즉 시장 체계의 교환관계를 벗어나 포괄적 호혜성의 원칙에 대한 신뢰 혹은 규범이 형성되지 못한 상황이라고 할 수 있겠다.

첫 상호거래는 네트워크를 형성한 지 9개월 만에 발생했고, 그 과정에는 지속적인 관계망의 형성과 회의와 교류를 통한 신뢰의 형성 과정이 있었다.

> 서로를 이해하고 신뢰하며 회원사 대표의 얼굴을 보고 구매하기 시작했다. 이렇게 시작된 상호거래는 2022년에는 3억 6천으로 확대되었다. 상호거래를 통해 일어난 매출액의 2%를 적립한 인내기금인 광진협동기금은 1억 15백으로 확대되었다. 광진협동기금은 회원사 간의 상호거래 매출 총액 2%, 회원사의 회비, 후원금으로 조성되었으며 회원사에게 긴급한 신용 대출을 통해 경영상의 어려움을 해결하고 있다.
>
> 상호호혜의 관계는 계속적인 교류를 통해 사회적 자본이 축적된 이후 작동되었다고 할 수 있다.

사회적경제조직의 활동이 관계망과 신뢰를 형성하고, 신뢰와 관계망은 상호호혜성의 규범을 강화한다. 이렇게 성장한 사회적 자본은 다시 사회적경제조직의 활동을 활성화하고 발전시킨다.

4. 사회적 자본, 사회적경제, 그리고 사회복지

사회적경제라는 용어의 기원은 학문적으로 정치와 경제가 분리되기 전인 19세기 고전적 정치경제학에서 찾아볼 수 있다. 칼 폴라니(Karl Polanyi)에 의하면 인간의 경제활동은 시장에서의 교환 못지않게 비시장적 교환 형태가 많았다고 한다. 근대 경제학이 전문적 학문 영역으로 발전하면서 경제는 시장에서의 생산과 분배로 한정되었고, 비시장적 교환, 즉 상호호혜에 기반한 다양한 교환관계의 중요성이 상실되었다. 폴라니의 관점에서 보면 비시장적 교환 행위, 호혜성에 기반한 경제적 행위를 사회적경제라고 할 수 있겠다.

20세기 후반 복지국가의 위기, 빈곤과 양극화의 심화, 사회적 배제에 대한 정책적 관심 등에 따라 사회적경제와 사회적경제조직에 대한 관심이 부각되었다. 20세기 초반 복지국가의 등장에 따라 역할이 감소하거나 사라져가던 사회적경제조직이 다시 주목받고 활성화되었다. 사회적경제를 설명하는 방식도 다양하고 내용과 범위를 한정하기도 어렵지만, 최근의 관심에 따라 학술적인 합의는 이루어지는 것 같다. 사회적경제의 개념을 엄밀하게 정의하는 것은 학술적 영역이므로 본격적인 논의는 생략하고, 간단하게만 언급하고자 한다.(현상을 그릴 수 있을 정도의 윤곽만으로도 충분할 것으로 생각한다.•)

데로쉬(Desroches, 1984)에 의하면 사회적경제를 법적 조직 형태의 측면에서 협동조합, 공제조합, 그리고 비영리조직이라고 정의한다. 오틀리(Oatley)의 정의에 의하면 "사회적경제는 순수하게 박애적인 활동부터 사람 중심의 참여적이고 민주적인 가치를 가진 모든 사회적 목적을 향상시키기 위한 상업적 활동을 하는 조직까지 광범위한 활동을 포함한다." 사회적경제는 한편에서는 민간 시장부문과 다른 한편에서는 공공부문 사이에 존재하는 활동 영역으로 규정되며, 일반적으로 자원 활동 그리고 지역사회조직, 재단, 노동조합, 종교집단, 주택조합, 협동조합, 기타 사회적기업조직을 포함한다(McManus, 2004). 어떤 사람은 재화와 서비스를 생산하는 조직만을 사회적경제의 일부로 인식하는 반면, 다른 사람은 모든 비영리조직을 포함한다. 자끄 드푸르니(Jaques Defourny)에 의하면 사회적경제는 연대, 자율성, 그리고 시민성 위에 마련된 경제적 시도에 기초한 연합으로 구성된다. 사회적경제를 형성하는 원리는 이

• 사회적경제의 개념에 대한 데로쉬, 오틀리, 드푸르니 등의 논의는 장원봉(2021) 참조.

윤의 축적보다는 구성원 혹은 지역공동체에게 서비스를 제공하는 일차적 목적, 공공 프로그램과는 다른 자율적 운영, 민주적 의사 결정, 자본과 이윤의 분배보다는 사람과 노동의 우선 등이다.

이러한 논의에 기초하면 초기의 사회복지는 사회적경제의 일부분, 혹은 한 영역으로 볼 수 있다. 광의의 사회적경제는 비등가적 교환, 호혜에 기초한 재화와 서비스의 생산과 교환 활동으로 규정할 수 있고, 사회복지에서 자원의 교환이 바로 그러한 특징을 지니기 때문이다. 사회복지는 이타주의에 기반한 상부상조 혹은 상호부조 활동으로부터 출발했고, 오늘날의 사회복지는 민간의 자발적 봉사와 기부 행위가 제도화된 형태라고 할 수 있다. 사회복지는 협력, 신뢰와 사회통합, 사회적 연대 등 사회적경제와 동일한 가치를 지향하고, 그래서 사회적 자본을 자양분으로 성장하고 발전한다.

사회복지 활동이 지역 단위, 소위 지역사회(community)에서 국가 단위로 확대된 이후, 즉 복지국가 시대로 접어들면서 사회복지가 사회적 자본의 영향으로부터 벗어난 것처럼 보인다. 자발적 행위로서의 봉사, 기부, 상초부조가 사라지거나 미약해진 반면, 법과 제도에 의해 사회적 권리로서 시민적 삶의 질이 보장되는 형태로 사회복지 체제가 진화했다. 사회복지는 더 이상 사회적 자본의 양에 따라 좌우되는 존재가 아니어도 되는 것이다. 신뢰와 규범, 관계망 등 사회적 자본의 자양분 속에서 형성되는 사회적 호혜성에 의해 결핍된 복지 욕구(needs)가 충족되기보다는 각종 사회복지법과 제도에 의해 국민최저생활(national minimum)이 보장되도록 사회복지 체제는 작동한다.

문제는 복지국가 체제가 흔들리면서 드러났다. 20세기 산업사회 체제의 산물인 복지국가 체제는 21세기 탈산업사회에서 발생하는 문제에 대한 적절한 해답을 제공하지 못하는 상황이다. 복지국가 체제의 핵심적 제도인 사회보험은 남성 공장 노동자의 삶의 체계에 맞추어진 것이다. 20대에 취업하고 60세에 퇴직하는 정규직 노동자에 최적화된 사회보장 체계라고 할 수 있다. 고용

주가 불명확한 플랫폼 노동, 일시적으로 일거리가 생겼다가 사라지는 긱(Gic) 경제, 1인 창업 서비스 경제, 에이아이(AI)와 챗 지피티(Chat GPT)가 인간의 노동을 대행하는 4차 산업혁명 시대에 (구)복지국가 체제는 대응력이 떨어질 수밖에 없다. 새로운 적응과 해답 찾기가 이루어져야 한다.

실천가 혹은 혁신적 활동가는 새로운 제도를 요구하고 새로운 복지 활동을 찾아 나서고 있다. 기본소득, 급진적 복지(래디컬 헬프), 돌봄복지, 사회적협동조합, 마을 만들기, 커뮤니티 케어 등은 그러한 고민의 흔적이다. 사회적경제의 활성화와 사회적경제조직을 통한 복지 활동은 그러한 대안의 큰 줄기라고 생각한다.

사회복지는 사회적경제의 본능으로 되돌아가야 하지 않을까? 신뢰, 규범, 관계망 속에서 작동하는 사회적 자본의 자양분 속에 해답이 있을 것이다. 20세기 복지국가 체제가 사회권을 확립한 것이었다면, 이제 개별화된 인권 논리의 차원에서 벗어나, 더불어 함께 나눔으로써 획득되는 통합의 인권으로 나아기야 할 필요가 있다. 참여와 협동을 통해 만들어지는 인간관계 없이 진정한 사회복지 체제가 구현될 수 있을까? 사회복지가 사회적경제의 본질적인 속성으로 회귀함으로써 21세기 대변혁의 시대에 요구되는 지속가능한 사회복지 체제에 다가갈 수 있을 것이다.

이 글을 어떻게 마무리하는 것이 좋을까 고민하다가 사회적 자본 사용법을 생각해보았다. 우리는 물질적 자본, 화폐나 금융자본 사용법에는 익숙하지만, 사회적 자본 사용과 활용에는 어색하다. 고기도 먹어본 사람이 잘 먹는다는 말이 있다. 사회적 자본도 사용해본 사람이 더 잘 활용할 것이다. 특별히 사회적 자본 사용법이라 할 만한 것이 있을까? 구성원들의 상호 신뢰가 사회적 자본을 사용하는 것이다. 공동체의 규범을 만들고 규범을 강화해나가는 것이 곧 사회적 자본을 사용하는 것이리라. 구성원 간의 상호작용을 활성화하여 관계망을 만드는 것, 이것이 사용하는 것이다. 그러고 보니 사회적 자본을 사용하는 것이 곧 사회적 자본의 내용을 구성하는 요소가 되어버렸다. 어디서부터 출발해야 하는가? 그래서 사회적 자본 사용법으로 '참여하기'와 '연대하기'를 제안해본다.

첫째, '참여'하기이다. 사회적 자본의 활용은 참여로부터 시작된다. 18세기 프랑스 대혁명으로부터 획득된 신분의 자유와 인권은 19세기 정치권, 20세기 사회권을 획득하면서 시민적 권리로 발전해왔다. 인권의 발전은 그 자체로 무척 의미 있는 일이겠으나, 개인주의, 개별화, 관계의 단절, 분열과 양극화, 빈곤과 사회적 배제라는 새로운 사회적 문제를 해결하는 데 해답을 제공해주지 못하는 것 같다. 사회권이 자동적으로 사회복지의 확대를 보장해주는 시기는 지났다. 참여는 개인과 개인을 연결하는 출발이고, 네트워크를 형성하고 신뢰와 호혜의 규범을 만드는 동력이 될 것이다.

둘째, '연대'하기이다. 신뢰, 규범, 네트워크는 곧 연대로 이어진다. 사회적 자본의 사용은 사회적 연대와 통합으로 이어질 수밖에 없다. 그리고 재창출된다. 신뢰는 신뢰를 더 강화하고 확장한다. 관계망은 좀 더 긴밀해지고 다양한 연대의 영역으로 확장된다. 사회적 자본은 사용함으로써 확대되므로 열심히 사용하는 것, 참여하는 것, 더 많이 연대하는 것, 이런 것이 사회적 자본 사용법이 아닐까?

참고문헌

장원봉. 2021. 「사회적경제의 의미와 발전과제」. 『한국 사회적경제의 거듭남을 위하여』. 장원봉 외. 착한책가게.

퍼트남, 로버트(Robert D. Putnam). 2006. 『사회적 자본과 민주주의』. 안청시 외 옮김. 박영사.

폴라니, 칼(Karl Polanyi). 2009. 『거대한 전환』. 홍기빈 옮김. 길.

Bourdieu, P. 1986. "The Forms of Capital." *Handbook of Theory and Research for the Sociology of Education.* in J.G. Richardson. New York: Greenwood.

Coleman, J. S. 1988. "Social Capital in the Creation of Human Capital." *American Journal of Sociology*, 94.

Fine, B. 2001. *Social Capital versus Social Theory.* London: Routledge.

5장

사회서비스와 사회적경제의 조우

당사자성을 중심으로

황인매 (성공회대학교 사회복지연구소 연구교수)

최근 적극적으로 수행되고 있는 지역사회통합돌봄과 탈시설·탈원화 등과 같은 정책은 인간의 개별화와 존엄한 돌봄에 대한 대응을 기반으로 하고 있다. 생활 시설에 거주하고 있는 개인은 탈시설을 통해 지역사회에서 일상적인 삶을 살아가기를 기대하고 있고, 지역사회기반실천을 수행하는 사회서비스 공급 진영에서는 이들의 삶이 지역사회 안에서 유지될 수 있도록 통합적인 지원을 통해 포용해야 하는 상황이다. 지역을 기반으로 사회서비스를 실천하는 실천가는 당사자의 눈높이에서 바라보는 지역사회의 내용과 서비스가 일치하는지에 대한 확인이 요구되는 시대에 살고 있다.

바야흐로 사회서비스에서 '당사자성'이란 어떤 식으로든 의식할 수밖에 없는 주제가 되었다. '우리를 빼놓고 우리를 말하지 말라'는 이 익숙한 문장은 당사자성을 논할 때 자주 등장하는 것으로 직접 문제를 경험하고 있는 관련 당사자가 그 문제 해결에 나서야 근본적인 대응을 할 수 있다는 것으로 이해된다. 국립국어원 표준국어대사전을 찾아보면 당사자는 어떤 일이나 사건에 직접 관계가 있거나 관계한 사람을 말한다. 즉 당사자의 당사는 일정한 관계의 한 구성원으로 참여한다는 의미를 담고 있다. 그렇다면 사회서비스 분야에서 당사자성은 존중되고 있는가. 왜 당사자성이 점점 더 강조되고 있는가.

이 질문에 대한 답을 찾기 위해 살펴봐야 할 것은 무엇일까? 당사자가 하는 말은 강력한 힘을 갖고 있어서 그들의 발언에 힘을 실어주는 것은 중요하다. 그러나 그것이 '당사자가 아니면 말해서는 안 된다'로 향하는 순간 '당사자성'은 '당사자 이외의 존재'를 만들어 버릴지도 모른다. 그것은 지금껏 어떤 종류의 '당사자성'이 그 자체로 도태되거나 무력하게 맥락화되어온 과거가 있기 때문이고, 더 이상 그런 방식으로 '당사자'를 내버려두지 않아야 한다는 인식이 있기 때문일 것이다. 이런 상황에서 당사자의 목소리에 귀 기울이고자 할 때 우리 앞에 놓인 것은 무엇인가. 이 장은 당사자성이 강조되고 있는 사회서비스 진영, 특히 돌봄을 중심으로 하는 대인사회서비스의 환경 변화와 실천 현장의 고민을 살펴보고 사회적경제에서 그 해법을 찾고자 하는 노력으로 이루어졌다.

1. 서비스 이용 당사자와 사회서비스

1) 서비스 대상자와 서비스 이용자

그동안 사회서비스 주요 대상자는 보호 담론이 강한 클라이언트라는 이름으로 오랫동안 불렸으며 자신에게 부여된 권한을 제대로 이행하기 어려울 것이라는 이유로 이른바 전문가 그룹에게 권한이 상당 부분 위임된 것이 사실이다. 따라서 사회서비스의 지향점과 사회서비스 조직의 목표와 방식이 당사자의 필요에 의해서 결정된 것이 아니라 서비스 공급자나 규제자(재정 공급자 포함)의 시각에 의해 결정된 경우가 많았고, 서비스 제공 시 전문가 중심의 개입과 선택이 주를 이루었다.

당사자가 평등하게 분배받고 동등하게 사회적으로 상호 작용하는 상태에서 합당하게 대표되지 않았으며, 그렇기에 구체적인 경험의 공유를 통해 공통의 문제의식을 형성하는 당사자성을 경유하지 않고 시작되었다는 문제가 늘 꼬리표처럼 따라붙는다.

저는 여기저기 복지기관 많이 갔거든요. 그런데 마음에 안 드는 게 있더라고요. 기관에서 장애인을 볼 때는 한 사람으로 보는 게 아니고 서비스 대상자로 보더라고요. 근데 나는 그게 마음이 안 좋았어요. 나는 진짜 아는 동생, 아는 친구 그렇게 대하고 싶었는데 그게 안 되더라고요. (기관 입장에서) '어떻게 할 수 없다' 이렇게 이야기하는데 어떻게 할 수 없는 게 아니라 그건 바꿔야 한다고 생각해요. 옛날보다 지금 복지 마인드가 바뀌고 있어요. 근데 사회복지기관들은 너무 바뀌지가 않더라고요.

제가 하고 싶지 않은 일도 있잖아요. 근데 꼭 해야 되더라고요. 근데 그거는 기관에서 정해주는 게 아니고 내가 판단하게 해줘야 될 거 같아요. 내가 아무 능력이 없는 것처럼 보이지만 나도 내 나름대로의 능력을 발휘할 수가 있거든요. 근데 그거 같이 얘기해주고 연구해주는 사람이 있어야 되는데 없어요. 그건 기관에서 연구를 하고 생각을 해야 되죠. 저 같은 사람의 능력을 채우고 발전될 수 있도록 도와줘야 되는 게 아닐까요

— 지체뇌병변 장애인 당사자 인터뷰 중

사회서비스 이용자에 대한 인식이 변하고 있는 상황에서도 여전히 장애인을 한 명의 인격체가 아닌 서비스 대상자로만 바라보는 일부 사회복지기관에 대해 강한 불만을 제시하고 있는 지체뇌병변 장애인 A씨는 당사자의 의견과

상관없이 기관에서 정해준 활동을 따라야 할 때 속상하다고 했다. 장애 당사자의 선택과 판단을 존중해주어야 함에도 어쩔 수 없다는 반응을 보이는 기관에 대해 당사자성을 존중하고 자기 결정이 이루어질 수 있도록 장애인의 역량 강화를 위한 기관의 적극적인 변화 노력이 필요하다고 호소했다.

서비스 과정에서 당사자가 어떠한 위치에 있느냐는 사회서비스 실천 현장의 현주소와 연관을 지어 생각할 수 있다. 종사자와 이용자는 여전히 전문가와 클라이언트의 관계일 수 있고, 서비스 제공자와 소비자의 관계 또는 지원자와 당사자의 관계일 수 있다. 서비스 이용 당사자의 위치는 그들에게 선택권, 자기결정권, 자기 삶에 대한 통제 권한이 어느 정도 부여되고 있는지에 따라 달라질 수 있다. 좋은 삶을 위한 자기 통제력을 어느 정도 행사할 수 있느냐는 선택권의 실질적 행사 수준 측면에서 큰 차이가 있다.

지금까지의 서비스 대상자에 대한 평가는 보통 건강 또는 장애가 있는 사람의 욕구를 측정하고 이러한 욕구를 충족시키기 위해 공적 자원을 할당하는 방식으로 수행되었다. 그러나 당사자주의에 기반한 권리요구 증가, 돌봄에 대한 사회적 부담, 복지 재정에 대한 압박 등은 서비스 제공자와 이용자의 관계를 포함하여 사회서비스 정책에 새로운 변화를 추동하고 있다.

2019년 7월부터 단계적으로 적용되고 있는 장애등급제 폐지는 사회서비스 흐름의 변화를 획일적 서비스 제공에서 개별욕구 중심으로 추동하게 되었고 근본적으로 서비스 중심에서 사람 중심 접근으로의 변화를 요구하고 있다. 장애 등급에 따라 자신이 받을 수 있는 서비스의 종류와 양이 확정되어 있는 것이 아니라 자신이 처한 문제의 상황, 서비스 욕구와 필요도, 생활환경 등을 종합적으로 고려해서 결정되기 때문에 서비스 제공 과정에 이용자 스스로가 더욱 적극적일 수밖에 없다(김용득 외, 2018).

또한 돌봄이 필요한 사람이 살던 곳에서 건강한 노후를 보낼 수 있도록 지역사회돌봄인프라를 통합적으로 연계하는 '지역사회통합돌봄' 사업은 보건과 복지 서비스를 망라하여 병원 입원과 시설 입소를 지양하고 자신의 집에서 적절한 서비스를 받으면서 지낼 수 있도록 하는 지역사회기반서비스를 지향한다. 이러한 흐름은 서비스 이용 당사자를 소외시키지 않고 그들의 삶의 질 향상을 위해 자기결정권을 존중하는 존엄한 돌봄에 대한 인식이 확산되고 있는 것으로 보여진다.

이처럼 서비스 환경이 점차 변화함에 따라 사회서비스 주요 대상자는 클라이언트 - 이용자 - 소비자 - 고객 - 당사자 등 다양한 용어로 불리고 있고 이는 서비스 제공 조직의 기능과 역할에 따른 특성이 반영되거나 정부 정책기조의 변화 흐름과 상당 부분 상호 영향을 받는 것을 알 수 있다.

2. 사회서비스 법적 정의와 범위

전 세계적으로 사회보장을 위한 변화 중 가장 드라마틱한 변화를 꼽자면 아마 사회서비스 영역일 것이다. 현재의 사회서비스 용어는 2012년 사회보장기본법이 개정되면서 사회서비스의 법적 개념으로 규정된 것이다. 2010년 사회보장기본법 제정 당시 사회보장을 사회보험, 공공부조, 사회복지서비스 및 관련 복지제도를 포함하여 규정했던 반면, 2012년 개정법에서는 사회보장을 사회보험, 공공부조, 사회서비스로 통합했다. 즉 기존의 사회복지서비스와 관련 복지제도가 사회서비스라는 용어로 통합된 것이다.

개정된 사회보장기본법의 제도적 범주에서 보자면 사회서비스는 사회복지서비스를 포괄하는 것으로, 국가·지방자치단체 및 민간부문의 도움이 필요한 모든 국민에게 복지, 보건의료, 교육, 고용, 주거, 문화, 환경 등의 분야에서 인간다운 생활을 보장하고 상담, 재활, 돌봄, 정보의 제공, 관련 시설의 이용, 역량 개발, 사회참여 지원 등을 통하여 국민의 삶의 질이 향상되도록 지원하는 제도로 명시하고 있다.

사회서비스라는 개념이 소개되기 이전에는 사회복지서비스와 사회복지사
업이라는 용어가 일반화된 개념으로 활용되고 있었고 주로 빈곤 대상자를 중
심으로 하는 선별적 서비스의 특징을 갖고 있었다는 의미이다. 이는 한국 사
회서비스 공급 체계의 변화 과정 중 거주생활시설과 지역사회기반 이용시설
등의 공급 특성을 통해 확인할 수 있다.

여기에 더하여 2000년대 중반 이후에 욕구를 기반으로 보편적 서비스를 지
향하는 이용자 선택형 서비스, 즉 바우처 방식이 추가됨에 따라 사회서비스는
생활시설과 지역사회기반 이용시설 중심의 선별적 사회서비스에서 바우처
방식의 돌봄 또는 보편적 사회서비스로 프레임이 새롭게 확장되는 과정에서
조직의 기능과 실천 방식의 차이로 인해 상호 간 관점이 충돌하는 상황이 내
재되어 있다고 볼 수 있다.

1) 사회서비스 공급 체계의 이용자 변화

이렇듯 사회서비스 공급은 거주생활시설에서 지역사회기반 이용시설 그리
고 이용자 선택형 바우처 방식으로 단계적이지만 누적적인 변화를 보인다.
이러한 변화의 흐름은 각 단계별 서비스 이용 당사자에게도 몇 가지가 포착되
었다. 고아원, 모자원, 장애인 시설 등 생활시설기반서비스에서 바라보는 이
용자는 부랑자가 대량으로 양산되던 시기, 노동시장에 편입되지 못한 사람들
로 구분 짓고 이들을 도움이 필요한 사람 그리고 의존적인 사람으로 표식하며
국가는 이들을 위해 분리된 대형 시설에서 완전한 의존 상태를 유지시키는 방
식으로 서비스를 제공했다.

결국 서비스 이용자는 서비스 수급을 위해 끊임없이 자신을 부족하고 보호
받아야 할 사람으로 증명해야 하는데 이는 제도적 조건에 자신의 삶을 맞출

때 비로소 국가로부터 보호를 받을 수 있기 때문이다.

사회복지관, 장애인복지관, 노인복지관, 자활기관 등과 같은 지역사회기반 이용시설 서비스 또한 이용 당사자의 자립을 지향하며 지역의 저소득층을 대상으로 서비스 범위가 확대되었지만 여전히 서비스를 공급하는 시설이나 기관의 목소리가 강조되고 운영에 대한 자율성과 권한이 전적으로 공급자에 위임되어 서비스 이용자는 여전히 서비스 수혜자와 대상자에 머무르는 한계가 있다.

보육시설, 재가노인복지시설, 노인요양시설, 장애인활동지원시설 등 시장형 공급 방식이 적용되는 바우처 방식의 서비스는 서비스 이용자가 서비스 제공 기관과 돌봄 제공자를 직접 선택하는 소비자 중심 가치를 강조하는 것으로 선택 권한을 가진 서비스 이용자의 역할이 매우 중요해졌다. 하지만 일반적으로 서비스를 이용하는 사람들 상당수가 취약한 상황에 직면한 경우가 많아 자신의 권리를 주장하는 데 어려움이 있고 이로 인해 불평등한 권력관계가 유지될 수 있다는 위험이 존재한다. 따라서 사회서비스는 서비스를 이용하는 사람의 인간다운 생활을 보장하고 그들의 삶의 질이 향상될 수 있도록 어떻게 지원되어야 하는지가 중요한 문제가 된다.

1996년 영국의 커뮤니티케어법 제정이나 2000년대 전후로 전개된 미국의 문화 바꾸기(cultural change) 운동 등을 통해 확인할 수 있는 것은 서비스 제공 과정과 관련된 결정에 당사자가 더 적극적이고 구체적으로 관여하는 것이 필요하다는 주장과 서비스 당사자의 역량 강화를 통해 권력의 균형을 추구하고 서비스를 받는 당사자의 자립과 책임성을 강조하고 있다는 점이다.

이러한 이유로 안전하고 질 좋은 서비스 제공을 위해 정부는 서비스 재정 공급자로서 권한을 행사하면서 서비스 규제자의 역할을 더 강하게 드러내기도 하고, 인간의 권리와 존엄성이 강조되고 있는 시대 흐름에 맞춰 당사자 중심의 지역사회 삶을 고민하면서 초창기 전통적 복지서비스의 특성인 대규모

생활 시설이 지역사회 중심 소규모 거주 시설로 전환되고 있고 개별맞춤지원, 지역사회 삶으로의 연계가 정책적으로도 반영되고 있다.

3. 대인사회서비스와 당사자성

1) 대인서비스 가치와 특성

사회서비스는 크게 빈곤과 돌봄으로 대변될 수 있는 사회적인 문제나 어려움을 겪고 있는 개인이나 집단을 지원하기 위해 사회적으로 이루어지는 서비스라고 정의할 수 있다. 대부분의 복지국가에서 기존의 현금 - 이전급여 중심으로는 감당하기 어렵다는 판단 아래 대인적 휴먼 서비스 위주의 사회서비스 정책으로 전환이 일반화되었고 한국도 2000년대 이후 보육, 노인장기요양, 돌봄, 장애인생활시원 분야에 대한 정부의 적극적인 투자가 급속히 증가하고 있다.

대인적 휴먼 서비스는 서비스 대상이 인간이고, 인간과 인간의 상호작용을 통해 서비스가 생산되고 소비되고 전달되는 특성을 갖는다. 휴먼서비스는 인간에 대한 특별한 가치를 전제로 하며(Weiner, 1990), 휴머니즘(Humanism, 인본주의)은 〈표 5-1〉에서 제시된 바와 같은 가치를 믿는 것이다(김영종, 2017 재인용).

개념과 시각이 바뀌는 변화된 환경은 정책에 영향을 주고 정책은 실천에 영향을 준다. 사회서비스는 본질적으로 취약한 이용자들을 포괄하고 있다는 점에서 사회적 연대성이 요구된다. 특히, 돌봄서비스의 경우 직접적인 대인서비스를 필요로 한다는 점, 서비스가 이루어지는 지역적인 공간적 접근성도 특징 중 하나인데 대인서비스는 관계 지향적이라 관계를 맺기 위한 '공간'이 서비스 생산에서는 중요하기 때문이다.

〈표 5-1〉 휴머니즘의 가치

가치	믿음
존재 지향적 인간관	휴먼서비스 실천의 핵심 가치로서, 인간의 가치를 '사물'이나 '외형'으로서가 아니라 '존재' 그 자체에 두는 것이다. 존재하는 것만으로 인간은 다른 모든 인간과 동등한 가치를 가진다고 믿는다
성장 잠재성과 인간존재의 고귀함	인간존재는 지속적인 성장이 가능하다고 믿는 것이다. 인간존재가 고귀하다는 가치는 이런 믿음에서 비롯된다
개성의 추구	모든 인간존재는 자신만의 독특함을 추구해야 한다고 믿는다. 인간으로 존재하는 가치와 보람은 도구로서의 사회적 지위나 역량이 아니라, 개별 인간으로서의 독특한 내면적 자아를 추구하는 데 있다는 것이다
삶의 의미 추구	모든 인간존재는 삶의 의미를 찾는 일이 중요하다고 믿는다. 사람들이 건설적인 삶을 꾸려나가는 데는 삶의 의미 찾기가 일차적인 조건이기 때문이다
인간존재의 창조적 잠재성	대다수 인간은 자신의 능력과 잠재력을 극히 일부분만을 활용한다. 모든 인간은 각자의 잠재력을 배양하고 이를 창의적으로 활용할 수 있음을 믿어야 한다

사회서비스가 지향하는 궁극적 목표인 삶의 질 향상은 웰빙(well-being)과 유사한 의미로 주로 사용된다. 웰빙, 즉 좋은 삶은 어떤 것이 갖추어진 상태에서 인간은 만족을 느끼는가와 연관 지어 생각해볼 수 있으며 사회서비스가 담고 있는 의미와 지향점을 통해 결국은 이용자, 즉 당사자인 '나'라는 사람의 존엄성 그리고 참여의 보장이 이용자의 삶의 질 향상과 관련이 있음을 포착해낼 수 있다. 보호 중심의 서비스 대상자가 보편적인 서비스 욕구를 표출하고 자신의 주도적 참여에 더 적극적인 양상을 보임에 따라 그에 맞는 실천 방식에 대한 고민이 깊어지고 있다.

사회서비스를 둘러싼 환경 변화는 전반적으로 권리기반서비스로의 강화 추세로 이용자를 존중하고 참여 기회를 강화하는 이용자 중심성이 강조되면서 지역사회에서 서비스 이용자의 일상적인 삶이 유지될 수 있도록 지역사회가 역량을 강화하여 지원의 주체가 되어야 함을 강조하는 등 서비스 제공 주체의 혁신과 새로운 역할에 대한 고민이 요구되고 있다.

그렇다면 이러한 변화 과정에서 우리가 짚어야 될 부분은 무엇일까? 김영종(2012)은 점차 보편적 인구사회학적 대상에 대한 휴먼서비스 성향이 짙어짐에 주목한다. 따라서 휴먼서비스의 생산방식과 그에 걸맞은 공급 체계의 정합성이 향후에는 중요하게 간주되고 있고 이러한 상황을 고려하자면 공급 체계가 거버넌스적 지향을 보일 필요가 있음을 강조한다. 이러한 지향점은 생활시설서비스와 이용시설서비스 등에서도 서비스 공급에 서비스 이용자의 적극적 참여 기제가 구현되고 확산될 필요가 있다는 것이다.

사회서비스는 서비스 생산자와 이용자 간의 밀접한 관계적 친밀성을 기반으로 하기에 서비스 생산자의 단독 생산이 어려워 공동생산에 기반한 서비스 이용자의 협력적 참여가 요구된다. 또한 서비스는 눈에 보이는 재화가 아니라 사후에 서비스 질을 확인할 수 있는 관계적 활동이라는 서비스 특성상 서비스 이용자, 구매자, 제공자 등 이해 당사자 사이의 정보 비대칭 문제도 제기된다. 이러한 정보 비대칭 문제를 극복하고 어떻게 사회적 관계를 형성할 것인가의 문제도 무엇보다 중요하다(Laville and Nyssens, 2001).

2) 당사자성 실현을 위한 주요 가치기반

사회서비스는 사람과 사람의 관계에 관련된 영역이기 때문에 시대와 문화에 따라 그 모습이 다를 수 있고 서비스의 행위 주체인 당사자 간 역할 관계의 지형도 변화를 겪는다. 또한 각 단계별로 사회서비스의 환경 변화에 따라 당사자 간 위상의 변화와 관계적 속성 간 긴장이 나타나고 있다. 이 지점에서 여러 관련 연구는 서비스 제공의 다양한 과정에 참여의 제도적 공간을 확보할 것을 제안한다. 이용자의 선택권을 보장하기 위한 적절한 지원과 의사결정 과정에 이용자의 적극적인 참여가 강화되어야 하는 당사자주의, 당사자성을 강조한다.

구체적으로 모든 지원 계획과 서비스는 당사자의 개별적 욕구, 목표, 꿈에 맞추어 설계되며, 기관은 다양한 기회를 제공해야 한다. 최종 선택은 당사자에 의해서 이루어지며, 이러한 선택은 제공자를 선택하는 부분으로까지 확장될 수 있다. 이용자의 선택과 더불어 높은 수준의 참여를 이끌어내는 방법에는 기관 내 공식 절차에 참여하는 것, 공동 프로젝트에 참여하는 것, 대상자에서 당사자로 진화해나가는 과정을 겪기 등이 포함될 수 있다.

김사현(2019)은 시장화로 연결될 수 있는 공간을 사적이 아닌 집합적으로 공동의 이익에 기여하는, 개별적 욕구를 충족하기 위해 관련자가 동등한 권리로 참여하는 열린 공간, 투명성이 보장되는 공간, 필요한 서비스가 생산되고 소비되는 공간, 공익이 확대되는 공적 공간이 될 수 있다고 제안한다. 사회서비스에 관련된 누구라도 참여해 자신의 욕구나 이해를 개진하고 참여의 동등성을 권리로써 충분히 보장해주고 그것을 저해하는 유인이나 요소를 제거할 수 있도록 일선에 재량권을 부여하는 방안 검토를 제안하고 있다. 이를 통해 시민성이 성장할 수 있다고 보았다.

당사자성은 당사자의 구체적인 경험에서 출발하는 의식화, 주도적인 참여와 의견 공유 그리고 자신의 목소리를 반영할 수 있는 '자기결정권' 등의 요소로 결정된다고 할 수 있다. 당사자성을 실현하기 위해서는 무엇이 보장되고 강조되어야 할까. 선우은실(2022)은 당사자성에 대한 내용과 발화의 방식을 탐구하는 것이면서도 '당사자성'을 협소한 것으로 만들지 않기 위해 해당 개념을 확정되는 방향이 아닌 비-확정적으로 나아가는 방향으로 던지는 질문이어야 할 것임을 강조한다. 그렇다면 사회서비스에서 당사자성 실현을 위한 주요한 가치 기반은 무엇이어야 할까.

첫째, 공공성 가치 실현을 들 수 있다. 사회서비스는 이용자와 직접적인 대면 관계를 통해 제공되지만 그 관계는 사적인 관계가 아니라 사회적으로 합의된 혹은 승인된 가치와 규범에 의해 규제되는 관계(Bahle, 2003)라는 점, 그리고 이용자의 욕구를 사회적으로 합의된 혹은 승인된 방법과 범위 내에서 충족시켜야 한다는 점에서 규범성을 갖는다. 사회서비스가의 이러한 규범성으로 인해 사회서비스는 공공성이 강한 서비스로 이해된다.

공공성에 포함되고 있는 공익은 모두에게 관련되고 공개적이어야 한다는 것이 본질적인 조건으로 어떤 형태로든 참여의 과정을 거쳐야 한다고 강조한다. 그러나 한 가지 유의할 점은 모든 이해관계자의 참여를 통해 공익을 합의하는 것도 중요하지만 그 참여가 개인의 이해관계만을 앞세운 참여가 될 때 공익의 결정을 방해할 수도 있다는 데 주목해야 한다는 것이다.

이용자, 기관, 종사자의 당장의 이익보다 안전하고 좋은 서비스가 지속가능하도록 제공되어야 하며, 이용자·종사자·제공 기관·정부·시민이 함께 참여하고 소통하여 정책을 만드는 것이 필요하다. 정책·기관 운영·회계 투명성을 담보하고 지역사회에서 수시로 지원 및 감시가 이루어지는 자원환류체계를 만드는 것이 공공성을 담보하는 실천이라 할 수 있다(양난주, 2019). 공공성 강화를 위해 반드시 필요한 조건은 원활한 소통과 정보 공개성 향상을 위해 시민의 의견을 개방적으로 청취하려는 구조를 어떻게 확보할 것인지에 대한 검토라 할 수 있다. 이런 이유로 연대의 경제 및 사회적 목적 달성을 조직의 목표로 삼고 있는 사회적경제조직을 공급 주체로서 눈여겨보는 것은 당연하다고 할 수 있다.

둘째, 자기결정권이 존중되어야 한다. 서비스 이용자는 자신이 받는 서비스와 관련된 결정에 더 적극적인 역할을 기대하고 있고 이런 역할이 정부 정책이나 기관의 운영 방식에 반영되는 비중은 높아지고 있다. 과거에는 이용자의 욕구에 부합하는 서비스를 제공하기 위해서 서비스 제공자인 전문가가 어떻게 사정하고 서비스를 제공할지에 강조점을 두는 전문가 중심의 사고가 지배적이었다면 이제는 자기 주도, 이용자 중심과 같은 이용 당사자의 권리를 중시하는 것이 보편화되어 가고 있다. 이런 흐름은 이용자에게 자기결정권을 주는 것이 이들 스스로의 삶을 살고 유지하는 데 필요하다는 인식에 기반한다.

자기 결정과 관련된 과정에 당사자로서 참여하는 것이 자기 결정의 본질이라고 할 때 당사자 스스로 일상적인 선택을 하고, 미래를 계획할 수 있으며, 그들이 받는 서비스를 주도하고 기관과 직원을 직접 선택할 수 있어야 할 것이다. 자기 결정은 능력에 기반한 선택이 아님을 인지하고 개인의 역량 수준에 비추어 기회가 불평등하게 제공된 것은 아닌지 살펴봐야 한다. 능력과 권리는 분리해서 고려할 필요가 있으며 자기결정 능력이 부족하더라도 지원을 통해 자기결정권을 존중하는 것에 대한 고민이 필요하다. 누구나 적극적인 지원을 통해서라도 자기결정권을 존중받을 권리가 있다.

자기결정권은 일정한 결정이 내려질 때 그 어떤 상황과 조건에서도 관련 당사자의 의견과 판단을 소통하여 존중하고 반영하는 과정이 보장되어야 한다. 판단 능력이나 소통 능력이 부족하다고 해서 그러한 과정이 생략되거나 그러한 과정에서 배제되어서는 안 된다는 것이다. 이것이 바로 자기결정권이 보장되어야 하는 기본적이고 실질적인 의미이다(김도현, 2018).

셋째, 사람중심기반 실천이 지향되어야 한다. 과거 소극적인 수혜자의 지위에 있던 이용자는 다양한 자기 목소리를 내면서 자신에게 맞는 서비스를 선택하려는 강한 욕구를 표현하고 있다. 그러나 실천 현장은 변화하고 있는 당사자 욕구에 대응하는 데 어려움을 겪고 있다. 그동안의 서비스는 정해진 규격품과 같이 표준화된 서비스가 제공되었다면 사람중심지원에서의 서비스는 서비스 이용 당사자의 욕구에 기반한 맞춤 서비스 제공을 지향한다. 표준화된 서비스는 기본적으로 제공자 중심의 경직된 서비스로서 다채로운 속성을 가진 사람의 욕구를 적절히 조화하기 어려우며, 이용자 편의에는 적합하지 않다는 지적이 지속적으로 제기되어왔다.

사람중심지원은 서비스 당사자와 관련하여 그 사람이 갖고 있는 장점과 기여할 수 있는 가능성을 인정하여 자기 주도적으로 원하는 생활을 할 수 있도록 지원하는 방식이다. 이러한 실천 방식은 비슷한 관심을 가진 사람들을 연결하고, 그동안 여러 가지 이유로 배제되거나 소외된 집단을 의도적으로 육성하고, 사회적 장벽을 제거하는 일련의 활동과 함께여야 할 것이다.

노인의 경우 베이비붐 세대의 노인인구 진입으로 더 다양해지고 개별화되고 있는 돌봄욕구에 대응하기 위해서는 현재의 시설 운영의 구조와 종사자의 배치로는 한계가 있어 지역주민의 적극적인 주민참여 방식이 결합되어야 하고 시설의 부족한 자원을 지역주민의 재능과 결합시키는 자산기반접근의 실천과 공동생산 방식도 활용할 수 있을 것이다. 즉 제도적 측면에서 향후에도 지속적으로 증가할 것으로 예측되는 사회서비스 진영에 사회적경제가 담고 있는 그리고 지향하는 운동성과 가치, 철학을 이식하는 방식에 집중해보는 것은 어떨까.

4. 우리의 노력: 사회적경제의 가치와 철학, 운영 원리의 적용

한국 사회에서 사회적경제의 원리와 방식으로 추동되는 다양한 시도는 꽤 오래전부터 진행되었다. 소규모 조직의 운영 리스크를 줄이기 위해 스스로 재정 지원의 활로를 찾았던 신용협동조합이나, 안전한 먹거리에 대한 욕구와 생산자와의 상생의 가치를 실현하기 위해 뭉친 소비자생협, 가난한 사람들 스스로의 건강 지킴이를 자처하는 의료생협, 노동자 중심의 생산공동체활동 등이 그것이다.

지금과 같은 법과 제도가 없던 시절에 자신 말고는 기댈 곳이 없음을 잘 알았던 사람들의 결사체였다. 이렇듯 사회적경제 특성은 협동 혹은 연대를 통해 공공 이익을 추구하고 지역 발전에 기여하는 공동체 자본주의의 가치 철학이라 말한다. 이러한 가치에 기반한 사회적경제의 장점 내지 특성은 호혜와 연대를 통해 자본이 아닌 사람의 가치에 관심을 가지며, 공동체와 지역 발전에 기여를 한다.

사회서비스는 국민생활보장을 위한 사회서비스 확충 및 일자리 창출을 위한 사회서비스 산업 육성이라는 두 가지 정책 목표를 추구했다는 점에서 사회적경제조직 등장과의 관계를 확인시켜준다. 사회적기업을 필두로 하는 초창기 사회적경제가 일자리 창출 일환으로 정책적으로 도입되면서 고용과 취약계층의 노동통합 등이 강조된 측면이 있다. 특히 자활에 참여하는 자활 참여자가 취약계층을 위한 서비스 제공자로 일자리에 참여하는 방식 등이 그것이다. 사업 분야로 어린이집, 유아돌봄, 요양시설, 방문요양, 보호작업장 운영 등 취약자의 고용과 돌봄서비스를 중심으로 한 사회서비스 제공이 증가하고 있다.

대인사회서비스는 노인장기요양과 보육이 주를 이루는데 그중 노인장기요양의 경우 개인 사업자가 높은 비중을 차지함에 따라 사회서비스 품질 제고를 위해 제공 기관의 책임성과 안정성이 강화되는 방향으로의 고민이 필요한 상황이나. 사회서비스 고도화와 혁신생태계 조성을 위해 사회서비스를 제공하는 사회적경제조직의 적극적인 활용에도 관심이 몰리고 있다. 이와 함께 사회적경제조직에 요구되는 사회적 가치 실현에 대한 척도가 전통적 사회복지시설에게도 요구되는 시대가 도래하고 있다. 사회복지사는 시대상이 반영된 제도의 급속한 변화를 충분한 성숙과 내재화를 위한 준비 기간 없이 받아들여야만 하는 상황에 직면하고 있고 이전의 익숙했던 방식으로는 변화하고 있는 환경에 대한 적응이 곧 새로운 도전이 될 수 있다.

주변에서 흔히 볼 수 있는 여러 다양한 사회문제는 어떻게 바라보고 접근하느냐에 따라 해결 방식도 달라진다. 즉 관점을 변화시키는 노력이 가장 우선되어야 할 것이다. 당사자성 실현을 위해 우선적으로 고립된 상태를 벗어나 함께 머물 공간, '곁'을 내어줄 필요가 있다. 당사자가 상호 소통하지 못하고 '이해받지 못한 상태'에만 머문다면, 결국 당사자성을 구성할 개인적인 체험은 공유되지 못하고 문제화되지 못할 것이다. 이러한 측면에서 사회적경제 조직의 자발성과 자율성 그리고 지역사회 조직 간의 유기적인 연대 활동은 꽤 긍정적인 측면으로 볼 수 있다.

사회적경제는 시민사회의 호혜성과 공공성을 담보하고 지역주민의 공동체를 기반으로 사회서비스 욕구를 개발하고 전달하는 기능을 수행하며 취업 취약계층에게 일자리와 사회서비스를 제공하는 역할을 하고 있다. 사회적경제가 운영되고 있는 몇 가지 원리 중 지역을 기반으로 지역주민에게 필요한 서비스를 발굴하고 제공하는 지역공동체 지향성을 갖는다는 점, 민주적 조직 원리에 기초하여 참여자의 공동의 목적을 추구하고 지역주민이 서비스 수혜자를 넘어 적극적 참여자로 조직의 운영에 관심을 기울이며 공동체 형성에 기여한다는 점은 상당히 매력적이다.

당사자의 삶을 당사자의 의지대로 살 수 있도록 한다는 것은 사람과 사람의 관계에서 그 사람이 살고 있는 곳에서 다른 사람과 협력하면서 함께 살아갈 수 있는 방법을 모색하는 것이며 당사자의 참여가 용이해질 수 있도록 연결 고리를 만들어주는 작업을 해야 한다. 자연스러운 삶과 거리가 있는 인위적인 서비스는 이용자에게 부적절함과 억압으로 경험되는데, 이는 지역사회 활동 참여가 서비스에 포함되도록 함으로써 개선될 수 있을 것이다.

노인과 장애인, 경력단절 여성, 노숙인, 자활 주민 등은 지역문제 해결을 위한 사회적경제활동 참여를 통해 역량이 강화되고, 이러한 당사자성의 변화는 시민성을 확인하는 과정으로 나타날 수 있다. 사회적경제가 공생과 호혜 및 협동의 가치 체계에 기반한 인간을 중심에 두는 살림살이의 경제로 나아가겠다는 가치 지향적인 실천 활동이라고 했을 때 인간 존엄성 기반 위에 서비스 실천이 이루어질 수 있도록 사회적경제의 가치와 철학이 사회서비스 진영에 온전히 조우되기를 기대하는 이유다.

참고문헌

김도현. 2018. 「발달장애인의 자기결정권을 다시 생각한다」. 권익옹호활동가 양성교육자료, 63~72쪽.

김사현. 2019. 「사회복지 공공성: 새로운 공공성 담론을 통해 본 복지정치」. 2019 사회정책연합학술대회 발표자료.

김영종. 2017. 『한국의 사회서비스 정책 및 실천』. 학지사.

김영종. 2012. 「한국 사회서비스 공급체계의 역사적 경로와 쟁점, 개선방향」. ≪보건사회연구≫, 32(2): 41~76.

김용득·김동기·이동석·이복실·황인매·김효정. 2018. 「장애인등급제 폐지 등 환경변화에 따른 장애인복지관 기능과 구조의 재정립」. 한국장애인복지관협회.

김용득·황인매. 2013. 「사회(복지)서비스 주체들의 추동과 전망: 이용자, 종사자, 제공기관, 정부의 지향성을 중심으로」. ≪한국사회복지행정학≫, 15(1): 139~167.

선우은실. 2021. 「우리가 우리의 문제에 대해 말할 때 필요한 것: '당사자성'을 중심으로」. ≪문학들≫, 64, 39~56쪽.

양난주. 2019. 「사회서비스 제공기관에서의 공공성 확보 방안: 참여적 정책기획 및 자원환류체계 구축」. ≪한국사회복지행정학≫, 23(2): 1~25.

Bahle, T. 2003. "The Changing Institutionalization of Social Services in England and Wales, Franceand andGermany: Is the Welfare State on the Retreat?" *Journal of European Social Policy*, 13(1).

Laville, J. L. and M. Nyssens. 2001. 18 The social enterprise Towards a theorteical socio-economic approach.

Weiner, M. 1990. *Human Servics Management: Analysts and Applications* (2nd). Belmont, CA: Wadsworth Publishing.

2부
사회적경제로 사회복지 하기

6장

자활사업과 사회적경제

사회복지의 꽃 자활사업은 사회적경제로 피어난다

박동옥 (부천나눔지역자활센터 센터장)

자활사업과의 인연을 돌아보니 1987년 7~9월의 노동자대투쟁 시기 노동조합 결성과 폐업 철회를 위한 투쟁들이 떠오른다. 내 직장에서도 사업주의 일방적 횡포에 맞서 노동조합을 결성하고 노사협상을 성공석으로 이끌어냈있다. 핵심 조합원으로 활동했던 나는 조합원들과 함께 부당노동행위 없는 평화로운 직장 생활을 꿈꾸었는데 편안한 명절 연휴를 보내고 출근한 조합원들 앞에 펼쳐진 광경은 회사의 굳게 닫힌 문과 폐업 공고였으니, 사업주가 명절 연휴를 이용해서 기습적으로 (위장)폐업을 해치운 것이었다. 망연자실했던 조합원들의 분노가 폭발하면서 위장폐업철회 투쟁에 돌입했고, 여기에 시민사회와 노동조합이 대거 결합하며 사회적 이슈로 부각되었다.

최장 기간(55일)의 철야농성 기록을 세운 이 투쟁은 수많은 노동조합이 연대하면서 이후 서울지역노동조합협의회의 출범(1988년 5월)으로 이어졌다. 그뿐만 아니라 개인적으로 이 경험은 이후 내가 삶의 기로에 설 때마다 중심을 잡아주고 지속적인 활동을 가능케 한 밑거름이 되었다. 투쟁 과정에서 우리를 헌신적으로 지원했던 여성노동자회를 만나고 그로 인해 다시 자활사업을 만난 것이 그 중요한 부분이다.

1. 여성노동자회와 자활사업을 만나다

내가 만난 여성노동자회의 활동가들은 취약한 여성노동자를 지원하는 일을 사명으로 여기고, 어려움을 겪고 있는 사업장의 여성노동자가 도움을 청하면 언제 어디라도 달려가는 모습이었다. 여성노동자가 사업주의 부당한 처우에 맞서 노동조합을 결성하고 투쟁할 수 있도록 지원하며 헌신하던 이들의 모습은 앞으로 내가 걸어가야 할 길을 안내하는 것 같았다. 이후 나는 여성노동자회 회원 활동을 통해 사회를 보는 관점을 새로이 정립해나가게 된다.

여성노동자회는 1987년 3월에 창립하여 열악한 사업장 여성노동자의 노동조합 설립과 권익 확보를 지원하는 사업을 전개했다. "일하는 여성의 손과 지혜가 미치는 곳에 무한한 생명력이, 일하는 여성의 힘찬 함성이 있는 곳에 눈부신 사회의 발전이 이루어진다"는 기치 아래, 일하는 여성의 "고용안정", "차별임금 철폐 및 동일노동 동일임금 확보", "모성보호"를 위해 노력했다. 이러한 활동이 자활사업으로 연결된 것은 1997년 말에 발발한 IMF 경제위기가 중요한 계기였다.

경제위기는 가뜩이나 힘겨운 삶을 살아가던 가난한 여성을 가장 먼저 실업과 빈곤의 나락으로 떨어뜨렸다. 여성노동자회에서는 여성 대량 실업사태의 해법을 찾기 위하여 "여성실업대책본부"를 출범시켰다. 여성가장의 실직 문제를 사회 이슈화하고 정부에 여성실업에 대한 대책을 요구했고, 자조조직으로 실직여성 상조회를 조직하는 활동을 전개했다. 내가 일하고 있던 부천지역에서도 부천여성노동자회와 실업극복시민운동본부(현 사단법인 일과사람) 등 시민사회단체가 연대하여 실업극복운동을 전개했다. 나는 부천여성노동자회의 실무자로 부천지역의 실직여성과 이혼과 사별, 배우자의 실직으로 실질적인 가장이 된 여성을 상담하고 이들을 위한 직업훈련과 구직 활동을 지원했다.

경제위기 속에서 1998년에 출범한 김대중 대통령의 '국민의정부'는 1999년 '국민기초생활보장법'을 제정했는데 저소득 취약계층의 자활자립을 지원하는 자활사업의 제도화는 그 중요한 일부였다. 가난한 지역주민을 지원하는 일은 여성노동자회 등 시민사회조직이 그동안 활동비도 제대로 못 받고 장시간 노동으로 헌신했던 일이었다. "우리가 하고 싶은 일을 하면서 사업비까지 받을 수 있다니, 이는 참으로 가슴 뛰는 일"이라며 당시 활동가들은 소감을 나눴었다.

1996년 전국 5개소의 자활지원센터 시범사업 이후, 2000년 보건복지부에서는 자활후견기관을 위탁받을 수행기관을 공모했다. 부천여성노동자회는 여성특화 자활후견기관 사업계획서를 제출했고 2000년 8월, 보건복지부로부터 (부천)나눔자활후견기관을 지정받았다. 가난한 실직여성 및 여성가장 지원 사업, 특히 돌봄 영역에서 공동 창업과 취업 지원을 해오던 경험이 바탕이 된 것이었다. 모법인인 여성노동자회에서 이미 진행해왔던 취약계층 여성의 직업훈련, 돌봄 영역 일자리 창출과 자활공동체형성 사업이 후견기관 지정 이후 공식적인 자활사업으로 이어졌다. 우리는 자활사업을 통하여 가난한 여성이 사회의 구성원으로 당당하게 살아갈 수 있도록 지원하는 것을 중심 목표로 했다. 2007년에 자활후견기관은 지역자활센터로 명칭이 변경되었다.

여성노동자회에서 실무를 지원했던 나는 2000년 10월부터 자활후견기관의 총무, 사례관리, 자활사업 담당 등의 역할을 수행하게 되었다. 사례관리와 함께 자활근로사업을 진행하며 자활공동체를 만들고 사회적경제조직으로 지속가능할 수 있도록 지원하는 실무자의 역할은 사회복지와 자활사업은 물론 사회적경제에 대한 포괄적인 학습 욕구를 불러왔지만 실무 일을 하면서 늘 부족한 시간으로 대학원 공부는 엄두를 못 냈다. 그러다가 2010년 둘째 아이가 기숙학교에 입학하며 센터장 역할을 맡은 하반기에 드디어 성공회대학교 시민사회복지대학원 사회적기업 석사과정에 입학했다.

주경야독을 해내야 하는 체력적 부담과 세월 속에서 굳어가는 머리, 일과 가정과 학습의 병행에서 오는 피로감을 극복해야 하는 난이도가 보통이 아니었지만 사회복지와 사회적경제조직 현장에서 일하면서 나와 비슷한 고민으로 모여든 16기 동기생과 서로 격려하면서, 그리고 권위적이지 않은 교수님들의 도움으로 과제와 토론, 국내연수 작업 등을 무난히 치러냈다. 시민사회복지대학원 학우들과의 인연은 일하는 현장과 삶 속에서 계속 이어지고 있는 중이다.

2. 부천지역에서 자활사업을 열다

1) 참여주민에게 자활의 의미는?

자활사업은 참여주민이 심리적·사회적·경제적인 자활을 통하여 건강한 삶을 살아갈 수 있도록 꾸준히 돕는 것을 목표로 하고 있다. 자활사업 참여주민의 일자리 제공과 사례관리가 중요한 수단이다. 자활사업에 참여하는 주민은 처음에 입문(게이트웨이) 과정을 거치게 되는데 게이트 과정은 실무자가 한 분 한 분 살아온 삶의 이야기를 들으며 이들에게 도움이 되는 지원 방법을 계획하는 '자활사정'의 시간으로 참여주민과 자활센터가 서로를 알아가는 과정이기도 하다.

다양한 참여주민 중 대다수는 어린 시절부터 가난의 늪에서 보호받지 못한 채 살아오면서 생긴 피해 의식으로 관계 형성의 어려움을 갖고 있다. 하지만 고학력에 번듯한 직장 생활의 경험을 갖거나 사업가로서 큰돈도 벌어봤고 또 중산층 이상의 생활을 했던 사람도 우여곡절 끝에 수급자가 되어 자활센터를

〈그림 6-1〉 자활사업 참여 흐름도

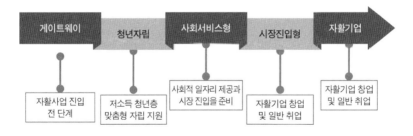

찾게 되기도 한다. 다양한 참여주민의 삶의 여정과 만나면서 실무자는 인생을 배운다.

2020년 12월에 만난 한 참여주민은 동남아에서 중식, 일식집을 크게 운영했던 CEO로 본인을 소개했다. 갑자기 들이닥친 코로나19로 평생을 바쳐 일궈온 사업체를 모두 잃고 절망한 채 한국행 비행기를 탔는데, '자활'이 있어서 다시 살아갈 용기를 얻었고 너무나 감사하다고 했다. 이 분은 노년기(55년생)에 접어든 나이에 모든 재산을 잃고 그 충격으로 병을 얻은 부인을 보살피면서도 "자활에서 다시 시작하면 되겠다"고 했고 그 말씀을 실천했다. 편의점사업으로 1년 동안 일하면서 "다시 일어날 힘을 얻었다"고 했고 LH 임대주택으로 주거가 안정되고 경비로 취업을 해서는 박카스를 사들고 와서 감사의 안부를 전했다.

자활센터는 참여주민의 자활을 위해 사례관리를 진행한다. 자활사례관리는 참여주민이 자활사업에 참여하는 동안 자활을 위해 필요한 역량을 갖추고 자신감을 회복하여 살아갈 희망을 갖게 돕는 일로 취·창업 이후에도 지속가능할 수 있도록 사후관리를 진행한다.

2) 돌봄사업을 특화하다

나눔자활의 모법인인 여성노동자회는 2000년 7월부터 10월까지 부천지역의 시민사회단체와 함께 지역자활지원계획 수립을 위한 워크숍, 부천지역 저소득층 생활실태 조사, 국민기초생활보장 부천 추진연대 발족 그리고 기초생활보장 관련 조례 제정을 위한 공청회를 여는 등 활발한 활동을 전개했다. 2001년에는 부천지역 시민사회단체 공동 행사로 '부천지역 지도층의 저소득 가정 간병자원봉사 체험 릴레이'와 '일자리 창출과 사회연대를 위한 자활 한마당'을 개최하는 등 지역사회의 관심을 이끌어내기 위한 노력도 기울였다. 이러한 시민사회단체의 연대는 부천지역 자활사업이 선도적 역할을 수행하는 데 큰 도움이 되었다.

초창기 자활사업은 5대 표준화 사업, 즉 간병, 집수리, 청소, 폐자원재활용, 음식물재활용 사업을 중심으로 센터별 특성에 맞는 자활근로사업을 추가해나가는 방향으로 진행되었다. 부천지역에서는 3개 자활센터가 5대 표준화 사업 영역을 분담하여 나눔자활은 돌봄, 원미자활은 청소, 소사자활은 집수리 영역을 맡아 사업 중복을 피하고 센터별로 특화하고 집중했다. 나눔자활이 돌봄사업을 특화한 것은 여성노동자회 법인에서 IMF 이후 빈곤여성의 돌봄 관련 일자리를 만들었던 것을 기반으로 한 것이었다. 나눔자활은 돌봄 영역을 재가와 병원, 두 축으로 나누어 진행하면서 가사보육, 산모신생아돌봄서비스도 함께 진행했다.

재가사업에서는 참여주민이 돌봄 전문가로 성장할 수 있도록 지원하면서, 지역의 어르신 수요 조사를 수행하는 등 돌봄 시스템의 제도화에 대비했다. 병원사업은 저소득 취약계층에게 무료간병을 지원하는 복지간병사업과 유료간병사업을 포괄했고, 성모병원과 순천향병원 등 부천지역을 중심으로 인근 지역 병원까지 확대하여 간병협회를 조직했다. 개인간병과 공동간병을 합하여 연간 500여 명(2007년 사업보고서)의 간병사가 활동했다. 간병사는 매월 전문간병교육을 실시했는데, 공동 간병실로 운영했던 노인전문병원의 실습을 거쳐 전문 간병사로서 일하게 했다. 또한 정기 월례회의로 소통하며 간병 현장의 문제를 해결해나갔다.

가사보육서비스 사업에는 협회원 100여 명이 활동했다. 여성노동자회가 중심이 되어 조직한 가사·돌봄 노동을 하는 여성의 경제적 공동체인 '전국가정관리사협회'(2004년 창립)는 2013년 '한국돌봄협동조합협의회'라는 전국 조직의 형성 과정에 주요 구성원으로 참여하여 활동했다.

3) 자활사례관리에 힘쓰다

여성노동자회와 나눔자활은 초창기부터 사례관리에 특별한 관심을 기울였다. 모법인 여성노동자회와 산하 자활기관 실무자가 함께 사례회의를 진행하면서 참여주민과 정기적으로 만나 소통했다. 그 결과, 참여주민이 공통적으로 자녀양육과 가족돌봄의 부담, 그리고 이로 인한 체력의 한계와 심리적 불안정 등의 문제를 안고 있음을 확인할 수 있었다. 이렇게 자활을 저해하는 환경적 요인을 해소할 수 있는 자원을 찾아 연계하는 것이 이들의 좌절을 극복할 수 있는 중요한 과제였고 사례관리는 이를 위한 유력한 도구였다. 사례관리는 참여주민과 센터가 신뢰관계를 형성하는 데 도움이 되었으며 주민은 자활센터를 "기댈 수 있는 친정 같은 곳"이라고 했다.

2001년에 모법인과 산하 7개 자활후견기관(부천나눔, 인천부평, 부산북구, 안산양지, 서울구로쉼터, 마산희망, 광주서구)은 '저소득층 여성의 사례관리를 통한 여성자활모형 개발'이라는 공동사업을 진행했고, '사례관리를 통한 빈곤여성의 자립자활 지원과 자활방안 모색을 위한 work-shop'도 진행했다. 국가인권위원회에서 개최한 워크숍에는 100여 명의 종사자가 참여하여, 자활사업은 다양한 어려움을 가지고 있는 참여주민의 특성에 맞는 개인맞춤 사례관리가 적용되어야 할 중요한 사업임을 확인했다. 당시 참여자들은 눈물을 쏟아내며 가슴에 쌓인 응어리를 마음껏 얘기할 수 있는 것만으로도 후련하다고 했다. 실질적 여성가장 역할을 하고 있는 11명에 대한 사례관리를 진행하던 내게는 연계할 수 있는 자원의 부재가 가장 안타까운 현실로 다가왔다.

자활사업 초창기부터 사례관리 전담자의 필요성을 주장해왔지만, 나눔자활은 2018년에야 보건복지부의 자활사례관리 사업센터 공모에 선정되면서 2019년부터 전담자를 확보한 사례관리 팀을 구성할 수 있었다. 사례관리 팀의 구성은 보다 체계적이며 일관성과 지속성을 담보한 참여자 중심의 사례관리를 가능하게 했다. 나눔자활센터의 사례관리는 참여자가 원하는 삶을 찾고, 스스로 선택한 삶이 행복할 수 있도록 돕고 있다.

4) 재가돌봄사업의 전문화와 제도화에 대비하다

자활사업 2년차를 맞이했던 2002년에는 지역 내 자활지원 체계 인프라가 안정적으로 유지되고 민관협력 체계가 효율적으로 운영됨으로써, 부천시의 자활사업이 전국적으로 알려지고, 지방자치단체의 자랑거리가 되었다. 그리고 2007년 도입이 예정된 노인장기요양보험사업은 돌봄사업을 제도화하는 획기적인 변화로 예견되었는데 이를 위한 준비가 중요한 과제로 부각되었다.

나눔자활센터는 돌봄과 관련하여 그동안 수행해왔던 모든 성과와 결실을 집중하여 보다 전문성을 높이고 제도화에 대비하는 노력을 경주했다. 자활근로사업으로서의 돌봄사업은 2001년에 시작했는데, 2003년에는 재가복지간병 자활근로사업으로 확대했다. 부천시로부터 노인무료도시락사업을 위탁받아 음식사업단에서 제조한 도시락을 재가복지간병사업과 연계하여 배송하면서 부천지역 노인돌봄사업의 영역을 체계화하는 시스템도 만들어갔다.

2004년에는 가사·간병 방문서비스사업 제공기관 지정으로 복권기금 지원사업을 적극 유치하여 차차상위까지 일자리를 확대하면서 부천시 전 지역(3개 구, 36개 동)으로 기점 공간을 확보하고 전체 어르신 현황을 조사하여 사업 간 협력이 가능한 효율적인 돌봄 시스템을 구축했다. 2005년에는 노인간병지원센터 지정을 받아 고령화 시대를 본격적으로 준비했다. 시장형 가사간병사업단과 함께, 복권기금사업과 노인돌보미 바우처사업을 유치하여 2006년 홈닥터가정돌보미사업단, 2007년 노인생활지원서비스사업단을 운영했고, 2008년에는 재가장기요양기관을 공식적으로 설립하고, 가사간병 방문도우미 바우처사업을 수행하는 등 재가돌봄사업의 영역을 확고히 했다.

5) 공공시설 위탁 철회의 쓰린 경험

2002년 짚풀공예사업단에서 공동체를 창립했다. 짚풀공예사업단은 부천시에서 운영하는 농경유물전시관 초가집에 입주하여 시설관리와 짚풀공예 시연행사를 개최했다. 당시 개량한복을 입은 짚풀공예공동체 참여주민들의 우아한 자태와 미소는 농경유물전시관의 초가집과 어우러지며 나눔자활사업이 피워낸 꽃으로 보였다. 유치원, 어린이집, 초등학생과 일반 시민에게 짚풀공예 작품을 지도하며 환하게 웃었던 주민들의 모습에서 평화롭고 행복한 일터를 느꼈다. 주민들은 이 초가집을 근간으로 자활공동체를 설립했는데 이후 부천시의 계획 변경으로 초가집을 내주어야 했기에 공동체사업은 위태해졌다. 이에 주민들은 프리랜서 강사로 활동하며 모든 지원과 보고에서 자유로운 독립공동체를 선언했지만 안정된 일터가 없어진 것은 수익 구조의 불안정으로 이어졌다.

비슷한 사례로, 세차사업단에서 창업한 세차공동체는 부천시청 주차장 두 칸을 배정받아 영업을 했다. 부천시의 협조로 안정적 일자리가 만들어졌다는 기쁨은 잠시였다. 동종 업종의 민원이 발생해 사업을 철수해달라는 부천시의 요청에 직면하면서 참여주민들이 세차사업을 이탈하기 시작했고 이후 공동체를 접어야 하는 상황으로 몰리게 되었다.

두 번의 공공시설 위탁과 철수의 과정을 겪으면서 위탁받은 공공시설은 위탁을 유지할 수 없게 되었을 때 사업의 위기로 다가온다는 것을 깨달았으며, 이후 공공시설 위탁은 자활근로사업으로 진행하고 있다.

6) 자활사업 실무자의 애환

실무자의 입장에서 자활사업은 시민사회단체에서 활동하던 경험을 바탕으로 사람에 대한 애정으로 진행하는 일이었다. 국비, 도비, 시비 지원으로 보조금 100%를 받는 자활사업은 자활사업 지침에 어긋남 없이 사업을 해야 했다. 예산을 수립하고, 집행에 따른 행정업무를 처리하고, 참여주민을 만나면서 새로운 사업을 만들어가기에 하루 24시간이 부족했다. 이러한 상황에 맞추어 다양한 능력을 두루 갖춘 실무 인력의 확보가 제일 중요한 과제였지만, 열악한 실무자들의 처우는 늘 걸림돌로 작용했다.

자활사업은 하면 할수록 일이 만들어진다. 경력이 쌓이고 승진이 되면 좀 편해지는 것이 일반적인 직장생활이라면 자활사업은 햇수가 늘수록 더 많은 일들을 해내야 했다. 늘 처음처럼 주 5일 야근을 하고 주말 근무도 다반사인 것이 일상이었다. 하지만 힘든 줄도 시간 가는 줄도 모르고 밤낮 없이 힘을 내어 사업에 임했던 시간들이었다. 신나고 즐겁게 때로는 아프고 힘겹게 뒤돌아볼 틈 없이 앞만 보고 전진했던 자활사업 속에서 실무자들도 스스로의 자활을 자연스레 만들고 있었다.

3. 나눔자활의 결실: 사회적기업과 주민조직

자활사업은 도움이 필요한 참여주민에게 자활근로사업을 통해 일자리를 제공하는 것으로 시작하여 의지와 능력이 있는 참여자를 자활공동체로 묶어내고, 보다 지속가능한 사업을 영위하도록 사회적기업 인증을 받는 것을 대략적인 목표로 한다. 2007년 시행된 '사회적기업육성법'에 규정된 사회적기업은 자립적인 운영이 가능하면서 사회적 목적을 추구하는 사업체를 의미한다. 부천나눔지역자활센터를 통해 그동안 창출된 사회적경제조직과 주민조직을 대표적인 성과로 제시해보고자 한다. 물론 지난 20년 세월 동안 이룩한, 겉으로 드러내기는 쉽지 않지만 참여주민과 실무자의 가슴에 쌓인 보이지 않는 성과에 비하면 이는 빙산의 일각이라 표현해도 좋지 않을까 생각한다.

1) (주)행복도시락: 음식사업단에서 탄생한 사회적기업

'음식사업단'은 2001년부터 시작했는데, 2003년 부천시로부터 노인무료도시락사업, 2005년 결식아동도시락 지원사업을 위탁받았다. 2006년에는 SK재단, 실업극복국민재단, 경기도, 부천시의 다각적인 지원을 받아 '행복을 나누는 도시락 부천점'을 개소했는데, 결식이웃을 지원하던 소박한 도시락 급식센터가 한국식품안전관리인증원(HACCP)의 인증을 받은 시설로 거듭 태어나게 된 것이다. 행복도시락은 2008년 자활공동체를 거쳐 부천지역 최초로 사회적기업 인증을 받았다. 물론 '사회적기업육성법'에 따른 인증제도 이전에도 자활공동체는 '사회적기업'이라는 명칭을 사용했지만, 고용노동부의 사회적기업 인증 이후 컨설팅, 전문인력, 사회보험료 등을 지원받아 사업을 발전시켜 나갈 수 있었다.

하지만 (주)행복도시락은 자활근로사업장으로 자리 잡았던 부천 상동의 작업장을 갑작스럽게 비워야 하는 상황에 직면했다. 우여곡절 끝에 고강동 차고지를 새 작업장으로 마련하게 되었고, 새벽 5시에 출근하여 버스 기사님들의 3끼 식사를 수발하며 갖은 고난과 어려움을 겪었다. 3년 동안의 차고지 작업장 경험은 행복도시락을 더 단단하게 만들어주었다. 이후 사업장을 소사동으로 이전하면서 그동안 점차 축소되어왔던 결식아동지원 도시락사업을 대체할 사업을 발굴하기 위해 노력했다. 당시 박명혜 대표를 위시한 구성원의 헌신으로 지역아동센터와 돌봄학교 등은 물론 예비군 도시락과 고등학교 급식 영역까지 사업을 확대할 수 있었고, 부천시로부터 영상문화단지 내 "행복한 밥상" 식당을 위탁받기도 했다. 사회적기업 (주)행복도시락은 2010년 창립한 부천시 사회적기업협의회의 주춧돌 역할을 했으며 부천지역 사회적경제 조직의 연대와 협업을 이끌어내는 데 중심이 되었다.

2) (주)나눔과돌봄: 재가돌봄사업단에서 탄생한 사회적기업

앞에서 언급한 대로 나눔지역자활센터는 여성노동자회의 사업을 이어받아 돌봄사업을 특화 영역으로 설정하고 전문성을 높이고 장기요양 제도화에 대비하는 노력을 경주했다. 재가돌봄과 병원, 가사, 산모신생아 사업 등 돌봄 전문사업의 일자리를 확대해나갔다. 특히 재가사업은 돌봄사업 제도화에 대비하여 자활사업 초장기부터 준비했던 사업으로 부천시 전 지역의 경로당을 거점으로 시스템을 구축하기도 했다. 당시 부천지역의 참여주민들은 부천의 3개 자활센터를 비교하며 가장 힘들게 일한다고 소문이 난 나눔자활을 피하려는 경향도 있었다고 한다.

2007년 '노인장기요양보험법'이 제정되면서 센터에서는 부천나눔 재가장기요양기관을 설립했고, 이어서 2009년에는 (주)나눔과돌봄을 설립하여(초대 대표 박태연, 현 대표 김경옥) 사회적기업 인증을 받았다. 2010년에는 가사간병

바우처, 노인돌보미 바우처, 재가장기요양기관 등 나눔자활에서 운영했던 모든 재가사업을 (주)나눔과돌봄으로 이관하여 분리 독립시켰다. 사회적기업 (주)나눔과돌봄은 2009년 독립 당시 100여 명 정도였던 고용인력이 2017년에 이르러 3배가 넘는 300명 이상으로 발전하면서, 행복도시락과 함께 부천시 사회적기업협의회 설립의 주체가 되었다. 현재 노인돌봄 분야 전국 최고의 사회적경제조직으로 활발하게 활동을 펼치고 있다고 자부한다.

3) 희망나눔(사협)과 요양원 사업

돌봄분야의 일자리는 크게 재가간병과 가사지원 그리고 병원간병으로 대별되는데, 재가간병 영역은 장기요양보험제도 도입으로 공식적인 일자리가 되었다. 보험제도상 요양보호사가 국가자격증을 받게 된 것이었다. 센터에서는 비공식 분야로 남아 있던 병원환자 간병과 가사영역 자활근로사업에서도 자활기업을 창업하는 노력을 경수했다.

2007년 시장 진입형으로 운영한 나눔가사보육사업단에서 2010년 나눔가사보육공동체를 창립한 후, 모든 비공식부분 돌봄사업을 통합하겠다는 계획으로 (주)희망나눔 자활공동체를 설립했다. 2012년의 '협동조합기본법' 제정 이전에는 법인으로 창업하는 자활공동체의 조직 형태가 주식회사 또는 유한회사가 거의 전부였기 때문에 주식회사로 설립했고, 2011년에는 부대시설로 '행복을 여는 편안한 우리 집, ○○요양원'을 개원하고 예비사회적기업으로 인증받았다. (주)희망나눔이 자활기업이자 (예비)사회적기업이 된 것이었다.

○○요양원은 비공식 분야 돌봄자활사업 10년의 결실로서 전국 250개 자활센터 중 최초의 노인요양시설이다. 자활공동체와 센터에서는 어르신들의 편안한 삶터를 만들기 위하여 부천시 전 지역을 돌아보며 공간을 알아보고 설립을 준비하는 논의를 거듭했다. 설립 이후 어르신들을 모시면서 날마다 사건

사고가 발생하는 요양원에서 공동체 구성원은 살얼음판을 걷는 심정으로 어르신들의 안위를 보살폈다. 모두가 한마음으로 어르신들에게 정성을 쏟은 결과 개원 1년이 지나면서 어르신들이 입소를 대기할 정도로 입소문이 났다. 구성원이 헌신적으로 노력하고 온 마음을 다해 요양원을 꾸려나간 결과였다. 2012년에 보건복지부는 자활공동체라는 명칭을 자활기업으로 변경하면서 사업체로서의 성격을 더욱 명확히 했다.

희망나눔 자활공동체는 2013년에 드디어 사회적기업 인증을 받았다. 이로 인해 (주)희망나눔은 한 단계 업그레이드된 것뿐만 아니라, 비공식 돌봄노동자들을 정규직 노동자로 전환하는 염원도 동시에 실현했다. 이때까지 산모신생아돌봄사업과 가사보육서비스사업 그리고 병원환자간병사업에 종사하던 돌봄노동자들은 비공식 노동자였다.

2015년에는 요양원 옆 공간을 확보하여 주야간보호센터를 설립했고, 2019년에는 기존에 창립한 2개의 돌봄공동체(2008년 나눔간병, 2011년 희망간병)를 통합하여 규모를 확대했다. 이제 (주)희망나눔 자활기업은 아가마지 산모신생아사업, 가사보육돌봄사업, 병원환자간병사업, 노인요양원, 주야간보호센터

〈그림 6-2〉

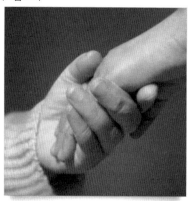

사랑 신뢰 정직

돌봄통합법인
희망나눔사회적협동조합

사회적기업 희망나눔사회적협동조합은
갓 태어난 갓난아기부터 임종을 앞둔 어르신까지
요람에서 무덤까지 통합 돌봄서비스를 하고 있습니다.
부천나눔지역자활센터 자활공동체사업의 결정체로
체계적인 돌봄서비스를 제공하고 있으며
인간존중 가치를 실현합니다.

자료: 희망나눔사회적협동조합 홈페이지(https://heemang.biz/).

등을 포괄하면서 "요람에서 무덤까지" 통합돌봄을 실천하게 되었다. 희망나눔 자활기업은 자활근로참여자의 정규식 취업처가 되었고, 자활센터와 공동으로 사례관리를 진행하고 있다. 2017년에 (주)희망나눔은 비영리 사회적협동조합(이하 사협)으로 조직 전환을 했고, 2018년 착한기업으로 선정되었다. 공적 지원을 받아 자활사업으로 일궈낸 취약계층돌봄일자리사업이 지역사회에 확고한 위치를 갖는 사회적경제조직으로 정착한 것이다.

4) 행복나눔유통(사협): 택배사업단에서 탄생한 사회적기업

제도화된 재가사업의 분리독립 이후 나눔자활센터는 2010년부터 새로운 자활사업 아이템으로 저소득가정학습도우미사업과 아파트거점택배사업을 위한 인큐베이팅을 시작했다. 후자의 경우 부천시 중동에 위치한 센터 사무실 인근 아파트를 섭외하여 거점택배공간을 만들고 개소식까지 했는데 아파트 주민 간의 갈등으로 공간 셋팅 후 바로 공간을 없애야 하는 어처구니없는 상황이 벌어졌다. 이에 참여주민들과 센터에서는 '이 없으면 잇몸' 정신으로 공간 없이 발로 뛰는 택배를 했다. 인큐베이팅 사업에서 시작해서 사회서비스형 행복나눔 택배사업단을 출범시키고 시장형 사업으로 유통사업단을 만들어 아파트 거점택배를 하던 중 2011년에 나눔자활센터가 정부양곡배송 2차 수행기관으로 선정되었다. 정부양곡배송사업은 2012년 행복나눔유통 자활기업 창업의 밑바탕이 되었다.

자활기업 행복나눔유통의 구성원들은 정부양곡배송사업을 수행하면서 3자물류사업으로 영역을 확대하기 위해 물류창고를 임차했다. 구성원들이 자활근로과정에서 적립해서 창업 시 개인별 목돈으로 지급받은 자금을 보증금으로 투자하여 넓은 창고 공간을 임차했다. 돌다리도 두들기며 건너는 심정으로 조심하던 자활센터와 달리 참여주민들은 과감하고 신속하게 공간을 계약했는데, 높은 월세에다 3자물류사업이 지지부진하면서 투입한 보증금을 소진하는 상황이 되었다. 이미 자금손실 감수에 대한 날인까지 했지만 불만을 가진 구성원들이 자활기업에서 이탈하기도 했다. 하지만 사업 자체는 공간을 우체국으로 옮겨 계속 진행했다. 2016년에는 사회적협동조합 인가와 사회적기업 인증을 받았고, 영양플러스사업 입찰로 사업의 폭을 넓혀갔다. 2018년 경기도로부터 경기쿱으로 선정되었으며 현재는 경기지역 자활기업협회에서 중심적인 역할을 수행하고 있다.

5) 편의점 자활기업

금융 취약계층을 위한 시범사업으로 2015년부터 3년 동안 실시한 자활근로 드림셋 사업은 일자리와 자산 형성, 채무 상환의 문제를 해소하기 위한 목적을 가지고 있었다. CU편의점 부천나눔점은 2018년 5명의 참여주민이 자활기업으로 창업했는데, 이들은 자활근로 과정에서부터 쌓아왔던 우정을 이어갔다. 편의점 매출로 분배하는 소득이 만족스럽지는 않았겠지만 7년 세월을 탈 없이 매장 운영을 하며 삶을 나누는 모습을 보여주고 있다.

또 하나의 편의점 자활기업으로 2019년부터 2021년까지 3년 동안 자활근로사업에서 가장 큰 매출을 올렸던 GS내일스토어 중동중앙점 역시 5명의 참여주민이 자활기업으로 창업한 것으로 2호점을 계획하고 있다. 60대 참여주민이 리더가 되어 청년과 중장년 참여자들이 함께 편의점을 운영한 결과 GS편의점 평가 1위를 기록할 정도로 성과를 인정받았다. 구성원들이 자활기업을 창업하면서 지급받은 성과금을 모아 자활센터에 후원금을 전달하며 감사의 인사도 하셨다. 참여주민들의 행복한 모습은 자활센터 일꾼들에게 가장 큰 보람으로 다가온다.

6) 협동조합 자활기업들의 과제

〈표 6-1〉은 2022년 부천나눔자활센터가 운영하는 자활기업 현황이다. 위에서 서술한 대로 자활근로사업을 통해 공동 창업한 자활기업들이 사회적기업으로 인증받으면서 성공적인 모습을 보여주고 있는 것이 우리 센터의 가장 가시적인 성과라고 자부할 수 있다. 물론 끊임없는 도전에 직면하고 있고, 풀어야 할 과제도 많다.

우선 자활기업은 모두가 주인으로 참여하는 협동조합으로 운영하거나 이를 지향하고 있는데, 구성원이 한 사람도 소외되지 않고 참여할 수 있도록 하는 것이 중요하다. 센터에서도 적극 신경 쓰는 부분이다. 돌봄사업의 경우는 자활공동체 통합으로 규모를 확대하고 지속가능할 수 있도록 비전을 만들어 왔는데, 정부의 사회서비스 정책 변화에 민감하게 반응하면서 상생 모델을 만들어나가는 것이 과제이다. 우체국택배 자활근로사업단을 통하여 2021년에 창업한 행복물류협동조합은 부천우체국과 협약하여 무전지역 택배를 진행하며 안정적인 소득을 창출해야 하는 과제를 안고 있다.

〈표 6-1〉 부천나눔 자활기업 현황(2022년)

구분	자활기업명	사업 내용	종사자
돌봄	희망나눔사회적협동조합	산모신생아사업, 바우처, 가사보육, 초등봄센터, 노인요양시설(요양원, 주간보호센터)	40
	어울림협동조합	유료직업소개소, 개인·공동간병	14
	아이누리협동조합	아이돌봄, 보육	3
	희망모아협동조합	건강카페, 노인복지센터	8
유통물류	사회적협동조합행복나눔	정부양곡배송, 영양플러스, 유통물류	11
	행복물류협동조합	우체국택배사업	4
편의점	드림팀	CU편의점	4
	GS25중동중앙점	GS25편의점	5

4. 주민자조모임

1) 민들레주민협동회

2011년에는 2년여 간 준비해오던 자활공제조합 민들레주민협동회 창립총회를 개최했다. 민들레주민협동회의 회원들은 1천 원의 가입비와 1구좌에 5천 원의 출자금을 부담했다. 십시일반 모은 돈으로 긴급하게 필요한 자금을 소액 대출할 수 있는 사업이다. 소액이라도 긴급하게 필요할 때 돈을 빌리는 것이 참으로 어려웠던 주민들이 주민협동회에서 당당하게 대출을 받을 수 있으니 만족도가 높았다. 주민 중에서 회장을 선출하여 임원진을 구성하고 월례회의를 통해 운영을 점검했다. 매년 자활주민협동회연합회에서 진행하는 한마당 행사와 워크숍은 주민들의 단합과 교육의 장이 되었다.

2012년 주민협동회에서 첫 바자회를 열었다. 부천 잼존웨딩홀을 빌려 음식을 만들고 시역 분들을 모셔서 음식을 판매하면서 주민자조모임 민들레주민협동회를 알렸다. 이후 2년에 한 번 주민과 실무자들이 함께 준비하고 어우러져 치렀던 바자회는 코로나 이후에 개최하지 못하고 있다.

주민협동회의 공동구매사업은 주민협동회 연합회를 통하여 각 지역에서 생산된 품질 좋은 지역 특산물을 구매하여 중간 마진을 없애고 주민과 실무자에게 공급하는 만족도가 높은 사업으로 주민협동회 운영에도 작게나마 도움이 된다. 민들레주민협동회는 2022년 200여 명의 회원이 출자를 이어가면서 2억여 원의 출자금이 모아져서 긴급자금 대출의 창구로 역할하면서 주민들의 저축 습관도 만들어주고 있다. 2020년 자활센터를 사회적협동조합으로 전환할 때 주민조직의 존재는 중요한 조건으로 큰 도움이 되었다.

2) 한부모자조모임 '참부모'

나눔지역자활센터의 모법인 여성노동자회에서는 일찍이 빈곤한 한부모 여성의 자립과 권리 확보에 관심을 갖고 정책 토론회와 캠페인을 전개했고, 자활센터도 사례관리와 자활근로사업 등을 통해 한부모 참여주민들을 지원했다. 2011년에 이화여자대학교가 운영하던 성산사회복지관과 컨소시엄으로 수행했던 무지개다리 한부모사업을 계기로 한부모자조모임을 시작했다. 자활사업에 참여하면서 미성년 자녀를 두고 있는 20명의 한부모가 모여 자녀교육과 삶의 이야기를 나누었고, 센터에서는 자원을 연계하여 한부모 인식 개선, 문화 행사, 교육 및 자녀돌봄지원을 했다. 센터의 지원 체계와 당사자들의 네트워크를 결합하여 시너지 효과를 기대하는 것이었는데 이는 한부모들의 통합지원체계 인식 개선, 제도 개혁 등의 장기적 효과도 희망했다. 매년 여름에 진행한 숙박 워크숍은 한부모와 자녀들에게 좋은 추억이 된 프로그램이었다. 매월 정기모임을 통해 한부모와 자녀들이 우정을 쌓았다. 10년 동안 센터의 지원을 받으며 유지되었으나 자녀들의 성장으로 인해 현재는 개별적 만남만 이어가고 있다.

5. 새로운 시작

1) 지역자활센터를 사회적협동조합으로 전환하다

2014년 보건복지부에서는 지역자활센터 개편 및 자활기업 경쟁력 강화와 활성화를 위한 변화를 모색하면서 유형다변화 시범사업을 계획했다. 그 일환으로 보건복지부는 지역자활센터를 사회적협동조합(사협)으로 전환하는 것을 유도했는데 우리 센터는 이미 여성노동자회 법인 이사회의 결정으로 사협으로의 전환을 계획하고 있던 상황이었다.

2015년에 전국 250개 지역자활센터 중 5개가 사협으로 인가를 받았다. 이어서 2016년에 4개 센터, 2017년 2개 센터가 인가되었다. 우리 센터에서는 사협 전환을 위한 준비로 협동조합에 대한 학습과 토론, 워크숍을 진행하며 구성원과 합의하는 과정을 거쳤다. 토론을 통하여 사협으로 전환 시의 장단점을 비교했고, 사회복지사들은 사회복지시설 근무로 경력을 인정받는 것이 가능한지 여부 등을 검토했다. 2019년 12월에는 이미 사협으로 전환한 자활센터를 방문하여 견학했다. 이러한 과정에서 보다 역동적인 사회적경제조직으로의 전환에 매력을 느끼고 스스로 비전을 갖는 실무자가 생겨났다. 그리고 2019년 보건복지부에 전환계획서를 제출하여 2020년에 인가를 받았는데 우리 센터를 포함해 12개 센터가 인가를 받았다. 조합원 가입신청서를 받을 때 기꺼이 신청서를 쓰는 실무자들은 조합원으로서 남는 것이었고 조합원 가입을 거부한 실무자는 자활 현장을 떠나갔다. 여러 실무자를 보내고 또 새롭게 맞이했다.

사협으로의 전환은 배후에 있는 모법인이 아니라 조합원이 주체적으로 운영하는 자활센터로의 전환을 의미하는 것이었다. 조합원들은 책임감을 가지고 자활사업은 물론 조합원 복지와 처우 개선, 그리고 더 나은 환경을 만들어가기 위한 작은 노력을 만들어갔다. 조합원 회의에서 아이디어를 내고 실천하면서 스스로 주인이 된 실무자들은 자신이 움직이는 조직에 애정이 생긴다고 했다. 정기적으로 자활사업별, 분과별 회의를 개최하여 아이디어를 내고 실행에 옮기면서 주체로서의 역할을 키우고, 평등한 조직문화를 만들어가고자 활발하고 역동적인 의견을 개진하고 있다.

자활센터가 사협으로 전환하면서 발생한 상황 중 하나는 기관운영보조금이 30% 삭감되는 대신 자활사업 매출에 의해 만들어지는 자활활성화지원금을 사용하는 것이었다. 그런데 보건복지부가 활성화지원금 사용에 대해 지자체의 승인을 받을 것을 자활사업지침에 명시하면서 2020년에는 지자체 담당 공무원의 성향에 따라 사업 운영에 차이가 발생했다. 다행히 2021년부터 사전 승인이 아닌 사후 보고로 지침이 변경되었다.

2) 자활센터의 세 번째 이사: 둥지 만들기

앞에서 소개한 돌봄통합자활기업인 희망나눔사협은 자활센터와 한 건물에서 사업을 수행해왔다. 공통의 사업기반을 가지고 있고, 소통과 협력이 필요했기 때문이다. 그런데 무상임대가 불가능한 부천시의 현실로 인해 공동으로 사무실을 임차했는데 건물주 사정으로 인하여 두 번씩 이사를 하면서 많은 비용과 에너지가 소모되었다.

결국 안정된 공간의 필요성을 절감하고 2년여에 걸쳐 건물 매입을 위해 노력한 결과 2019년에 부천시 도시재생지역(부천시 경인로 224번길 두레광장)의 건물을 매입하여 센터본부와 자활사업단 및 희망나눔사협이 함께 입주했다. 이는 희망나눔사협이 HUG

(주택도시보증공사)에서 사회적경제조직들에게 도시재생구역의 건물 매입과 리모델링 비용을 낮은 이자로 융자해주는 사업을 신청해 활용한 덕분에 가능했다.

〈그림 6-3〉 부천나눔지역자활센터가 입주한 자활기업 희망나눔사협 건물

3) 부천시의 커뮤니티케어 사업 참여

2019년에 부천시는 보건복지부로부터 커뮤니티케어 노인분야 선도도시에 선정되었다. 노인이 지역사회에서 계속 살아갈 수 있도록 일상생활, 영양, 이동, 세탁 등 통합적인 돌봄사업을 사회복지와 보건 관련 조직과 사회적경제조직이 함께 수행하면서 전국적인 확대 모델을 만들어가는 계획이다. 부천의 3개 지역자활센터에서 식사와 반찬지원, 가사지원, 이동, 세탁, 밑반찬 도시락 배달 등의 서비스를 자활사업으로 제공하는 역할을 분담했다. 2021년부터는 당뇨, 고혈압 등 기저질환자에게 맞춤형 식단을 제공하는 영양바우처사업을 진행하고 있다. 앞으로 더 큰 시장으로 펼쳐질 수 있는 어르신영양서비스사업을 준비하고자 한다.

2021년 복지부에서는 유형다변화 시범사업을 종료한다고 공지하고 이를 위해 사협자활센터 간담회도 개최했다. 사회복지시설로서 자활센터와 사회적경제사업체 성격의 사회적협동조합은 한 몸이 될 수 없으므로 사협인가 이전의 형태로 법인과 시설(자활센터)을 분리하라는 것이었다. 그리고 2022년 자활사업 안내지침에 2024년 12월 31일 자로 시범사업을 종료한다고 명시했다. 이로 인해 앞으로 3년 안에 사협법인과 자활센터를 분리하고 안정화해야 하는 새로운 과제를 맞이하게 된 것이다. 당혹스럽지만 이 역시 조합원이 중심이 되어 수행해나가야 할 과제임이 분명하다. 사협지역자활센터 연합회의 회원조직으로 네트워크를 통한 상생 방안도 모색 중이다. 어찌 되었든 부천지역 사협자활센터로서 정체성을 지키면서 저소득 주민의 행복한 일터를 만들고 자활기업과 연대하고 협력하면서 주민을 주인으로 섬기고 사회적 목적을 실현하는 지역 기반의 사회적경제조직으로 굳건하게 역할을 다하고자 한다.

돌이켜 보면, 자활사업에 매진했던 20년 세월이 한순간처럼 느껴진다. 자활사업은 주민을 신뢰하며 한결같은 마음으로 함께 만들어가야 하는, 사람에 대한 신뢰와 애정으로 정성껏 일궈내야 하는, 결코 서두르지 않고 긴 호흡으로 천천히 가야 하는 길임을 새삼 깨닫게 된다. 이렇게 함께 만들어가는 자활사업이 참여주민의 자립을 가능케 하고 사회적경제로 이어져서 사람과 환경을 살리는 귀한 노동이 되어 바람직한 우리 사회를 만들어갈 것이라고 믿으며 오늘도 나의 길을 가고 있다.

7장

장애인복지를 실천하는 사회적경제조직

백정연 (소소한소통 대표)

사회복지사로 첫발을 내딛은 곳은 발달장애 관련 단체였다. 장애인자립생활운동이 활발하던 시절 나는 그곳에서 발달장애인의 자립생활을 위한 다양한 프로그램을 운영했다. 조금 더 다양한 장애 유형과 접점을 갖고 일하고 싶어 장애인복지관으로 직장을 옮겼고 장애인활동지원서비스 시범사업을 담당해 2년간 단 10명이었던 이용자를 200명까지 늘리는 성과를 만들어냈다. 이는 좋은 인사평가의 결과로 이어져 법인에서 새로 위탁받는 장애인복지관의 팀장으로 승진을 하게 되었으며 후원과 자원봉사를 담당하게 되었다. 모금을 통해 다양한 NGO가 운영되고 있는 상황에서 "우리 좋은 일 하는 곳이니 도와주세요"라는 메시지가 아닌 조금 더 매력적인 소구(訴求)가 가능한 모금 활동을 하고 싶어 희망제작소에서 운영하는 '모금전문가학교'라는 곳에서 관련 교육을 받았다. 기관에서 지원이 안 되어 100만 원의 큰 교육비를 자부담으로 들을 만큼 모금을 잘 하고 싶다는 욕구가 간절했다. 어쩌면 현장에서 일을 하다 역량의 한계를 마주하거나 소진이 될 것 같은 위기가 찾아왔을 때 공부를 선택했던 건 이때부터였을 것 같다. 모금 교육은 재미있었고 새로웠다. 사회복지사에게 맞추어 굳어진 뇌가 새로운 모양으로 바뀌는 느낌이랄까. 더 깊게 배우고 싶었고, 제대로 된 모금가가 되고 싶었다. 교육을 통해 만났던 고(故) 박원순 시장에게 메일을 보내 어떤 공부를 하면 좋을지 물었고 그는 IT와 마케팅을 추천했다. 이과는 자신 없어 마케팅을 선택했고 한양대학교 경영대학원의 한 교수를 찾아갔다. 영리에게는 제대로 된 사회공헌활동이 필요하다. 비영리에게는 모금사업을 제대로 해야 한다 쓴소리하며 양쪽의 가교 역할을 하는 분이었다. 그렇게 경영대학원에 입학하여 2년간 사회복지를 잘 하기 위한 경영 공부를 했다. 지금 와서 생각해보면 이 모든 게 사회적기업을 운영하기 위한 운명의 흐름이었나 싶기도 하다.

경영대학원을 다니면서 평가를 받는 조직이 아닌 유연한 조직에서 다양한 형식의 모금사업을 시도하고 싶어 아동 NGO로 이직을 했다. 하지만 아동 분야에 흥미를 느끼지 못해 오래 다니지는 못했다. '장애인복지'가 나에게 사회복지사로 일하는 동력, 동기 부여가 된다는 것을 처음 알았다. 그렇게 다시 장애인복지로 돌아와 일한 곳은 결론적으로 나의 마지막 직장이 되었다. 이름만 들으면 알 만한 장애 관련 공공기관에서 정책, 서비스를 만들기 위한 연구를 하거나 발달장애 관련 공적전달체계를 만드는 일을 했다. '발달장애인 권리보장 및 지원에 관한 법률(이하 발달장애인법)'이 제정된 시점에 법 시행 준비를 위해 보건복지부에 파견을 갔다. 동료들은 모두 육아를 하는 워킹맘이었기에 울며 겨자 먹기로 간 파견근무였는데 돌아보면 삶의 전환점을 가져온 선택이었다. 정책과 예산이 만들어지는 과정을 보고 배우며, 장애인복지 전체를 볼 수 있는 시야를 갖게 되었다. 해외의 장애인복지 정책을 들여다보며 한국에 도입해야 하는 새로운 과제를 찾기도 했다. 그렇게 발견한 것이 '쉬운 정보'였다.

1. 사회복지사, 사회적기업가가 되다

사회복지사로서 일하는 것은 사회복지조직에 직원으로 '소속'되어 그 조직의 미션과 비전에 맞춰 사회사업을 실천하는 것이 전부라고만 생각했다. 사회적기업 '소소한소통'을 설립하기 전까지 말이다.

'소소한소통'은 발달장애인을 위한 쉬운 정보를 만드는 사회적기업이다. 2017년 '한국사회적기업가 육성사업'의 지원으로 시작해 어느덧 7년차 사회적기업이 되었으며 장애인복지 분야에서 새로운 비즈니스 모델의 가능성을 검증하며 조금씩 성장해가고 있다. 사회적기업 설립을 목표로 하거나 오랜 기간 창업 준비를 한 것은 아니었다. 발달장애인의 알 권리를 위해서는 '쉬운 정보'가 필요하다 생각했고 그 일을 할 수 있는 조직이 없어 내가 직접하자 결심한 것이 시작이었다. 출발은 당연히 혼자였다. 육성사업은 팀으로 지원을 해야 하기 때문에 친한 발달장애인과 남편이 팀이 되어주었으나 함께 일을 할 수 있는 여건은 되지 않았다. 기관과 거래하기 위해서는 세금계산서 발행 등 행정적 준비가 급했고, 법인 설립이 가장 빠른 '주식회사'를 선택해 조직의 형태를 만들어갔다. 로고와 홈페이지를 만들고 견적서와 세금계산서를 발행하는 행정업무, 가장 중요한 쉬운 정보를 만드는 일까지 모든 일을 혼자 해냈다. 그리고 다음해 초에 1호 사원을 채용했다. 이 사원은 쉬운 정보에 필요한 일러스트를 개발하는 디자이너로 지금도 소소한소통에서 일하고 있다. 입사 공고문에 '우리 회사는 이제 막 시작한 작은 조직이라 본인 노트북과 태블릿(일러스트를 그리는 도구)을 가지고 와야 합니다'라는 황당한 문구를 내걸었음에도 지원을 해준 1호 사원에게 고마움을 느낀다. 당시는 육성사업 중간지원조직의 공유사무실에 있었다. 바퀴벌레가 자주 출몰하고 여름에는 덥고 겨울에는 추운 열악한 환경이었는데 그곳에서 6명이 될 때까지 2년을 지냈다.

쉬운 정보를 잘 만드는 사회적 미션만큼 중요하게 생각한 것은 건강한 조직문화였다. 의미와 재미를 모두 찾으며 일할 수 있고 소소한 복지제도로 가득찬 조직을 만드는 데 공을 많이 들였다. 반일만 근무하는 소소데이, 생일 연차와 생일 축하금 지급, 월급날 점심시간 2배, 교육비와 워라밸 포인트 지원, 장기근속휴가와 휴가금 지급까지 다양하고 알찬 복지제도를 하나씩 만들었다. 조직문화에 잘 맞는 사람들이 모여 일하는 것이 가장 중요하다고 생각했고 채용에 신중을 기했다. 조직이 바라는 문화와 인재상을 알 수 있도록 직원들과 '우리는 이렇게 일해요'라는 10가지 약속을 공유했다. 무엇보다 의미 있는 것은 처음에는 혼자 만들어갔던 조직문화를 지금은 직원들이 함께 만들어간다. 내가 일하고 싶은 회사는 대표인 나뿐만 아니라 직원 한 명 한 명도 일하고 싶은 회사다.

2. 무에서 유를 만드는 일

소소한소통이 설립되던 시기에 '쉬운 정보'는 생소한 개념이었다. 외국에서는 'easy read' 또는 'accessible information'이라 쓰이는데 국내에서는 easy read를 직역해 읽기 쉬운 자료, 쉬운 문서 등으로 불렀다. '쉬운 정보'라는 개념은 소소한소통에서 쓰기 시작했다. 소소한소통이 이 개념을 쓰기 시작한 이유는, 사람은 아침에 일어나서 잠들기까지 하루에 수만 가지 정보를 접하는데 그 정보가 활자나 문서의 형식에만 묶이지 않아야 한다고 생각했기 때문이다. 실제 소소한소통은 발달장애인이 쉽고 편하게 볼 수 있는 영상, 공간의 정보를 알려주는 쉬운 사인 등 다양한 형식의 쉬운 정보를 만들어내고 있다.

'쉬운 정보'란 한자어, 전문 용어, 외래어 등 어려운 표현을 최대한 지양한 짧고 쉬운 글에 보조적 이미지(삽화, 사진)를 더한 것이다. '발달장애인법' 제10조에 따르면 국가와 지방자치단체는 발달장애인의 삶에 중요한 영향을 미치

〈그림 7-1〉 소소한소통이 만든 쉬운 정보 제작 사례

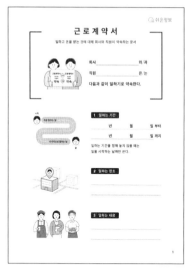

서식

매뉴얼

는 정책 정보를 쉬운 정보로 만들어야 한다. 쉬운 정보는 발달장애인에게 정보접근 수단의 권리로서 실현되어야 한다. 시각장애인이 점자로 글을 보고, 청각장애인이 수어나 글을 통해 타인과 소통하는 것처럼 발달장애인의 '이해의 어려움'이라는 장애 특성을 고려한다면 너무나 당연한 권리지만 쉽지는 않다. 점자나 수어는 언어로서 정해진 약속이 있기 때문에 논란의 여지가 적은데 쉬운 정보는 그렇지 않기 때문이다. '쉽다'라는 개념은 상대적이고도 주관적이다. 사람마다 가진 지식 수준, 이해력, 관심사, 경험 등이 다르기 때문에 쉽다는 것은 사람에 따라 달라진다. 그래서 쉬운 정보를 제작할 때 기준은 있을 수 없고 지키거나 피해야 할 가이드가 존재한다. 소소한소통은 설립 4주년을 기념하여 쉬운 정보 제작 노하우를 담은 '쉬운 정보, 만드는 건 왜 안 쉽죠?'라는 가이드를 만든 바 있다. 지금 봐도 정말 잘 지은 이름이다.

소소한소통의 1차 고객은 공공기관, 비영리기관 등이다. 고객이 의뢰한 기

존의 어려운 정보를 비용을 받고 쉬운 정보로 가공하여 제공하면 해당 기관은 기관을 이용하는 고객인 발달장애인에게 쉬운 정보를 제공한다. 쉬운 정보를 제작하는 과정에서는 과정 하나하나가 중요하지만 특히 발달장애인 당사자의 참여가 그렇다. 발달장애인이 감수위원으로 참여하여 발달장애인의 관점에서 쉬운지 점검함으로써 당사자 중심의 콘텐츠를 만들며 동시에 당사자에게 경제적 활동의 기회를 제공하기도 한다. 이는 장애인복지에서 제공자와 이용자가 분리되지 않고 함께 만들어내는 공동생산(co-production)의 개념과도 방향을 같이한다.

3. 선배를 찾아서

무에서 유를 만드는 일은 흥분되면서도 외롭고 또 많은 고민을 갖게 한다. 내가, 우리가 하는 일이 바른 방향으로 가고 있는지 가르쳐주는 선배가 없기 때문이다. 소소한소통은 설립 초기부터 지금까지 선배를 찾아 해외로 계속

눈을 돌렸다. 지금은 리뉴얼로 달라졌지만 소소한소통의 초기 홈페이지는 영국의 한 easy read 제작기관의 홈페이지를 벤치마킹했다. 어떤 주제의 쉬운 정보가 필요할지 고민될 때는 구글에 들어가 'easy read for learning disability'를 검색한다.

밥 먹고 쉬운 정보 만드는 일만 했지만 도통 밥 먹듯이 쉬워지지 않았고, 5년이 흘렀는데도 우리의 일은 여전히 어려웠다. 30년 전부터 쉬운 정보를 만든 외국의 상황은 어떤지 궁금했다. 그렇게 소소한소통은 수많은 이메일, 화상회의로 영국을 대표하는 쉬운 정보 제작기관 Inspired services를 만났다. "발달장애인이 삶의 권한을 갖기 위해서는 정보가 주어져야 한다"고 말하는 Inspired services 제작자의 생각과 경험은 소소한소통과 크게 다르지 않았다. 더 많은 시간과 과정을 겪었기에 더 많은 성공과 실패를 경험했을 뿐 쉬운 정보를 만드는 일이 쉽지 않다는 것은 다르지 않았다.

쉬운 정보의 가치와 지향점, 앞으로 나아가야 할 길의 방향이 같다는 것은 안도와 함께 자신감을 갖게 했다. 흔들리지 않고 지금처럼 하면 발달장애인에게 필요하고도 중요한 일이 될 수 있다는 것, 대단한 일이 아니더라도 하루의 작은 일상을 '제대로' 살 수 있게 지원할 수 있다는 것만으로도 쉬운 정보는 충분한 가치를 발휘한다.

4. 새로운 관점과 해결 방식을 시도하는 사회적경제조직

소소한소통 외에도 장애인의 문제에 대해 새로운 관점과 해결 방식을 시도하는 사회적경제조직이 존재한다. 사회적경제조직의 등장은 장애인이 경험하는 사회적 차별과 불편이 장애인 개인이 가진 신체·정서적 결핍이나 문제가 아닌 사회의 환경이나 제도의 부족 때문에 발생하는 것이라는 인식을 토대로 한다. 이러한 장애인복지 패러다임의 변화는 장애인이 가진 '장애'에 대한 새로운 관점과 함께 그에 맞는 문제 해결과 사회복지서비스를 요구하고 있다. 또한 사회적경제조직의 비즈니스를 통해 그 변화를 살펴볼 수 있다.

한국의 전통적 장애인복지가 장애인을 재화, 서비스, 프로그램 등을 이용하는 수혜자로 바라봤다면 사회적경제조직은 장애인을 고객으로 바라본다. 고객의 입장이 되어 고객에게 필요한 서비스를 권리로서 제공하는 것이다. 그리고 이 과정에서 혁신적 과학기술을 적극적으로 이용한다. 장애를 없애거나 재활, 치료 등을 통해 더 나은 활동을 가능하도록 하는 것이 아니라 장애를 가진 채로 잘 살아갈 수 있는 서비스, 제품 등을 기획하고 생산한다.

1) 에이유디 사회적협동조합

에이유디(AUD) 사회적협동조합의 AUD는 'Auditory Universal Design'의 약자다. 2012년 소셜벤처경연대회에서 현재의 이사장이 '청각장애인 자막지원 플랫폼'이라는 아이디어로 수상하며 사회적경제로 진입했다. 청각장애 당

〈그림 7-4〉 에이유디 사회적협동조합 활동 사진

문자통역사 현장 지원

미술관 원격 문자통역 지원

〈그림 7-5〉 쉐어타이핑 문자통역서비스 모델

발화자　　　　　　　문자통역사　　　　　　실시간 자막

사자로서 평소 느낀 서비스 필요성을 비즈니스 아이디어로 풀어나간 것이다. 이후 2014년 사회적협동조합 발기를 시작으로 2019년 창의·혁신형 사회적기업 인증을 받았다.

　에이유디 사회적협동조합의 핵심 서비스는 IT기술 인프라를 통한 문자통역서비스다. 문자통역서비스란 문자통역사(속기사)가 정보를 문자 정보로 변환해주는 작업이다. '장애인 차별금지 및 권리구제 등에 관한 법률'에 따르면 문자통역은 공공기관, 교육기관이 장애인에게 제공해야 하는 정당한 편의에 속한다. 에이유디 사회적협동조합은 기업, 공공기관의 행사에 전문교육을 받은 문자통역사를 파견하여 '쉐어타이핑 문자통역서비스'를 제공하며, 자체 개발한 문자통역 플랫폼 '쉐어타이핑'을 통해 스마트폰, 태블릿, 빔프로젝터 등을 통해 청각장애인의 소통을 지원하고 있다. 문자통역서비스는 교육뿐 아니라 부산국제영화제와 같은 축제나 행사에도 활용되며 청각장애인 개인이 상담, 진료 등의 일상생활에서도 비용을 지불하고 이용할 수 있다. 비용은 고객에 따라 다양하다. 민간(B2B)은 시간당 9만 9천 원이고, 개인(B2C)은 바우처제도를 이용해 시간당 2만 2천 원만 내고 이용할 수 있다. 공공(B2G)은 입찰을 통해 참여 비용이 결정된다.

에이유디 사회적협동조합은 공동의 목적을 가진 조합원 약 260명이 함께 운영하고 있다. 특히 '쉐어타이핑 문자통역서비스'에 중요한 역할을 하는 조합원은 서비스를 기획하고 참여하는 청각장애인 당사자이다.

2) 주식회사 토도웍스

토도웍스는 2016년 설립된 소셜벤처로 이동 약자를 위한 기술 기반의 제품을 생산하고 서비스를 제공한다. 국내는 물론 해외 17개국에 수출 중인 장애인이동권 향상을 위한 제품과 서비스를 만드는 대표 기업이다.

토도웍스는 대표가 딸의 친구 중 휠체어 타는 아이를 만난 것에서 시작되었다. 수동 휠체어를 타는 아이가 힘들어하는 것을 본 후 타기 편하고 차에도 싣기 쉬운 가벼운 휠체어의 필요성을 느껴 개발자 동료들(프로그래밍, 디자인 등 전문가)과 함께 '휠체어 동력보조장치'를 만들었다. 딸의 친구에게 선물하기 위해 만들었던 그 동력보조장치는 '토도 드라이브'라는 이름으로 토도웍스의 대표 상품이 되었다. 기존의 제품이 15kg에 1천만 원 대라면, 토도 드라이브는 5kg에 200만 원이 되지 않는다. 이는 세계에서 판매되는 제품 중 가장 작고 가벼우며 저렴하다. 또한 토도웍스는 장애아동의 이동권을 향상시키는 비즈니스에 주력하고 있는데, 휠체어를 사용하는 아이의 성장을 고려하여 사이즈 조절이 가능한 '토도아이'가 그 제품이다.

〈그림 7-6〉 토도웍스 제품 및 활동 사진

토도 드라이브   토도웍스 휠체어 교육장

또한 토도웍스는 기업의 후원을 받아 장애어린이 전동키트 지원사업과 같
은 사회공헌활동도 활발하게 하고 있으며, 휠체어 사용이 익숙하지 않은 장애
아동, 중도장애인을 위한 휠체어 교육장을 운영하고 있다.

3) 무의협동조합

무의협동조합은 2015년 '장애가 무의미해지는 사회'를 만들자는 비전으로
세워진 곳이다. 장애 당사자, 장애 자녀를 둔 어머니 등이 뜻을 모아 설립했
다. 장애에 대한 잘못된 인식을 개선하고자 장애와 비장애를 아우르는 통합
적이고 고품질의 콘텐츠를 제작한다. 장애인을 고려하지 않는 환경에서 최적
의 휠체어 이동 동선을 찾고, 이를 지도로 구현하여 공유한다.

무의협동조합은 아이디어를 가진 개인, 단체와 협력하는 방식으로 운영된
다. 무의협동조합이 만든 국내 최초 휠체어 환승지도는 자원봉사자들과 함께
만들었다. 자원봉사자들이 직접 휠체어를 타고 지하철을 누비며 확인한 동선
을 웹지도로 구현했다. 더욱 의미 있는 것은 무의협동조합이 만든 환승지도
가 지하철역 환승 표지판을 개선하는 계기가 된 것이다. 지하철역 환승 표지

<그림 7-7> 경복궁역 휠체어 소풍지도

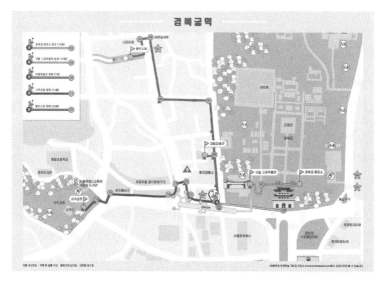

판이 휠체어 사용자의 눈높이에 맞춰 부착되고, 리프트를 사용하지 않고 환승할 수 있는 경로를 안내하는 표지판이 설치되기도 했다. 이는 사회적경제조직의 비즈니스가 공공의 영역에 긍정적 변화를 가져온 대표적인 사례다.

세 조직 모두 장애인이 가진 불편함을 개인이 해결해야 할 문제가 아닌 사회적 문제로 인식하고 이를 비즈니스로 풀어 나가고 있다. 또한 비즈니스 방식에서도 사회적 가치와 경제적 가치 둘 다를 추구한다는 사회적경제조직의 기본적 운영 방식을 구현하고 있다. 무엇보다 장애인에게 제공하는 제품과 서비스가 기존의 장애인복지 실천조직에서 볼 수 없다는 '혁신성'을 가지고 있다. 장애인을 서비스의 중심 고객으로 정의하고, 고객이 더 나은 삶을 위해 어떠한 욕구를 가지고 있으며 이를 비즈니스로 풀어갈 수 있는가를 끊임없이 고민하고 개발하고 제공한다.

5. 장애인복지 실천조직으로서 사회적경제조직의 미래

장애인복지를 실천하는 사회적경제조직은 기존의 제도나 서비스, 법의 한계를 넘어서기 위한 과정에서 '관점의 전환을 토대로 한 새로운 서비스'를 개발하거나 '기술 기반의 혁신적 제품·서비스' 등을 만들어낸다. 이는 장애인복지를 실천하는 사회적경제조직의 큰 강점이며, 결론적으로 장애인복지의 새로운 실천 방식을 만들어내고 서비스의 수준을 끌어올리기도 한다. 소소한소통은 국내에 쉬운 정보를 알리고 확산하는 데 큰 기여를 했다고 자부한다. 발달장애인을 위한 쉬운 정보가 발달장애인의 정보접근 수단으로 중요하다는 사회적 공감대를 만들어냈고, 발달장애인 스스로 정보접근 권리로서 쉬운 정보를 요구하는 목소리를 내도록 지원했다.

하지만 사회적경제조직이 장애인복지의 수준을 끌어올리는 긍정적 기여를 한 것과 사회적경제조직의 성공이 반드시 비례하는 것은 아니다. 전통적 사회복지조직 안에서 사회적경제조직이 경제적 가치를 만들어내는 일은 때론 반감이나 저항으로 표출되기도 한다. 소소한소통의 예를 들자면, 소소한소통은 쉬운 정보를 유가로 제공하는 과정에서 그런 경험을 종종 한다. 보조금이나 지원금을 통해 무가로 제공되는 콘텐츠가 대부분인 상황에서 콘텐츠를 유가로 판매하는 비즈니스 모델은 고객의 낮은 지출의지(willing to pay)로 인해 콘텐츠의 가치가 낮아지기도 한다. 발달장애인의 알 권리보다는 기업의 사적 이익을 우선시한다고 장사꾼 취급을 받는 경우도 있다. 하지만 사회적기업도 기업의 하나이고 기업으로서 경제적 가치를 만들어내며 조직의 존립을 유지해야만 사회적 가치를 창출할 수 있다. 사회적경제조직이 경제적 가치 없이 사회적 가치를 만들어내기란 불가능하다. 사회적경제조직이 전통적 사회복지조직과 다른 점은 자생이다. 비즈니스 활동을 통해 조직을 유지할 수 있는 자원과 힘을 스스로 만들어내는 것이다. 사회적경제조직이 망하지 않고 존립

가능한 비즈니스 활동은 조직 차원의 이익을 만들어내는 활동이 아니라 사회적 가치를 만들어내기 위한 전초적 활동임을 알아야 한다.

이러한 환경에도 불구하고 장애인복지를 실천하는 사회적경제조직은 공공의 장애인복지가 해결하지 못한 장애인의 문제를 해결하는 새로운 조직으로 그 가능성을 충분히 보여주고 있다. 이는 사회적경제조직이 기존의 사회문제를 해결하거나 사회복지를 실천하는 조직으로서 가능하다는 것을 증명한다. 더 나아가 사회적경제조직이 지역사회에서 겪는 장애인의 문제를 잘 파악하고 있고 서비스 발굴하고 자원을 활용하는 데서 속도와 유연성을 함께 갖고 있는 점은 앞으로 장애인복지 영역에서 사회적경제조직이 더 큰 지위와 역할을 해낼 수 있는 미래를 예견하게 한다. 특히 장애인의 일상적 불편함이나 욕구를 사업영역으로 발전시켜 '기술 기반의 혁신적 제품·서비스'를 제공하는 사회적경제조직이 몇 년 전부터 눈에 띄게 활발해지고 있다. 이는 정부나 공공기관의 사회복지정책이나 사회복지서비스에 장애인의 일상이 존속될 필요가 없으며 다양한 선택권이 주어진다는 의미에서 매우 긍정적인 변화라 생각한다. 다만 이러한 제품·서비스를 제공하는 사회적경제조직은 장애인을 사업기회를 제공하는 소비자로서 단편적으로만 바라볼 것이 아니라 비장애인과 동등한 삶을 살 수 있는 사람으로서 존중하는 데서부터 출발해야 한다. 장애인을 위한 사회적경제조직의 사회적 가치는 장애인을 어떠한 관점으로 바라보고 지원하느냐에 따라 방향성이 달라지며 이는 그 조직의 지속가능성을 판가름하는 열쇠가 될 것이다.

아동돌봄, 사회적경제로 만나다

심옥빈 (사회적기업 (주)다사랑보육서비스 대표)

1980년대 대다수의 청년이 그러했듯이 나도 격동의 청춘을 보냈다. 그야말로 데모가 일상이던 시절이었고, 그때 아이를 좋아하는 외동딸이 외동아들을 만나 세 아이를 낳았다. 부모를 잘 모시는 것이 며느리의 몫이었고 그리고 아이의 양육이 모두 엄마의 몫인 시절이었다. 그 시절을 나는 내 청춘의 한 갈래 암흑기라고 부른다. 물론 나의 동반자도 일터에서 일상이 투쟁이었고 엄청난 부양의무를 가졌기에 그 역시 청춘의 한 부분을 암흑기로 보냈으리라 생각해 본다.

넉넉하지 못했던 형편에 나는 자아실현보다는 호구지책이 우선이라 최대한도의 전투적인 태도로 삶을 살아냈다. 2020년대의 표현으로라면 일·가정 양립의 여성노동자로 홀시아버지 병수발, 노동운동가인 남편과 세 아이의 양육 그리고 그 밖의 가사노동을 성공적으로 해치워야 했다. 나는 수시로 경력단절이 되었고, 학원강사, 아동도서 방문판매원, 텔레마케터 등을 전전했다.

살아내야 함에 올인했던 나는 정말 살아 있음을 느끼고 싶을 때 알음알음 민주노동당 사무실을 기웃댔다. 인연이 닿았는지 2002년 민주노동당 지역위원회 상근직 요청이 들어왔고, 최소한의 월급은 줄 수 있다는 제안에 사무국 장으로 일하기 시작했다. 나는 20대 때 가톨릭 인천교구 청년협의회에서 청년운동을 했던 경험이 있었고, 남편은 건설노동자로 건설노동조합에서 활동하고 있었기에 당활동 역량을 인정받은 듯하다. 이후 2006년에는 민주노동당 인천서구 기초비례의원으로 출마하기도 했다. 물론 떨어졌고 2007년 민주노동당의 분당 사태 등을 겪으며 당을 나오게 되었다.

1. 실본에서 취약계층 여성을 만나다

2007년 사)실업극복인천본부(실본)로 일터를 옮겼다. 그 사이 홀시아버지는 병마와 씨름하다 돌아가셨다. 남편은 건설현장의 임금체불과 고용문제로 투쟁을 하다 구속이 되었었고, 나는 여전히 세 아이를 돌보며 돈도 벌어야 했다. 실본에서도 역시 월급을 받는 상근소식활동가였고 이후 사무국장의 역할을 맡기도 했다.

실본에서의 주 업무는 취약계층을 조직하고 일자리를 연계하는 일이었다. 수많은 경력단절 여성을 만났고, 사회적일자리사업의 일환인 방문보육사사업의 책임자 역할을 수행하게 되었다. 실본이 수행한 아동돌봄사업의 시작이었다. 이 사업은 취약계층 여성이 아동양육의 문제로 경제활동을 하지 못하는 문제를 해결하기 위한 것이다. 나이가 많은 경력단절 여성에게는 아동양육의 일자리를 제공하고, 젊은 여성에게는 경력단절을 예방하거나 경제활동 인구로 나설 수 있는 기회를 주었다.

당시 아동방문보육사업을 하던 업체는 전국적으로 10개 정도였는데 YWCA의 '아가야' 프로그램이 대표격으로 보통 시민사회단체가 주도했다. 공공 근로와 유사하게 사회적일자리사업은 100% 공공 지원으로 진행되었지만,

2007년경부터 사회적기업으로의 전환과 자립을 강요받으면서 매년 지원비율이 감소했다. 사회적기업으로의 갑작스러운 전환 요구는 사업이 일거에 중단될 수 있다는 위기의식을 초래했다. 결단을 해야 했다. "기업으로 전환할 때 수익 구조를 어떻게 만드나", "가능하지 않을 것이다"라는 비관적 분위기가 많았다. 하지만 사회적기업으로 전환하지 않으면 현재 노동자들의 일자리가 사라지는 상황이었다. 물론 사회적일자리를 유지할 수 있더라도 저임금노동자를 양산하는 결과를 가져온다는 딜레마도 있었다. 억지 춘향이지만 이러한 고민 속에서 대부분 사회적기업으로 전환하게 되었다.

인천 실본의 방문보육사위탁사업은 2008년 (주)다사랑보육서비스로 법인화하면서 일자리 제공형 사회적기업으로 인증(2008-75)을 받았다. 가정방문보육사업은 기관이나 시설 보육과 달리 인건비가 주된 경비여서 그동안 사회적일자리사업의 임금 지원으로 취약계층을 지원하는 것이 가능했는데, 이제 사업의 틀을 전면 수정해야 했다. 기업의 미션과 비전의 수정이 불가피했고 수익 구조와 마케팅에 대한 고민이 깊어졌다.

1) 든든한 기반이 된 성공회대학교 시민사회복지대학원

사회적기업 경영을 준비하기에는 나는 아는 것이 너무 없었다. 도움이 될 만한 곳을 찾으며 자충우돌하던 중 사회적기업 관련 어떤 강좌에서 성공회대학교 이영환 교수님을 만났다. 아주 오래되었지만 교수님이 젊은 시절 인천 YMCA 간사로 일할 때 내가 독서모임에서 활동했던 기억을 살려냈다. 그때 교수님의 영향을 많이 받기도 했었다. 이 만남이 계기가 되어 깊은 고민 끝에 2010년 성공회대학교 시민사회복지대학원에 입학했다. 낮에는 정신없이 일하고 저녁에는 밥도 못 먹고 학교로 향하는 불타는 학구열을 뿜냈다. 주경야독의 어려움은 말로 다하기 어렵지만 그 시절 공부했던 내용은 물론 동기와 선후배 간 인연이 지금도 나의 큰 자산이다.

그 기간 아이 셋과 남편은 매일 저녁을 알아서 해결해야 했고, 세 학기(남편은 네 학기라고 함) 동안 목수인 남편은 현장일이 끝난 후 학교로 와서 나를 집으로 모셔갔다. 지금까지 그 대단한 일의 위세가 전설처럼 회자된다. 아마 죽을 때까지 써 먹지 않을까 싶다.

2) 사회적기업의 대표가 되다

사회적기업 인증(2008년) 이후 2012년경 인건비 지원이 종료되었고, 기업 운영의 어려움이 가중될 것으로 예상되어 기업을 계속 유지해야 하는지에 대한 논의가 있었다. 방문보육을 하던 대부분의 사회적기업이 문을 닫거나, 방문보육이 아닌 공간보육으로 전환하는 등 고민이 심화되던 시기였다. 논의 끝에 내가 대표가 되어 사업 운영을 책임지게 되었다. 본격적인 사회적기업 경영인의 길을 가게 된 것이다. 나로서는 터무니없는 결정이었나고 지금도 회상한다. 대표가 되면서 처음 한 일이 대출 서류에 나와 남편의 도장을 찍고 인감증명을 떼는 일이었다. 나는 이렇게 아동돌봄사업에 올인하게 되었다.

내 뼛속 깊이 아로새겨진 숱한 경험은 아동양육에 대한 문제의식을 만들었고 아동돌봄사업에 올인하는 결과로 이어졌다. 앞서 언급했듯이 나는 세 아이와 노부모, 병든 시아버지 부양으로 경력단절을 밥 먹듯 하면서, 10여 년 이상 무엇 하나 제대로 일하기 어려운 시간을 지냈다. '여성이 모두 나같이 살아서는 안 되겠다'라는 생각을 참 많이 했고 아동돌봄사업은 사필귀정이었다.

어느새 2022년이 되었고, 개발도상국의 청춘들이 키운 아이들은 선진국의 아이들로 성장했다. 사회 변화에 따라 가정 형태도 변화했고, 아동돌봄과 양육 상황에도 변화가 많았다. 물론 경제는 초고속으로 성장했지만, 나라의 존립에 영향을 줄 만큼 출생률은 낮아졌고, 여전히 아동양육을 어렵게 만드는 여성노동자 문제, 비정규직 문제 등이 사회문제로 남아 있다.

나는 이 글에서 15년 경력의 사회적경제기업가로 아동돌봄 현장에서 어떻게 좌충우돌하면서 사업을 정착시켰고, 또 지역사회문제를 해결하는 데 기여하려고 어떤 노력을 해왔는지 회고해보려 한다. 물론 드러난 성과는 그동안의 노력과 고민에 비해 빙산의 일각일 수밖에 없겠지만, 이를 통해서라도 지역사회에서 사회적경제기업이 어떤 의미를 가질 수 있는지 이 글을 읽는 분들도 같이 생각해 보았으면 좋겠다.

2. 아동돌봄 사회적기업의 자립과 성장

1) 자립과 성장을 위한 준비

㈜다사랑보육서비스를 출범시기면서 사업의 신행을 위한 구체화 작업을 하게 되었다. 아이돌봄사업이 기업으로서 지속가능한가 등의 고민이 깊어지면서 다음과 같이 사업의 틀을 전면 수정하는 노력을 기울였다.

첫째, 서비스 대상자(고객)와 서비스 제공자(돌봄노동자 혹은 시터)를 분리하는 것이었다. 사회적일자리 지원으로 사업이 유지되던 시절에는 돌봄노동자는 물론 고객(혹은 수혜자)도 대부분 취약계층이었다. 서비스 대상자나 제공자(돌봄노동자) 모두 취약계층 비율이 70~80%에 달했다. 그러나 인건비 지원이 없는 상황에서 서비스 대상자는 더 이상 수혜자가 아니라 고객이어야 했고 돌봄서비스 비용을 지불할 수 있어야 했다. 따라서 취약계층에게 돌봄서비스를 무상이나 저비용으로 제공하는 일은 불가능해졌다. 대신 취약계층을 돌봄노동자로 고용하고 유지하는 일에 집중했다. 고객과 돌봄노동자의 분리는 이런 의미를 갖는 것이었다.

둘째, 방문보육 시장의 실태를 파악하고 방문보육 욕구를 분석해야 했다. 정부가 아동돌봄사업에 개입하기 이전이었던, 당시 방문보육 시장은 대부분 유료소개의 알선수료 시장이었다. 고객은 아동돌봄사의 신원과 책임의 한계 등에 불안해했고, 아동돌봄사는 주민등록증을 맡기거나 퇴근 시 가방을 공개해야 하는 등 인권을 존중받지 못하는 상황이었다. 수수료도 제각각이었고 가사노동과 돌봄노동의 경계도 모호한 상태였다. 노동자성을 제대로 인정받지 못하면서 사회보험 등 사회안전망에서 소외되었고 고용도 매우 불안정했다.

우리는 사회적일자리사업 시기의 상담일지와 상담전화를 분석 정리했고 여성노동자, 특히 맞벌이 가정의 여성노동자가 급여의 많고 적음을 떠나 방문보육에 대한 욕구가 크다는 것을 확인했다.

셋째, 기업으로서 수익을 확보할 수 있는지가 제일 큰 고민이었다. 정부가 인건비를 지원하지 않아도 사업이 가능할까? 또 돌봄노동자를 위한 괜찮은 일자리로 만들어갈 수 있을까? 타깃 고객을 설정하는 정확한 분석과 시장 분석이 필요했다. 정부지원 없이 기업을 운영할 수 있는 지역은 어디일까? 고객은 아동돌봄서비스에 어느 정도 지출할 수 있을까? 고객은 어떤 요구를 가지고 있을까? 돌봄노동자의 임금 수준, 4대보험 퇴직금 등은 어떻게 해야 할까? 고민은 끝이 없었지만 이런 문제의식을 가지고 그동안의 사업을 분석·정리하고 고객 만족도 관련 설문조사를 수행하고 그 외 현장에서 수집한 정보 등을 정리하면서 타깃지역을 정한 다음 그에 맞는 홍보 전략을 만들어나갔다.

2) 고객을 확보하기 위한 마케팅

당시 우선적인 타깃지역으로 확정된 곳이 인천의 송도였다. 지불 능력이 있는 중산층 맞벌이 가정이 많이 살고, 실제 홍보마케팅 과정에서 보육상담 요청도 압도적으로 70%를 차지했다. 남이 하는 홍보마케팅은 다 해본 것 같다. 전철역 앞에서 물티슈, 사탕, 가제 손수건 등을 넣은 안내지 배포하기, 송도 맥주축제에서 밤 10시까지 풍선, 뻥튀기와 함께 홍보물 배포하기, 인천 시내버스에 홍보물 부착하기, 그리고 동네방네 게시대에 현수막 부착하기 등등… 그 외에도 더 있지만 이 정도만 거론하겠다. 결국 고객을 확보하기 위한 마케팅은 온라인 마케팅을 주력으로 하기로 결정하고, 키워드 마케팅, 바이럴 마케팅 등도 진행하기 시작했다.

3) 돌봄노동자를 모집하기 위한 마케팅

일자리를 구하는 돌봄노동자를 위해 마케팅을 할 필요가 있을까 생각할지도 모르겠다. 현재보다는 덜하겠지만 2008년에도 일할 사람을 뽑는 것은 매우 공이 들어가는 일이었다. 아동을 양육·보육하는 일은 아동을 양육해본 경험이 있다고 해서 누구나 할 수 있지는 않다. 돌봄노동자는 아동을 사랑하는 마음과 아동돌봄에 적절한 품성과 인성을 갖추어야 함은 물론, 전문교육도 받아야 한다. 돌봄노동자를 모집하기 위해서 지역조사를 기반으로 주요 타깃지역을 설정하고 홍보마케팅을 시작했다. 송도가 고객을 확보하기 위한 타깃지역이었으므로 지리적 근접성이나 교통 등을 중시했고, 구도심이나 신도시의 성격과 주거지 형태 분포 등도 세심하게 고려했다. 2022년에도 고객 분포는 여전히 송도가 압도적이고 청라와 검단 신도시로 확대되고 있다. 돌봄노동자는 구도심을 중심으로 미추홀구, 연수구, 서구 순으로 분포되어 있다.

4) 지역사회문제 해결에도 관심

다사랑보육서비스는 사회적기업이고 아동돌봄이라는 지역사회문제를 해결하자는 고민에서 시작된 사업이다. 그런데 정부 지원이 종료되어 중산층

이상의 고객을 확보하는 데 총력을 기울이고 사업을 유지하는 것에 급급해지
자, 다른 한편 지역사회에 방치된 아동돌봄 문제에는 어떻게 접근할 것인가
하는 고민이 커졌다. "취약계층을 60% 이상 고용하니까 그것으로 충분하다"
라는 태도는 직무유기라고 생각했다. 지역과 연계한 인프라를 활용하여 지역
아동센터를 설립하는 등 공공기관의 보조금을 활용할 수 있는 다양한 사업을
구상하고 진행했다. 구체적인 내용은 뒤에서 살펴볼 것이다.

3. 다사랑보육서비스의 주요 사업과 성과

15년 동안 진행해온 아동돌봄사업을 풀어보면서 다사랑보육서비스가 사회
적경제기업으로 지역에서 어떤 역할을 해왔는지 그려보고자 한다. 그러면 앞
으로 어떤 전망과 사명감을 갖고 사업을 진행해야 하는지도 자연스럽게 그려
지지 않을까 싶다.

1) 주력사업: 가정방문보육사업

(주)다사랑보육서비스의 주력사업은 가정방문보육사업이다. 사업 목표는
아동돌봄의 사각지대 혹은 틈새시장을 찾아내고 해결 방안을 모색하는 동시
에 수익 구조를 만들어내는 일이다.

고객을 확보하기 위한 주요 타깃은 정부나 지자체의 지원 대상이 아닌 일
반 돌봄시장이었으므로 지불 능력이 있는 가구가 집중적으로 거주하는 지역
을 첫 번째 타깃으로 설정했다. 현재도 크게 다르지 않지만 앞서 언급했듯이
2000년대 초 일반적인 아동돌봄시장은 대부분 유료 소개소가 주도하는 시장
으로 알선 수수료 수익이 목적이었고, 아동돌봄노동자를 보호하는 사회안전

망이 갖춰지지 못하여 사회보험 가입도 안 되던 상황이었다. 돌봄노동자는 인권을 보장받지 못했고(주민등록증 맡김, 소지품 검사 등) 아동이 다치면 벌어질 배상 부담을 우려해 화장실도 제때 못 가면서 일했다.

이후 2015년경부터 정부의 아동돌봄정책이 본격화되었다. 그간 사회적기업이 진행하던 사업을 기반으로 한 것으로, 돌보미에 대한 4대 사회보험 가입 등 조건도 개선되었다. 반면 정부 정책이 확대되면서 다사랑보육서비스 시장은 작아질 수밖에 없었고 경영에 타격을 받기도 했다. 하지만 시장 규모가 축소되서 힘들기보다 세밀하지 못한 아동돌봄정책에 박수를 쳐줄 수 없어서 더 답답했다. 나는 직원들과 약속했었다. 더 나은 정부 정책으로 아동돌봄이 100% 진행되면 사회적기업의 아동돌봄은 "근사하게 문을 닫자"고 했다.

그러나 현재 정책이 얼마나 실효성이 는지는 의문이다. 무엇보다도 실수요자가 정책 대상에서 제외되고 있는데, 중위소득 150%를 초과하는 가정은 지원을 거의 받을 수 없다. 중위소득의 150%는 2022년 월 6,292,052원으로, 맞벌이 가구의 부부가 각각 300만 원 남짓 소득만 있으면 지원 대상에서 제외된다. 과연 이런 정도의 정책을 일·가정 양립정책이라 할 수 있을까? 출생률 제고에는 또 얼마나 도움이 될까?

애초에 다사랑보육서비스는 정책의 빈 공간, 틈새시장 등 사각지대를 발굴하여 지역사회에 기여하려는 포부를 가졌는데, 정부 지원 없이 서비스를 받을 수 있는 중산층 이상의 고객을 대상으로 할 수밖에 없는 한계를 안고 있다. 더욱이 2020년부터 2년이 넘는 코로나 팬데믹을 겪으며 엄청나게 훼손된 사업을 어렵사리 복구하는 중이다. 코로나 이전인 2019년에는 돌보미를 평균 80여 명 고용하여 아동 95명 정도를 돌보아왔는데, 코로나 2년차인 2021년에는 돌보미가 29명 정도로 줄었고, 아동도 34명 정도로 축소되었다.

방문보육사업은 대부분 맞벌이 가정의 양육서비스 요청이 많지만, 엄마가 전업주부인 경우도 점점 많아진다. 핵가족 상황에서 친족의 도움을 받기 어

〈그림 8-1〉

가정방문 아동돌봄 현장

엄마가 안심할 수 있는 방문보육서비스
다사랑보육서비스는 시스템방식 다릅니다.
다사랑보육서비스 로고

자료: 다사랑보육서비스.

려운 가정은 아동양육의 스트레스로 우울증을 겪기도 한다. 그리고 예전에는
엄마가 서비스 요청을 하는 편이었다면, 2020년이 지나면서 아빠가 서비스
요청을 하는 경우가 점점 늘고 있다. 한부모 가정에서도 아빠가 주 양육자인
경우가 많아지는 것을 체감한다. 아동양육정책이 맞벌이 가정뿐만 아니라 다
양한 양육 취약계층을 돕는 정책으로 발전해야 한다.

잊혀지지 않는 고객이 있다. 매달 한두 번씩 3시간의 서비스를 신청한 아기
엄마다. "아기가 5개월 되었는데 출산 후 한 번도 자유로운 시간을 가져본 적
이 없어요. 3시간 아기를 맡길 수 있다면 조조 영화를 보러 가려고 합니다. 가
능한가요? 여유가 되면 다음에도 신청해도 될까요? 유일한 힐링 시간입니다.
이제 살 것 같습니다."

2) 아동돌봄전문가 교육사업

서두에서 언급했듯이 아동돌봄사업을 운영하려면 고객과 더불어 아동돌봄
노동자를 확보하는 일이 매우 중요하다. 구인 광고만 하면 사람은 얼마든지
구할 수 있다고 생각하거나, 사람 구하기가 뭐 그리 힘드냐고 할 수도 있지만,

실제로는 고객을 확보하는 일보다 일할 사람을 구하는 편이 더 힘들다.

돌봄노동자는 아동돌봄사로 일하려면 합당한 준비가 되어 있어야 한다. 우선 아이를 사랑해야 한다. 이를 위해서는 무한 인내력과 무한 사랑이 필요하다. 또 아동을 돌볼 수 있는 체력과 인성, 전문지식을 갖춰야 한다. 혹자는 '뭐, 애는 누구나 다 볼 수 있는 거 아닌가'라고 할 수도 있겠지만 현장에서는 절대 그렇지 않다. 아동돌봄과 아동돌봄 교육사업은 함께 이루어져야 하는 관계이다.

실제 아동돌봄사업 업체들은 돌보미를 구하기가 쉽지 않아 적지 않은 어려움을 겪고 있다. 하지만 다사랑보육서비스는 이러한 문제를 정면 돌파하고자 아동돌봄 교육사업을 본격적으로 준비하여 진행했다. 그 결과 구인문제 해결은 물론 아동돌봄서비스의 질과 서비스 만족도가 높아지고 있다. 또 교육사업을 수익사업 모델로 확장하여 회사 경영에도 큰 도움이 되고 있다.

교육과정은 매월 한 차례씩 진행하고, 주된 교육 대상은 취업을 준비하는 경력단절 여성이나 중장년 여성이지만 예비 부모와 예비 주부모도 참여한다. 교육과정은 민간자격증 취득을 목표로 베이비시터(아동양육지도사), 놀이시터(놀이학습지도사), 북시터(문해놀이지도사)로 나누어 진행한다. 코로나 이전에는 연간 350여 명을 교육하여 그중 50여 명이 자격증을 취득한 후 취업했다. 코로나 사태 이후에는 연간 100여 명을 교육하고 취업자도 10명 남짓으로 축소되었다. 교육사업 마케팅은 바이럴, 키워드 등 온라인 마케팅을 주로 하고 필요하면 취업박람회에 참여하거나 각 취업기관에 안내지를 비치한다. 10여 년이 지나면서 입소문으로 참여하는 교육생이 50% 이상이다. 다음과 같은 보육생들의 반응은 큰 힘이 된다(다사랑보육서비스 홈페이지에서 발췌).

손주 둘을 키웠지만, 아이도 좋아하고, 내가 미흡한 건 무엇이었을까 궁금하기도 해서 수강 신청을 했다. 설렘을 안고 첫 강의 시작~ 들으면 들을수록 잘했다는 생

<그림 8-2> 아동돌봄 전문가 교육과정

자료: 다사랑보육서비스.

각이 들었다. 강사님들의 실감나고 재미있는 수업, 하하호호 웃으며 미흡한 점도
발견~ㅋ. 예비 할머니들에게 필수 코스로 강추하고 싶어요~

그동안 자녀를 키웠고 쌍둥이 손자를 딸과 함께 키우지만 모르는 게 너무
많았다. 다사랑보육에서 교육을 받아보니 정말 좋았다. 쌍둥이를 보기 전에
이런 교육을 배웠으면 얼마나 좋았을까 아쉽다. 주변에 양육하는 사람이 있
다면 꼭 교육을 이수하고 나서 올바른 아동양육을 하라고 추천하고 싶다.

3) 지역아동센터 설립과 운영

인천 남동구 논현동에는 대규모 임대아파트 단지가 있다. 아파트 단지의
규모는 보통 1,800~2,000세대가 넘는다. 등대마을 아파트 단지(1,800세대)에
서 아동돌봄과 관련된 구인 활동 중에 아파트 운영 관련자들과 여러 논의를
진행했는데 방과 후에 방치되는 아이들 걱정이 많았다. 이를 계기로 지역공
부방사업을 기획했고, 아파트 관리소장과 동대표가 협력하여 아파트 커뮤니

<그림 8-3> 지역아동센터 컵타발표회

자료: 등대마을지역아동센터.

티 공간을 무상공부방으로 운영하는 조건으로 LH와 무상 임대계약을 맺었다. 자체 예산을 들여서 그 공간을 아이들 공부방으로 만들었고, 교사 2명을 배치하여 운영했다. 운영비, 인건비를 다사랑보육서비스가 모두 부담하고 아파트 동대표 회의에서 운영비 일부분을 후원하면서 사업이 시작되었다. 2010년 지역아동센터로 승인된 이 공간에서 35명의 아동이 급식과 학습놀이 프로그램으로 행복한 시간을 보내고 있다.

이후 2009년 LH공모사업으로 등대마을 아파트 근처에 있는 하늘마을 아파트에서도 지역아동센터를 준비했고, 동대표 회의의 동의 절차 등을 거쳐 어렵게 설립되었다. LH공모사업이라고 하지만 장소만 무상임대였고, 지역아동센터는 설립 승인 후 2년간 운영비를 지원받지 못했다. 그동안 인건비를 포함한 운영비와 이후의 부족한 운영비는 기업이 지원했고, 이곳에서 지금은 36명의 아동이 멋진 시간을 보내고 있다.

누가 내 인생에서 가장 잘한 일이 무엇이냐고 묻는다면 지역아동센터 2곳을 만든 일이라고 대답한다. 우리 지역아동센터의 아이들은 굉장히 밝다. 공간도 비교적 넓은 편이고 시설도 제법 괜찮아서 아이들이 신나게 들어오는 모습은 정말 아름답다. 지역아동센터를 만드는 과정에서 갈등도 적지 않았고 지역주민을 설득하는 것도 참 쉽지 않았다. 아마 서로 이해와 소통이 부족해서였을 것이다. 지금은 지역주민과 관리소 운영자도 아주 협조적이다. 그 안에서 아이들의 행복이 커나가는 것 같다.

아쉬운 일도 있었다. 등대마을 분들과 회의를 진행하면서 지역주민이 긴급하게 외출해야 할 때 아이를 돌보기가 어렵고 비용이 많이 든다는 문제를 알았다. 다사랑보육서비스는 단지 내 커뮤니티 공간에 긴급돌봄을 목적으로 하는 돌봄방을 운영하기로 했다. 월수금 주 3회 진행했는데 정해진 시간에 맞추어야 하는 어려움으로 계획보다 참여하는 주민이 적었고, 실무자 인건비 부담으로 1년을 다 채우지 못하고 정리했다. 주 9명, 월 36명 정도의 아동돌봄을 지원했다. 사업이 활성화되면 시나 구 사업으로 확장할 계획이었는데 아쉬움이 남았다.

4) '찾아가는 양육코칭, 찾아가는 놀이코칭' 사업

2016년부터 인천 서구 건강가정지원센터에 제안하여 '찾아가는 양육코칭, 찾아가는 놀이코칭' 사업을 하게 되었다. 양육의 어려움을 겪고 있는 미혼모 가정, 조손 가정, 한부모 가정 등 아동양육 취약계층을 주 대상으로 했으며 1일 3시간씩 대부분 8회기 사업으로 진행했다. 주 양육자가 아동을 함께 돌보기로 전제하고 한 돌 미만의 아동은 양육코칭으로 돌이 지난 아동은 놀이코칭으로 계획했으나 대부분 두 서비스를 같이 신청했다. 미혼모 가정(8), 한부모 가정(2), 조손 가정(2), 다문화 가정(1) 총 13가정에서 진행했다. 아동을 잘 양육할 수 있는 기초 소양을 코칭사가 지도하는 것이 주 목적이었다.

아동양육 취약가정의 상황은 매우 다양했지만 아기 엄마를 포함한 주 양육자의 상황이 대체로 불안정하고 환경이 좋지 않다는 공통점이 있었다. 대부

〈그림 8-4〉 양육코칭 사례

자료: 다사랑보육서비스.

분 아동양육 준비가 부족했고 주변의 도움을 받기 어려웠다. 아기 트림 시키기조차 어려워하는 상황이 비일비재했다. 코칭사들이 친정 엄마처럼 아기 엄마와 아기를 돌보았고 집안 살림하는 법, 화장실 청소하는 법, 쓰레기 정리하는 법까지 알려주었다. 이렇게 정서적으로 의존하는 멘토-멘티 관계가 형성되면서 코칭사들은 주변 지인의 도움을 받아 아기 동화책이나 옷 같은 아동용품을 지원해주기도 했다. 코칭사들은 이런 상황을 센터에 피드백했는데, 한 양육 코칭사의 일지는 현장 상황을 잘 보여준다.

엄마 나이가 어려서 그런지 집안 살림을 할 줄 몰라요. 그래서 집을 깔끔하게 치워야 한다고 가르쳐 드렸는데 잘 고쳐지지 않습니다. 지난주에 거실에 담배 꽁초가 있어서 아기도 있는데 거실에서 담배 피면 안 된다고 했습니다. 다행히 오늘은 거실에 담배 꽁초가 보이지 않았습니다.

이 사업의 성과는 매우 좋았으나 예산을 확보하고 대상자를 발굴하기가 쉽지 않았다. 집에 타인이 들어왔을 때 수치심이나 거부감을 느끼는 일이 걸림돌로 작용했다. 코칭사들은 하루 3시간의 비용밖에 받을 수 없었고, 가끔은 가정에 도착했는데 문이 닫혀 있어 발길을 돌려야 하는 등 여러모로 상황이 어려웠다. 그럼에도 코칭사들이 헌신적으로 참여해서 사업을 잘 마무리할 수 있었다.

4. 코로나 팬데믹과 싸우며

2020년 코로나 팬데믹은 지구촌에 엄청난 변화를 가져왔고, 사회의 전 부문이 큰 타격을 입었다. 앞서 언급했듯이 회사도 적지 않은 타격을 받았고 아직도 회복하기 위해 몸부림 치고 있다. 하지만 팬데믹이 장기화되는 상황에서 가장 어려움에 처한 이들은 가난한 사람들, 특히 아이들이었다. 아동은 부모가 출근하고 나면, 지역아동센터에도 나올 수 없고 학교에도 갈 수 없어 집에서 혼자 게임을 하거나 휴대폰만 가지고 놀아야 했다. 게임과 휴대폰을 접한 시간이 너무 많아 눈 깜빡임이 심해지는 등 학습과 생활 면에서 어려움이 심각해진 경우가 많았다. 회사의 어려움도 어려움이지만 뭔가 해야 한다는 생각에서 벗어날 수 없었다. 지역아동센터를 운영했기 때문에 이를 연계하는 기회를 만들 수 있었다.

1) 슬기로운 아동돌봄사업

슬기로운 아동돌봄사업은 팬데믹 상황에서 어려움에 처한 취약계층의 일자리를 확보하기 위한 내일키움 지역사회서비스 공모사업의 일부였다. 2020년 11월부터 2021년 2월까지 한시적으로 진행되었는데, 아동돌봄 사각지대를 발굴·지원하기 위하여 지역아동센터에 필요한 인력을 지원하고 이들이 추후 아동돌봄 분야에 취업할 수 있도록 교육·훈련하는 목적도 있었다.

지역아동센터와 드림스타트 등 지역의 협조와 지원으로 돌봄이 필요한 가정을 발굴하고 아동돌봄사들이 방문하여 식사 챙기기, 이야기 들어주기, 게임

〈그림 8-5〉 슬기로운아동돌봄사업

자료: 다사랑보육서비스.

이나 핸드폰 시간 조절해주기, 종이접기, 동화 읽어주기 등의 사업을 진행했다. 한시적 사업이어서 한계는 있었으나 지역아동센터에 큰 도움이 되었고 이후 2021년에는 인천지역아동센터에 6개월 한시적 사회복지사 지원사업도 추진되었다.

임대아파트 단지에 사는 한 초등학생 여자아이의 사례를 보면, 위층 주민의 불미스러운 행동 때문에 혼자서는 문밖을 나오기도 어려워서 집 안에 격리된 채였다. 엄마는 생계를 위해 일하는 중에도 딸아이가 걱정되어 전전긍긍했다. 아동돌봄사는 엄마가 일하는 동안 혼자 있어야 하는 아이와 함께하면서 보드게임도 하고 이야기도 들어주었다.

2) 아동문해 돌봄사업

특히 신학기가 되자 문해환경이 취약한 다문화 가정과 맞벌이 가정의 아동

<그림 8-6> 아동문해돌봄사업

자료: 다사랑보육서비스.

이 학교에 적응하는 데 어려움이 발생했다. 학교에 흥미를 갖기 어려운 아동이 많아졌다. 마스크를 써야 했기 때문에 소통은 더욱 힘들어졌고 가정 내 문해환경이 취약하여 집에서도 충분히 학습할 수 없는 상황이 겹치며 학교 생활이 더욱더 어려워졌다.

2021년 인천사회적경제지원센터의 지역사회돌봄서비스 공모사업의 도움을 받아 인천의 6개 지역아동센터와 협의하여 문해돌봄사업을 시작했다. 6개 센터에서 다문화 가정, 한부모 가정 등 가정문해환경이 취약하여 문해 능력이 현저히 떨어지는 아동 30명을 추천받았다. 3개월 사업기간 동안 경력단절 여성 4명을 단기 교육하여 투입했고 매주 상황을 공유하면서 멘토링을 진행했다. 단기간 사업이었고 전문학위를 갖춘 돌봄사들도 아니었지만 엄마가 내 아이를 돌보듯이 문해놀이돌봄을 진행하자 아이들에게 괄목할 만한 변화가 있었고, 지역아동센터로부터 앞으로 사업이 계속 진행되었으면 좋겠다는 요청을 받았다.

다문화 가정의 한 아이는 한글이 어려워서 책만 보면 어지럽다고 했는데, 돌봄사와 함께 한글 공부와 책 읽기를 한 지 두 달 만에 자신감이 충만해져서 받아쓰기를 하자고 선생님을 쫓아다니기까지 해서 선생님이 감동의 눈물을 흘렸다. 또 학습이 아주 더딘 한 아이는 선생님과 일대일로 한글 놀이를 진행하여 3개월이라는 짧은 시간에 의사소통과 읽고 쓰기에서 큰 진척을 보였다. 이 사례에서 선생님이 학습을 어려워하는 아이들을 일대일로 좀 더 세밀하게 보듬고 지원하면 높은 학습효과가 나타나는 것을 확인했기 때문에 사업이 끝나면서 다시 예전으로 돌아갈까 봐 큰 걱정이 되기도 했다.

5. 다사랑보육서비스 15년의 역사를 되돌아보며

다사랑보육서비스는 시민사회단체가 지역사회에 어떻게 기여할 수 있는지, 특히 지역아동복지문제를 해결하는 데 어떻게 기여할 수 있는지를 궁리하는 데서 시작되었다. 기업으로서의 생존과 사회적 가치 실현을 동시에 추구하면서 15년 동안 좌충우돌해온 것 같다. 공모사업과 자체사업을 막론하고 사회적기업이기에 지역사회문제를 발굴하고 문제 해결을 위하여 시도해볼 수 있던 사업도 꽤 있었다. 서비스 제공자인 아동돌봄노동자의 상황도 몸으로 부딪히며 겪을 수 있었고, 사회안전망에서 비껴 서 있는 이들에게 조금 더 나은 노동환경을 제공하고자 노력했다.

사회적기업 하나가 할 수 있는 일은 "우리라도 이렇게 해보자"라는 작은 시도일 것이다. 하지만 이것도 변화의 초석이 되리라는 믿음을 갖고 있다. 원칙적으로 돌봄서비스 영역은 국가와 사회가 책임져야 한다. 돌봄분야의 사회적기업은 아동복지의 틈새를 찾아 메우는 역할을 하고 있다. 때로는 기업 운영을 위해 혹은 종사자들의 호구지책을 위해 수익을 창출하는 노력을 우선시해야 하는 상황에 몰리기도 하지만, 역설적으로 그로 인해 국가나 사회가 놓치고 있는 아동돌봄의 사각지대를 찾아내고 대안을 만들어내는 실험이 가능하다고 생각한다.

사회서비스를 제공하는 사회적기업은 고객의 욕구를 찾아서 그에 맞는 서비스를 개발하고 부단히 서비스 품질을 개선하여 고객 만족도를 높이고자 무던히 애를 쓴다. 그것이 일반 시장에서 살아남는 방법이기 때문이다. 동시에 사회적경제기업으로서 복지 사각지대에 대한 촉을 높이고 감을 살리고자 노력한다. 이렇게 지역과 시장을 경험한 사회적경제기업과 사회서비스·복지의 만남은 필연일 것이다.

지역의 사회서비스와 복지 그리고 사회적경제기업의 만남이 복지 사각지대를 발굴하고 문제를 해결하기 위한 다양한 접근을 가능하게 만들어 사회복지 밀도를 높이는 의미 있는 성과를 내리라 믿고 오늘도 씩씩하게 현장을 누빈다.

건강을 살피고 이웃을 만나고 마을을 돌본다
자기돌봄, 서로돌봄, 마을돌봄

우세옥 (한국의료복지사회적협동조합연합회 상임이사)

사회적경제 영역 중 조금은 낯설 수 있지만, 살아가는 데 중요한 요소로 건강과 의료 분야를 빼놓을 수 없을 것이다. 공공의료의 대안적 모델로서 의료를 넘어 생활과 돌봄까지 지역에 뿌리내린 의료복지사회적협동조합(이하 의료협동조합)을 소개하고자 한다.

1. 주민자치와 협동조합

1997년 즈음으로 기억된다. 학생 때 함께 활동했던 동아리 진료소 선배로부터 연락이 왔다. 선배는 인천평화의료생협(현 인천평화의료복지사회적협동조합) 보건예방실장으로 활동하고 있었는데 세미나에 참여도 하고 자원활동에도 참여하기를 권유했다.

인천평화의료생협은 노동자의 직업병, 산재 등을 상담하는 지역의원(의료인의 출자로 운영되는 비영리의원)이었다가 '지역주민을 건강주체로 세우기'를 결정하여 1996년 창립한 지역주민 소유의 의료협동조합이다. 참고로 1998년 소비자생활협동조합법이 제정되어 의료소비자생협으로 운영되어오다 협동조합기본법이 제정된 후 2013년에 의료복지사회적협동조합으로 조직 변경되었다.

한 번은 일본 자료를 번역한 책『주민자치와 생활협동운동』을 주제로 세미나가 열려 참여할 기회가 있었는데, 나는 '주민자치'에 대한 이해가 거의 전무했고 '생활협동조합'도 상당히 생소했다. 다만 주민자치가 중요한 시대라는 것과 협동하는 사회가 필요해지고 있구나 하는 인식만 겨우 할 수 있었다.

안성의료생협의 조합원과 인천평화의료생협 조합원 교류회에 차량자원봉사도 하며 의료기관을 운영하는 의료협동조합의 조합원 활동을 경험했다. 그즈음 의료협동조합이 130여 개나 있는 일본연수단에 참여할 기회가 있었는데, 오사카 지역 연수는 나의 진로를 바꾼 중요한 계기가 된다.

1) 철판구이집, 건강을 이야기하는 건강반

이미 이 시기는 일본이 고령화 사회에 진입했고 일본의료생협도 조합원의 고령화로 개호보험(2000년 제정), 한국에는 장기요양보험제도에 해당하는 법과 정책이 준비되고 있었다. 일본 조합원이 우리 연수단을 보고 젊은이가 많이 참여했다고 환영회를 해주었는데 말로만 듣던 일본의 고령사회를 실감했다. 조합원의 80~90%는 이미 70~80대였고 조합에서 일하는 청년은 주로 50대였다.

연수단은 조합원 할머님이 운영하는 철판구이집으로 안내받았다. 이 가게 주인 할머니의 남편이 뇌졸중으로 쓰러지셨고 돌아가시기 전까지 의료생협의 자원활동가가 방문하여 일상적인 돌봄활동으로 도움을 주었다고 한다. 할머니는 할아버지가 돌아가신 후 고마움에 대한 보답으로 자신의 가게를 손님이 뜸한 오후 시간에 의료생협 반모임 장소로 제공해주셨다. 오후 3시쯤 근처

사시는 70~80대 조합원 4명이 한 분 두 분 들어오신다. 자연스럽게 조그만 테이블에 앉으시더니 소변의 나트륨을 체크하고 혈압과 혈당을 측정하여 차트에 기록하는 것이 아닌가? 일반 주민이 스스로 건강을 체크하고 그 결과를 기록하는 일은 한국에서 흔히 볼 수 없는 일이었다.

4명 중 1명은 건강반장님으로 전에 의료기관에서 일하다 퇴직한 간호사였는지 아니면 훈련받은 자원활동가(한국에는 건강리더가 있다)였는지 정확히 기억은 나지 않지만 반장님의 진행으로 왜 혈압이 높게 나왔는지, 평소 생활은 어떠했는지 서로 이야기하며 성찰한다. 지금 한국의 의료협동조합에서 건강 공동체활동의 하나로 여겨지는 건강 반모임, 건강수다와 비슷하다 볼 수 있다. 의료가 전문가에게 맡겨진게 아니라 스스로 자신의 건강한 생활을 점검하고 확인하고 성찰하는 활동을 반모임에서 늘상 해오고 있던 것이다. 나는 뒤통수를 한 대 얻어맞은 듯했다. 다른 무엇보다 지역에서 지역주민이 스스로 건강의 주체가 되도록 훈련하고 지원하는 일을 해야겠구나. 나의 비전과 할 일을 찾았다고 마음속으로 외쳤다.

2) 건강권과 건강정보를 주민에게

국민건강보험제도가 전 국민으로 확대된 1987년 즈음 농촌에는 의료기관이 희박했다. 1차 의료기관의 개설은 법인을 제외하고 대부분 의사 개인에게 허용되는데 농촌에는 개원을 잘 하지 않으려 했다. 도시로만 몰려들 뿐 수지타산이 맞지 않은 시골에 개원하는 의사는 흔하지 않았다. 현재도 농어촌과 도시의 불평등은 여전히 주민의 건강을 위협하고 있다. 경제적 소득의 불평등은 건강불평등의 차이를 고스란히 양산한다.

의료협동조합 초기의 조합원과 주민은 의료에 있어서 늘 약자일 수밖에 없었다. 의료기관을 이용하면서 겪는 불편한 문제를 해결하기 위해 알 권리를

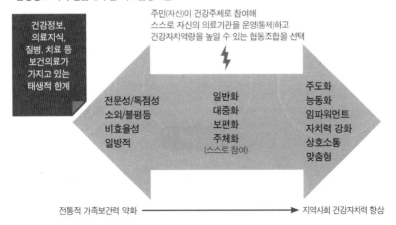

건강정보 획득 관점에서 본 의료협동조합

건강정보, 의료지식, 질병, 치료 등 보건의료가 가지고 있는 태생적 한계

주민(자신)이 건강주체로 참여해 스스로 자신의 의료기관을 운영(통제)하고 건강자치역량을 높일 수 있는 협동조합을 선택

전문성/독점성
소외/불평등
비효율성
일방적

일반화
대중화
보편화
주체화
(스스로 참여)

주도화
능동화
임파워먼트
자치력 강화
상호소통
맞춤형

전통적 가족보건력 약화 ────────────────▶ 지역사회 건강자치력 향상

보장하고 실천하는 민주적 의료기관을 만들고자 했다. 지금은 환자의 권리가 개선되고 있지만 아직까지도 환자 권익과 옹호는 갈 길이 멀다 할 수 있다.

돌봄분야의 협동조합과 사회적협동조합은 세계적으로 그 수나 규모가 상당하지만 '의료'라는 공공재 성격인 의료기관을 협동조합으로 운영하는 의료협동조합의 모형은 한국과 일본, 아시아, 캐나다 등 몇 개국을 제외하고는 그다지 보편적이지 않다. 서구 유럽 국가의 대부분에서 의료서비스는 공적 영역으로 국가 정책과 제도하에 관리 운영되기 때문이다.

한국형 의료협동조합은 경쟁과 시장화된 의료체계에서 건강불평등 문제를 협동조합 방식으로 해결하고자 했고, 무너진 보건의료환경에서 지역에 밀착하여 주민을 건강의 주체로 세우고 의료인과 협력하여 주치의제도를 실현하자는 기치를 내걸며 탄생했다.

처음 설립했을 때로부터 30년이 지난 지금 협동조합 조합원의 필요와 욕구는 변했다. 30여 년 전 30대였던 조합원은 60대가 되었다. 이들뿐만 아니라 대부분의 사람들은 나이 들어도 시설에서 생을 마감하기보다 자신이 살던 곳에서 건강하고 존엄하게 살아가기를 염원한다.

정부의 통합돌봄정책은 더 이상 미룰 수 없어 보인다. 최근 들어 통합돌봄을 위한 선도사업지역에 일부 의료협동조합이 참여하면서 궁극적으로 자신이 살던 곳에서 안전하고 건강하게 살아가기 위한 하드웨어와 시스템을 갖추려는 노력이 진행되고 있다.

3) 건강을 다시 생각하다

매년 새해가 되면 올해 소원이 무엇이냐고 기자들은 국민에게 묻는다. 많은 응답 중 하나가 '나와 가족의 건강'이다. 의료협동조합은 건강을 협동 방식으로 해결하고자 한다. 세계보건기구는 "건강은 단순히 질병이 없거나 결함이 없는 상태가 아니라 신체적·정신적·사회적·영적으로 완전히 안녕한 상태

〈그림 9-2〉 건강의 사회적 결정 요인

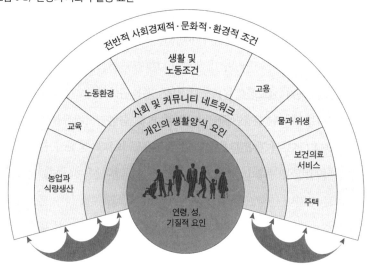

자료: 세계보건기구(2008).

"건강이란?
아픔을 중심에 두고 나를 극복하는 힘이며
몸, 마음, 세상의 안녕과 더불어
영적 생태적으로
건강한 관계를 발현해가는 과정이다."

건강약속
아플 때, 내 삶을 돌아보고
몸과 마음의 소리에 귀 기울입니다.

내가 아픈 것은 세상이 아픈 것임을 깨닫고
그 아픔의 근원을 바라봅니다.

생명이 내는 소리에 귀 열게 하고
이웃의 아픔이 곧 내 아픔임을 압니다.

늘 안부를 묻고 살피는 서로가 되고
이웃이 아플 때 손 내밀어 잡습니다.

생명, 그 본성처럼 늘 서로 돕고, 서로 나누며
더불어 하나 됨 속에서 기뻐합니다.

한 생명 한 생명이 빛날 수 있게 하소서.

자료: 한국의료복지사회적협동조합연합회(2015.10.5), 총회 개정(2018.1.29).

이다"라고 정의한다. 또한 건강증진은 "사람들이 그들로 하여금 문제를 해결할 수 있는 능력을 높여주는 과정"이라고 말한다. 건강증진은 보건소에서만 이루어지는 것이 아니다. 주민이 살고 있는 지역에서, 집에서, 일상에서 이루어져야 하지만 건강증진을 실천할 수 있는 '가까운' 공간은 늘 부족하다.

2012년 한국의료복지사회적협동조합연합회(이하 한국의료사협연합회) 교육연구센터에서는 의료협동조합에서 생각하는 '건강관'을 3년여 간 연구하여 2015년 건강정의를 재구성했다(〈표 9-1〉 참조).

개인과 집단의 건강 상태에 영향을 미치는 사회적·경제적 환경 요인인 '건강의 사회적 결정 요인(social determinants of health)'을 2008년 발표했다.

〈그림 9-3〉 나에게 건강이란 네모다

조합원에게 건강이란 무엇이라고 생각하는지 물어보았다. 일명 '건강수다'의 기본 메뉴로 조합원들이 답한 것을 보면 재산, 동반자, 활력소, 반쪽, 사랑, 가족, 필요조건, 생명, 뒤늦은 깨달음, 마음의 평안, 알아차림, 실천, 긍정, 웃음 등이다. 이렇게 건강은 일상의 언어로, 흥얼거림의 주제로, 주민이 가깝게 인식하도록, 그 의미를 실천하도록 활동 속에 내재화하고 있다.

자료: 인천평화의료사협(2016).

즉 건강은 개인의 생리적·유전적 문제뿐만 아니라 생활 행태, 구성원이 속하는 사회경제적·문화적·환경적 조건의 영향을 받는다. 의료협동조합은 건강의 사회적 결정 요인에 주목하여 개인의 생활양식 수준부터 협동의 방식과 원리로 해결하려 노력한다.

4) 의료복지사회적협동조합운동은 어떤 특징이 있나요?

자본주의로부터 소외된 이들이 스스로 다른 삶의 원리를 실천하고 연구하면서 만들어온 것이 협동조합이라면, 의료협동운동이란 '누구나 건강하게 살고 싶다는 바람'을 기본으로 삼아 '지역'을 중심으로 '사람'을 만나고 의료인과 환자, 주민과 주민, 서로의 '건강한 관계'를 지향하는 운동이다. 이런 의료협동조합의 특징은 다음과 같다.

첫째, 지역주민, 의료인, 자원활동 등 복합 이해당사자 협동 공동체이다.

둘째, 예방보건사업과 이를 보장하는 제도의 확충을 중요시한다.

셋째, 주민의 민주적 참여를 보장하는 공동 의료기관을 가지고 있다.

넷째, 조합원이 자발적으로 참여하는 건강모임(건강모임, 자조모임, 소모임)을 구성하고 일상화한다.

다섯째, 사회적 배제(차별), 사회자본 조직화, 지역사회 연대전략을 강화해 지역협동 민주사회를 만든다.

5) 의료협동조합운동의 지향점

- 의료관: 모든 의료는 환자 입장에서 봐야 하며, 환자의 생활공간(집, 문화, 마을)이 곧 의료문제를 해결하는 곳이다.
- 환자관: 건강과 질병을 이기는 주체는 결국 자기 자신이다.
- 조직관: 건강은 건강한 관계다. 개인이 아닌 사람끼리 협동해서 건강한 관계를 만드는 일이다. 직원과 의료인, 지역주민의 협동, 즉 조합원을 건강의 주체로 세우는 민주주의 실현이다.

---

2. 의료복지사회적협동조합의 사업과 활동

의료복지사회적협동조합은 협동조합의 보편적 원리를 따르며 사업과 활동을 발전시키고 있다. 첫째, '건강한 의료기관, 복지돌봄사업소 만들기'이다. 조합원의 건강과 돌봄에 대한 욕구와 필요를 해결하기 위한 사업체로서 의료기관과 돌봄기관 사업체를 설립하고 협동조합답게 운영하는 것이다. 둘째, '건강한 생활 만들기'이다. 의료기관이나 돌봄기관만으로는 건강한 생활을 영위하기가 부족하므로 자신의 삶을 잘 살피고, 건강한 생활을 이웃과 동변상련의 마음으로 협동하여 만들어가는 활동이다. 셋째, '건강한 마을 만들기'이다. 나를 돌보고, 이웃끼리 서로 돌보는 일을 마을 전체로 확장해나가는 것이다. 결국 지역이 건강한 환경을 조성하고 지역주민이 잘 살아가게끔 제도를 확충하고, 그물망처럼 상부상조하는 체계를 만들어가는 데 앞장서는 역할이다. 즉 단지 의료기관만 운영하는 것이 아니라 건강의 복합적·총체적 정의를 실천하기 위한 사업을 확장하고 이 과정에서 의료인을 포함하여 사회복지사의

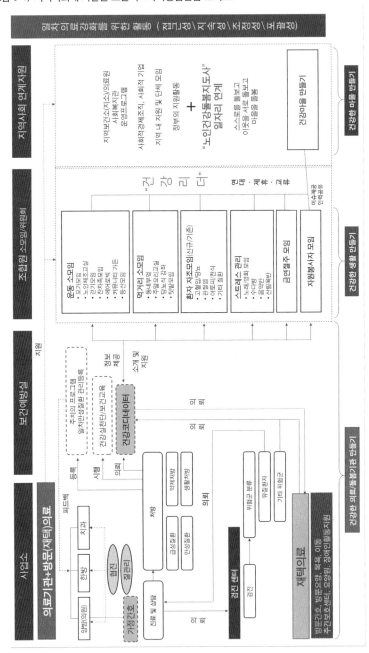

〈그림 9-4〉 지역사회에 기반한 보건의료복지통합돌봄 도식도

활약도 다른 직종과 더불어 그 역할과 영역이 확대되고 있다.

1) 건강한 의료기관 복지사업소 만들기

믿고 신뢰할 수 있는 의료기관

주민에게 의료협동조합원으로 가입한 경위를 물으면 이런 대답을 한다. "주민이 출자해서 운영한다는데…", "편하게 상담할 수 있는 주치의가 있어서요.", "적어도 과잉 진료를 하지 않을 것 같아서요.", "친절히 설명해줄 병원을 찾아왔어요."

주변에 의료기관은 많지만 흔히 발생하는 질병을 관리하고 설명을 잘해주는, 전문가와 이용자가 서로 존중하는 관계로 운영되는 의료기관을 염원하며 의료협동조합을 만들었다. 의료협동조합 의료기관은 적정 진료로 주민과 신뢰를 쌓아가고 있다.

의료협동조합은 1차의료를 수행하는 가정의학과, 내과, 한의원, 치과를 주로 운영한다. 이는 집에서 걸어갈 수 있는 곳에 있고(접근성), 보편적인 질병을 다루며(포괄성), 아프거나 궁금증이 있을 때 항상 상담할 수 있고(지속성), 아픔을 극복하기 위한 여러 방편을 알려주고 필요한 자원과 연결해주는(조정성) 의료기관을 운영하기 위해서다.

의료협동조합의 의료기관은 온 가족이 이용하는 주치의제도를 구현하고자 한다. 가족이 이용할 경우 가족력에 해당하는 질병을 예상할 수 있고, 어릴 때부터 이용한다면 특별히 고려해야 하는 질환이나 약물, 가정환경에 포괄적으로 접근할 수 있다.

특히 요즘은 만성피로, 대사증후군, 만성질환, 스트레스 관리와 영양 섭취, 금연을 위한 건강 상담도 필요하다. 예방적 진료 개념으로 당장 큰 질병이 없더라도 편안히 진료받을 수 있는 환경을 만들고자 한다.

환자권리장전

환자는 투병의 주체자이며 의료인은 환자를 치유의 길로 이끄는 안내자이다. 환자는 이윤 추구나 지도의 대상이 아니라 존엄한 인간으로 존중받고 치료받을 권리가 있다. 이에 모든 환자의 알 권리, 자기결정할 권리, 개인신상 비밀을 보호받을 권리, 배울 권리, 진료받을 권리, 참가와 협동할 권리를 존중한다.

환자권리장전을 실천하는 방법과 실제는 진료 과정과 운영 속에서 피부로 느낄 수 있어야 하는데, 구체적인 사례와 운영 과정에 녹여내는 일은 앞으로의 과제이다.

〈그림 9-5〉 환자권리장전

알아야 면장을 한다: 건강자치력을 높이는 학습활동, 보건(건강)학교

의료에서는 전문가와 이용자의 정보 불균형이 흔히 일어난다. 그렇기 때문에 의료협동조합은 설립 초기부터 조합원의 건강정보력을 획득하기 위한 교육활동을 지속해왔다. 교육활동은 협동조합의 역량을 높이고 주체적인 활동을 확산해가는 밑거름이다.

전통적 가족보건력을 약화시키는 현대 사회에서 의료협동조합은 이를 극복하기 위한 실천 방법으로 건강자치력을 높이는 교육과 학습, 서로의 성장을 돕는 교육활동을 꾸준히 해왔다.

일방적인 배움의 방식이 아닌, 배우고 가르치면서 서로가 성장하는(교학상장敎學相長) 철학이 협동조합 교육과정 전체에 녹아 있다.

협동조합에서 조합원은 민주주의를 몸소 배운다.

위원회 참여하기

의료협동조합은 조합의 의사 결정과 운영에 다양한 방식의 참여를 보장한다. 그 형태 중 하나가 각종 위원회이다. 의료기관 운영(이용)위원회는 의료기관이라는 고유성을 존중하면서도 조합원이 이용하면서 불편사항이나 개선사항을 이용자 입장에서 건의하는 운영참여 구조이다.

의료기관 운영위원회는 의료진, 조힙사입부 실무자, 임원이나 조합원으로 구성되며 월 1회 혹은 2개월에 1회 등 위원회 규정에 따라 개최를 결정한다.

어떤 조합에서는 개선사항이나 민원을 어떻게 처리할지 친절히 답변해준다. 때로는 민감한 사항도 있으나 되도록 문제사항을 잘 설명하여 이해를 돕는 과정으로도 협동조합의 차별성을 살릴 수 있다.

의료를 넘어 돌봄까지

질병에 대한 정보를 교육하고 간단한 건강체크 방법 등 보건학교에 참여하여 수료한 조합원에게는 '건강도우미, 건강돌보미, 보건위원' 자격을 부여하여 이웃의 건강을 살피는 활동을 시작했다. 안성에서는 뇌졸중환자모임 해바라기교실(데이케어) 활동이 있었고, 인천평화의료사협에서는 등대모임이 돌봄활동의 첫 사례라 할 수 있다. 두 곳 모두 보건학교에서 배출된 (조합원)돌봄자원활동가들이 주 1~2회 미니데이케어를 운영하며 돌봄을 담당했다.

안산의료사협의 첫 돌봄활동은 홀몸 어르신의 안부를 묻는 것으로, 일명 '독거노인 결연'사업이다. 모임명은 '감초'. 약방의 감초 같은 역할을 하겠다고 스스로 이름 붙였다. 한 번은 감초 회원 한 분이 혼자 사는 할머니께 전화 안부를 묻는데 할머니의 힘 없는 목소리에 깜짝 놀라 택시를 잡아타고 어르신댁에 갔다. 고열로 힘들어하는 할머니를 모시고 새안산의원(안산의료사협의 의료기관)에서 치료를 받게 하는 일이 있었다. 할머니께는 다행스러운 일이었으나 사비를 들여 어르신을 돌보는 활동을 지속적으로 이어가기에는 한계가 있었다. 감초모임이 활성화되지 않아 고민하던 즈음 안성의료사협과 인천평화의료사협에서도 돌봄자원활동 조합원의 조직화에 어려움이 있었고 비슷한 고민들이 있었다.

이렇게 보건활동가(건강지킴이, 보건위원으로도 불림)들의 자원활동이 어려워지는 한편, 2002~2003년 즈음 한 조합원 할머니가 남편의 치매 고혈압 약을 타러 의원에 오셨다가 눈물을 훔치셨다. "내가 죽으면 분명히 지옥에 갈 거유. 아픈 영감 돌보는 일이 많이 힘들다우. 거실 중간에 주저앉아 실례라도 하면 내가 그걸 다 처리해야 하는데 목욕이며 빨래며, 너무 힘들어서 할아버지가 빨리 돌아가셨으면 좋겠다는 생각이 들잖여… 내가 그런 생각을 하면 죄 짓는 거지." 얼마나 힘들면 이런 생각을 하실까? 이때만 하더라도 부부 단독 세대와 홀몸 어르신의 생활돌봄의 어려움, 쪽방에서 고독사한 홀몸 할머니의 기사 등 크고 작은 이슈가 매스컴에 보도되기 시작했다.

한편 경제 상황이 어려워지면서 활동하던 여성들이 점차 경제활동인구로 나아가던 상황, 어떻게 하면 돌봄활동을 지속시킬 수 있을까? 보건활동가에게 어느 정도 경제력을 담보하면서 좋은 일자리로 어르신 돌봄을 지속할 수는 없을까. 이런 고민이 있을 즈음에 2004년 노동부의 사회적일자리창출사업을 연계하여 **사회적돌봄**을 시작했다.

〈그림 9-6〉 2006년 사회적일자리창출사업 재가케어사업단 연수(의료생협길동무)

자료: 한국의료사협연합회.

2004년 노동부의 사회적일자리창출사업은 사회적돌봄과 보건활동가의 결합 모델이다. 안성, 인천, 안산, 대전, 서울, 진주, 원주 7개 지역에서 돌봄을 희망하는 여성 70여 명으로 시작한 재가케어복지사업은 2007년 10여 곳, 140여 명으로까지 확대되어 '의료생협 길동무'라는 이름으로 거동이 불편하고 취약한 어르신을 만나고 돌보았다.

2) 건강한 생활 만들기

건강을 협동해요, '건강실천단'

건강실천단은 조합원의 건강실천력을 높이는 프로그램으로, 이미 대전민들레에서 시도되었던 것을 안산의료사협에서 재구조화하여 회원조합에 확대했다. 사전 건강체크와 검사, 건강생활을 확인할 수 있는 설문조사 후에 적게는 6주에서 9주 정도 질병 공부, 건강한 식단, 걷기, 마음 챙김 등 스스로 생활을 재조직하는 경험을 통해 자기건강에 대한 관리능력을 개선시키는 프로그램이다. 자신의 건강과 생활에 대한 이슈를 주민과 함께 협동으로 해결하는 건강실천단은 '갱년기여성 자조모임', '통증아카데미', '중년 남성을 위한 과정', '대사증후군 극복을 위한 건강실천단', '협동다이어트', '꽃보다 노년' 등 건강을 스스로 관리하는 힘을 기르는 자기돌봄활동으로 진화 발전한다.

건강모임(마을모임, 소모임, 자조모임)

건강모임은 조합원이 다른 조합원과 만나는 기초 단위이다. 지역마다 소모임이나 건강반이라고 부르기도 한다.

조합원의 같은 취미, 건강한 생활을 주제로 모임을 자율적으로 운영한다. 처음에는 산행 모임, 요가 모임, 색종이 접기 모임 등 쉽게 조직해 모임을 지속할 수 있도록 조합에서 지원한다. 일부 조합에서는 '소모임 운영 규정'을 만들어 지원 범위나 대상을 정하기도 한다. 모임을 꾸려가는 모임지기(반장, 회장)는 핵심 활동가로 성장하거나 조합의 중요한 행사나 의사 결정에 참여하여 운영에 관여할 수 있기 때문이다.

다른 단체들 소모임과의 차이점은 건강을 주제로 만난다는 것이다. 늘 건강을 증진하는 데 초점을 맞춘다. 당뇨를 위한 모임 '당사랑', 고혈압 환자들 모임, 희귀성 질환을 앓고 있는 사람들의 자조모임, 암을 극복하는 자조모임, 마음공부모임, 꽃보다 중년(갱년기 남성, 여성) 모임 등으로 참 다양하다. 건강하면 건강한 대로 질병과 아픔이 있으면 있는 대로 서로 돌보며 하하호호 즐거운 모임을 권장한다.

건강자치의 최고봉, 자원활동

의료협동조합에서 자원활동은 조합원 활동에서 시작하여 발전한다. 조합원이 지역사회 기여활동을 하려면 일부 실무자로는 역부족이다. 취약계층 어

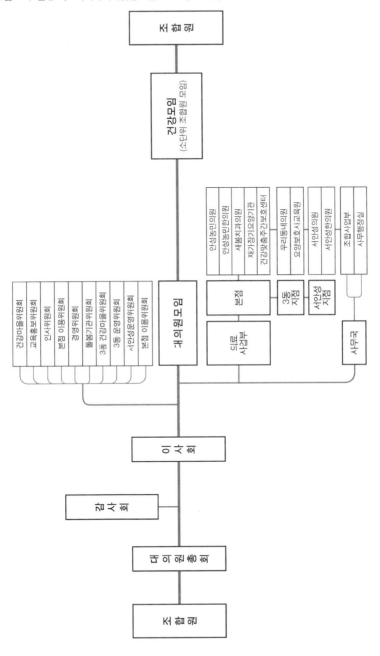

〈그림 9-7〉 안성 의료복지사회적협동조합 조직도(2022년)

조합원

건강모임
(소단위 조합원 모임)

대의원모임

건강마을위원회
교육홍보위원회
인사위원회
본점 이용위원회
경영위원회
돌봄기관위원회
3동 건강마을위원회
3동 운영위원회
서안성운영위원회
본점 이용위원회

본점

시안성

안성농민의원
안성농민한의원
새봄치과의원
재가장기요양기관
건강맞춤주간보호센터
우리동네의원
요양보호사교육원
서안성의원
서안성한의원
조합사업부
사무행정실

3동지점
서안성지점

사무국

이사회

감사회

조합원총회

조합원

르신의 식사, 정서 지원, 주거환경 등 지원의 손길은 많지만 정책의 한계는 늘 있기 마련이다. 의료사협에서는 우리가 할 수 있는 역할을 찾아 자원활동을 조직하고 그 빈자리를 해결해왔다. 초기 자원봉사는 작은 것에서 시작한다. 방문간호, 방문진료를 갔을 때 어르신의 식사가 부실하면 조합원에게 밑반찬 배달서비스를 요청하고 그렇게 밑반찬 만들기와 배달봉사활동이 시작된다.

안산의료사협은 2003년 4월 안산시에서 자원봉사 수행기관으로 등록했다. 협동조합의 노동협동은 자원봉사의 힘에서 나온다. 말벗서비스를 하는 감초 모임 회원들에게 고마움을 전할 방법이 마땅치 않을 때라 자원봉사 시간으로 감사를 표시하기 시작했다. 물론 더 많은 자원활동이 이어지면서 2012년 '발로뛰어' 자원봉사단이 발족하는 단계까지 성장했다. 재가 어르신의 이미용서비스, 밑반찬 만들기와 배달서비스 등 조합의 사업과 관련하여 필요한 생활돌봄을 자원하는 일로 확장했다.

결국 주민이 조합원으로, 조합원이 자원활동가로 성장하고 향후 건강한 마을을 지키는 건강리더로 발전하여 조합의 크고 작은 일을 협동으로 해결해나가는 원동력이 된다.

건강한 마을 만들기, 건강리더

건강한 의료기관을 만들고 건강한 생활을 만들기 위한 여러 활동, 그리고 더 나아가 건강한 마을을 만들기 위한 전략으로 건강리더 활동의 중요성이 커졌다. 조합의 목표와 사명은 지역주민이 조합원이 되어 조합원 스스로 조직화된 힘으로 건강 증진의 역량을 갖추고 조합원을 넘어서 건강한 마을을 만드는 일이다. 건강리더는 건강한 모임을 조직하고 늘상 마음을 살피는 마음 돌보기(마음산책) 활동을 진행할 수 있으며, 동네 어르신 두세 분의 안부를 묻고 건강과 생활을 살필 수도 있다. 아무도 노인을 보살피지 않아 고독사하는 일을 예방하기 위해서다. 최근 들어 연합회에서는 노인건강돌봄지도사라는 민간 자격증을 만들어 건강리더를 양성하기 시작했다. 자원봉사도 가능하지만, 정말 보살핌이 필요한 분들에게는 책임감을 가지고 방문하여 살피고, 방문의료와도 유기적으로 연계하여 마을을 돌보는 일로까지 나아가고자 한다.

3. 건강공동체는 협동의 힘으로

사회적경제조직으로서 의료협동조합은 공공재인 '의료'의 시장 체계에 대한 문제와 모순을 해결하려 의료를 넘어 복지돌봄 영역까지 확장하고 뿌리내리고 있지만, 지역주민과 뜻을 함께할 의료인을 찾기 어려워 고전하기도 한다. 초창기 제도와 정책이 없을 때부터 지역의 아픈 곳을 찾아 왕진 가방을 들고 집으로 찾아갔다. 의료서비스를 넘어 주민이 주민을 돌보는 길동무(노동부, 사회적일자리창출사업 2004~2007) 실험이 있었다. 장애인주치의사업(2016~2017 우리 마을은 모두가 건강해요)을 통해 장애인건강권과 장애인건강주치의제도를 견인하고 시작하는 데 앞장서 노력해왔다. 의료급여수급권 환자가 퇴원 후 갈 곳을 연계하고 진료, 간호, 식사, 돌봄이 되도록 지원하는 재가의료급여시범사업(2019)은 의료돌봄통합의 한 사례가 되고 있다. 거동이 불편하여 제대로 진료를 받지 못하던 분들에게 의료진과 다양한 직능의 전문가(다학제)가 찾아가 건강을 돌보는 재택의료시범사업(2021년 10곳 의료사협 참여) 등 정책과 제도를 선도적으로 실험할 수 있는 정책 파트너로서의 위상도 높아졌다.

이제 한국의료사협연합회 산하 회원조합은 27개를 넘어가고 있고 전국 지자체 시군구에 적어도 1개의 의료사협이 설립되기를, 건강자치가 실현되기를 꿈꾼다. 물론 그 꿈을 꾸는 데 어려움은 있다. 의료인의 참여가 여전히 아킬레스건이며 한계이다. 지역주민과 함께 살면서 현장에서 보람됨과 자부심을 느끼고 의료인으로서 일하기 괜찮은 직장이 될 수 있도록 인식도 확산하고 조

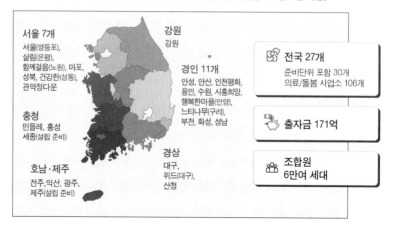

〈그림 9-8〉 전국 의료복지사회적협동조합 연합회 회원조합 현황(2022년 6월 기준)

서울 7개
서울(영등포),
살림(은평),
함께걸음(노원), 마포,
성북, 건강한(성동),
관악정다운

강원
강원

경인 11개
안성, 안산, 인천평화,
용인, 수원, 시흥희망,
행복한마을(안양),
느티나무(구리),
부천, 화성, 성남

충청
민들레, 홍성
세종(설립 준비)

호남·제주
전주, 익산, 광주,
제주(설립 준비)

경상
대구,
위드(대구),
산청

전국 27개
준비단위 포함 30개
의료/돌봄 사업소 106개

출자금 171억

조합원
6만여 세대

건과 시스템도 갖추어야 한다. 의료와 돌봄에 종사하는 직원들이 서로의 다양성과 전문성을 인정하고 함께하는 협동 문화를 발전시키는 것도 과제이다.

최근 국가 정책의 하나로 통합돌봄(노인의료돌봄통합지원)사업이 10여 개 지역에서 시범 운영되고, 의료협동조합이 30여 년 동안 실험하고 애왔던 방문의료, 재택의료, 건강돌봄 활동들이 주목받고 있다. 보건과 의료돌봄과 복지가 융합되고 협동할 때 지역은 비로소 건강한 생태계를 구현할 수 있을 것이다. 의료복지사회적협동조합은 자신을 돌보고, 이웃을 돌보고, 건강한 마을과 지역을 만들기 위해 오늘도 건강하고픈 주민을 만난다.

10장

도시재생과 마을복지, 사회적경제로 만나다

김상신 (전 (재)시흥시도시재생지원센터 센터장)

도시는 생성되고 번성하다 시간이 흐르며 노후되고, 때론 여건이 바뀌어 도시의 기능을 제대로 하지 못해 쇠퇴하기도 한다. 주택 건축물이 낡아 생활환경이 불편해지고, 새 도시지역에 비해 상대적으로 생활기반시설이 부족해 거주하는 인구는 줄고 산업 같은 경제 활력도 떨어진다. 2000년대에 들어서며 한국 사회도 이러한 기존 도시의 쇠퇴 현상과 맞닥뜨리게 된다. 급격한 인구 집중과 이에 따른 임기응변적 공급 중심의 도시개발이 반복되어왔던 서울 수도권은 수도권대로, 또 인구 감소와 중앙으로 집중된 경제구조로 지역 소멸까지 걱정해야 하는 지방은 지방대로, 쇠퇴하고 활력을 잃어가는 도시와 지역을 어떻게 할 것인가가 도시정책의 큰 과제로 대두되고 있다.

이렇듯 쇠퇴한 지역에는 새로운 정비와 활력이 필요하다. 가장 대표적인 방법이 재개발 정비사업이다. 재개발은 주거환경이 낙후된 지역을 전면 철거하여 도로·상하수도 기반 시설을 재정비하고 주택을 신축하여 주거환경 및 도시경관을 재정비하는 사업이다. 그러나 전면 철거형 도시 재개발은 기존에 살고 있는 주민들이 재정착하기 힘들고, 장기간의 복잡한 절차와 서로 다른 이해관계로 주민 갈등이 심화되는 등 많은 부작용을 드러내왔다. 또한 오랜 기간 쌓여온 지역공동체의 역사·문화, 이야기가 사라져버리는 폐단을 낳는다. 특히 여러 요인이 복합되면 낙후지역이라는 여건 때문에 단지 물리적 정비만으로는 기대했던 지역 활력이 되살아나지 못하는 한계가 따른다.

이에 기존 도시의 기본 틀을 유지·발전시키며 그곳을 터전으로 살아가는 주민, 즉 사람 중심의 변화와 활력을 모색하는 '도시재생'이 도시 재활성화의 대안으로 등장한다. 공공에서 추진되는 도시재생사업은 2000년대부터 살고 싶은도시만들기사업, 도시활력증진지역개발사업, 새뜰마을사업, 도시재생선도사업으로 추진되어오다 2013년 '도시재생 활성화 및 지원에 관한 특별법' 제정을 계기로 틀을 갖추고 더욱 확대 시행되고 있다. 이 법에서는 도시재생을 "인구 감소, 산업구조 변화, 무분별한 확장, 주거환경 노후화로 쇠퇴하는 도시를 지역역량 강화, 새로운 기능 도입·창출, 지역자원 활용을 통하여 경제적·사회적·물리적·환경적으로 활성화하는 것"이라고 정의한다.

이는 오랜 기간 살아오고 또 앞으로 살아갈 '주민'이 중심이 되어, '지역 터전'을 토대로, 물리적 정비뿐만 아니라 경제·사회·환경·복지·문화 같은 삶의 제반 요소를 함께 고려한 통합 재생을 통해 지역을 다시 활성화해 나가는 일이다. 특히 지난 도시재생사업의 성과와 한계를 토대로 새로 확대 추진된 도시재생뉴딜에서는 도시재생의 비전을 '지역공동체가 주도하여 지속적으로 혁신하는 도시 조성'으로 세우고, '도시공간 혁신, 도시재생 경제 활성화, 주민·지역 주도'를 추진 전략으로 제시하여 '주민 주도의 통합 재생' 지향을 명확히 했다(관계부처 합동, 2018).

1. 도시재생과 사회복지, 사회적경제

그동안 사회 각 영역에서 시민의 삶의 질을 향상시키고, 지역과 공동체를 활성화하여 더 나은 사회를 만들려는 다양한 노력을 펼쳐왔다. 사회복지도 그중 중요한 활동이고 사업이다. 도시재생은 이러한 지향을 구체적인 생활 터전인 골목·마을·지역·도시 등 공간의 관점에서 이해하고 접근하는 추진 체계라 할 수 있다. 세상을 바라보는 여러 관점과 틀, 활동과 사업에 이제는 도시재생이라는 관점과 체계를 통한 접근이 더해지고 있다. 사회복지와 도시 재생이 만나는 지점도 여기에 있지 않을까. 시민 생활의 안정을 보장하며 더욱 행복한 사회복지를 지향하는 일이 구체적인 삶의 현장이자 구조화된 장소로서 지역·도시의 재생과 함께 추구된다.

사회복지와 도시재생 현장에서 시민의 삶의 질을 높이고, 마을·지역에 활력을 더하기 위해 주민과 활동가는 다양한 일을 한다. 각각의 관심과 필요에 따라 모이고, 또 어떤 일은 회의에서 뜻을 모으고 궁리하여 공동 활동으로 실행에 옮기기도 한다. 그런데 일을 하다 보면 단순한 모임이나 활동만으로는 충족되지 못하고 '경제 사업'으로 펼쳐나가야 하는 일들이 있다.

협동경제, 사회적경제가 시작되는 지점이다. 국제협동조합연맹(ICA)에서 제시하여 세계적으로 공감을 받는 협동조합의 정의를 빌리면, '공동의 사회적, 경제적, 문화적 필요를 함께 마을에서 해결하고자 하는 사람들이 자발적으로 모여 민주적으로 운영하는 사업체'라 할 수 있다.

도시재생을 위해서는 상대적으로 낙후된 지역의 각 지점과 영역에 새로운 기능을 도입·창출하고, 지역 자원을 발굴·활용·개발하여 활력을 불어넣는 일이 필요하다. 또한 도시재생 과정에서 뜻을 함께한 사람들과 활동, 사업을 지속적으로 펼치고, 조성된 공간과 시설을 잘 유지 관리하며 활성화하는 과제도 제기된다. 이처럼 다양한 일들이 '경제사업(체)'를 통해 실행된다. 또 이런 경제사업이 주민과 지역 주도로 추진·환원되기 위해서는 '협동경제', '사회적경제', '커뮤니티 비즈니스', '지역(마을)관리기업', '도시재생기업(CRC)'의 가치와 방식을 학습하고 이해해야 한다.

이 글에서는 필자가 활동하는 경기도 시흥시의 사례를 중심으로 사회복지와 도시재생 관점에서 참고할 만한 마을 기반 사회적경제 사업 몇 가지를 소개한다.

1) 노후 일반주택지역 마을관리 터전: 시흥시 동네관리소

'아파트에 있는 관리소, 일반주택지역에도 있으면 좋겠다.'

공동주택에는 관리사무소가 있어 기본적인 단지 관리는 물론 어느 정도의 커뮤니티 공간과 활동이 제공되는 데 비해 원도심의 일반주택지역은 마을관리거점이 없어 여러 가지로 불편하고 문제에도 대응하지 못한다. 또한 마을복지활동에서, 노후주택에 거주하는 노인이나 장애인 등 취약계층 주민이 방충망이나 전등, 화장실 변기 같은 생활설비가 고장나거나 파손되어도 수리 방법을 모르거나 수리할 여력이 없어 그대로 방치하는 사례가 많은데, 대책이 필요하다는 과제도 제기되었다. 이러한 현실을 개선하고자 주민이 주도하고 행정이 지원하는 마을관리거점으로서 '동네관리소' 활동이 시작되었다.

동네관리소는 '노후 일반주택지역 사각지대 관리 및 주민불편 해소', '취약계층 간단 집수리 등 주거복지', '동네 속 작은 공간 거점을 통한 돌봄과 공동체 활동', '공구 대여·일거리 나눔 등 공유경제'의 기능과 역할을 하고 있다. 주민 참여를 기반으로 주민공동체가 스스로 운영·관리하고, 공공서비스 유지·관리하며, 지속성·전문성을 위해 공공에서 최소한의 예산·행정을 지원하는 것이 운영 원칙이다.

처음은 2015년 '신천동 동네관리소'에서 시범사업형태로 시작되었다. 오랫

동안 방치되어 있던 개인소유 건물을 무상으로 빌려 '동네관리소' 공간을 마련했다. 동네 '수리기술자'와 자원봉사 '돌보미'로 2명이 한 팀을 이루어 주거취약계층에게 간단한 집수리 서비스를 제공하는 한편, 학교 앞에 자리 잡은 공간의 특성을 활용하여 방과 후 돌봄 프로그램도 운영했다. 또한 오래 이어온 마을과 학교의 역사를 소재 삼아서 방치된 거리 벽면을 예쁜 전시 공간으로 꾸미는 마을 사각지대 관리사업도 펼쳤다. 노후 일반주택이 많은 지역이라 주민이 스스로 집수리를 하는 데 필요한 무상 공구대여소도 운영했다.

첫 사례가 중요한데, 100년 된 초등학교 앞에 방치된 공간을 소박하고 깨끗이 단장해서 활기차게 운영하는 신천 동네관리소 이야기가 드라마틱하게 전해졌다. 2018년에는 원도심지역을 중심으로 11개의 동네관리소로 확장 운영되었다.

당초 시흥시 동네관리소는 주민이 주도하는 공익활동에 지방자치단체가 보조금을 지원하는 방식으로 운영되었다. '시흥시 희망마을 만들기 지원 조례'를 근거로 주민조직의 마을활동을 공모·신청·지원하는 사업이다. 동네관리소 활동을 희망하는 주민이 모여서 공간을 발굴하고 운영위원회·간사·수리기술자로 이루어진 조직과 체계를 갖추고 공모에 신청하면 평가 선정 후 공공의 지원(공간 리모델링비, 사업비, 운영비 일부)과 주민자원봉사가 결합하여 사업이 추진된다. 동네관리소 공간은 공공이나 개인이 소유한 유휴공간에서 무상으로 사용할 수 있는 공간을 발굴하여 활용했다(개인 소유 4곳, 철도청 유휴부지 1곳, 마을회관 2곳, 주민센터 4곳, 2018년 기준).

동네관리소의 좋은 취지와 활발한 활동에도 불구하고 주민자원봉사를 기본으로 지방자치단체보조금이 더해지는 운영은 여러 한계를 노출했다. 공간운영과 공공서비스 제공이라는 성격상 사무소를 항상 열어야 하기 때문에 최소 1명의 상근 간사(코디네이터)가 근무했지만, 보조금지원체계로는 상근 간사에게 일반 노동자가 보장받아야 할 근로계약 및 4대 사회보험을 제공할 수 없었다. 또한 아무리 간단한 작업이라 해도 집을 고치다가 수리기술자가 다칠 수 있기 때문에 상해(산재)보험도 필요했다. 특히 동네관리소 업무가 확대되면서 자원봉사만으로는 효과적으로 업무를 수행하기 어려웠다. 주민 주도로 마을을 돌보고 관리하는 일은 꼭 필요했고 일감도 있었다. 이 일을 좀 더 발전시켜 안정적으로 운영해볼 수 없을까?

2017년 말부터 각 동네관리소 운영 대표자들의 모임인 운영협의회와 동네관리소 지원기관인 시흥시도시재생지원센터는 회의와 워크숍을 수차례 열었고 좀 더 효과적인 운영 체계를 함께 모색해왔다. 이러한 논의 결과는 2018년 8월 '동네관리소 포럼'에 제안되었고, 시흥시 지방정부의 정책결정과정을 거쳐 2019년부터 전환 실행되었다(시흥시도시재생지원센터, 2018).

마을복지가 사회적경제와 만났다. 동네관리소 업무는 주민들의 자원활동에서 시작되었지만 취약계층에게 무상 집수리 서비스를 제공하고 마을 사각지대를 관리하고 공동체를 활성화하기 위한 마중물 프로그램을 설치하는 일은 지방자치단체가 해야 하는 공공서비스, 즉 '공공사무'라고 볼 수 있다. 동네관리소 운영 주체와 시흥시 행정은 여러 차례의 회의 끝에 2019년부터 동네관리소를 보다 안정적, 체계적으로 운영하기 위해 '보조금지원사업에서 공공서비스의 민간위탁사업으로 전환'하고 운영 주체는 사회적경제법인(비영리 사회적협동조합 권장)으로 하기로 했다. 기존 운영주체가 동네관리소사업을 지속하려고 하면 사회적경제법인으로 전환하여 참여할 수 있도록 했다.

동네관리소사업은 주민조직이 보조금을 지원받는 사업에서 마을사회적경제사업체가 마을공공사무를 민간에 위탁하는 사업으로 확대 전환된 것이다. 동네관리소를 운영하며 마을 관리와 활성화를 사업 내용으로 하는 '마을관리기업'이 탄생한 배경이다. 이러한 논의와 결정 과정에 참고 모델이 된 업체는 2015년에 설립되어 마을 관련 공공서비스를 위탁받아 수행하던 주민사업체 '다다마을관리기업'이다. 다다마을관리기업은 뒤에서 따로 소개한다. 시흥시는 이후 골목청소, 소하천 관리, 동네체육시설 관리 같은 마을 환경·시설물 관리 공공서비스와 마을돌봄 공공사무도 적극적으로 다다마을관리기업에 위탁하고 있다. 또한 마을관리기업들도 공공서비스의 위탁 사무 외에 마을과 관련된 민간 영역의 서비스와 상품을 발굴하여 사업 영역을 확대해나가고 있다. 시흥시 목감동 동네관리소를 기반으로 마을관리사업을 펼치고 있는 한마음이랑사회적협동조합의 주요 사업영역은 동네관리소 사업, 소규모 체육시설 관리, 하천 유지관리, 불법 광고물 제거, 아이누리돌봄센터 2개소, 이랑농장이다.

시흥시는 이런 '시흥형 마을관리기업'의 취지를 "주민이 마을을 관리하려고 설립한 사회적경제조직(사회적협동조합, 사회적기업, 마을기업)에 마을관리 공공사무를 위탁·운영함으로써 주민이 마을을 관리하여 '마을자치 실현', '마을 일자리 창출', '지역경제 활성화'의 선순환 모델을 구축하는 것"이라고 설명한다. 시흥시 각 지역의 동네관리소를 기반으로 마을관리사업을 펼치고 있는 '시흥형 마을관리기업'의 사업 규모도 점차 늘어나고 있다. 시흥시 8개 마을관리기업의 전체 현황을 보면 2019년에는 22개 사업/21억 4천만 원 사업 규모/227명 근무에서 2021년에는 35개 사업/43억 6천만 원 사업규모/267명이 근무하고 있다.

2) 주민이 주도하는 마을관리사업체: (주)다다마을관리기업

'시청에서 하는 동네 골목청소가 제대로 안 된다. 구역은 넓은데 청소하는 사람은 적으니 대충대충이고 미화원이 안 나오는 주말에는 더 지저분하다. 동네에서 필요한 일을 동네 사람들이 사업으로 직접 하면 더 잘할 수 있지 않을까?'

다다마을관리기업은 이런 문제의식을 갖는 주민과 행정이 뜻을 모아 만들었다. 2015년 시흥시 대야동의 주민자치회를 중심으로 주민이 직접 출자하고 운영하는 주식회사로 설립되었다. 열다섯 번의 회의를 거쳐 조직과 사업을 계획했고, 주민자치회 및 위원 등 20명이 1,975만 원을 출자하여 참여했다. 주민 스스로 마을환경을 관리하고 일자리를 나눔으로써 취약계층에 좋은 일자리를 창출하자는 취지이다. 우선 환경미화원이나 청소용역업체가 수행되던 가로(골목)청소서비스를 마을관리기업에 직접 위탁하여 운영했다.

골목청소 마을관리기업 위탁사업은 2016년 대야동 원도심 1개 구역에서 시범사업으로 시작되었다. 시에서는 정년퇴직한 환경미화원 1명이 담당하던 구역의 청소 업무와 예산 6천만 원을 주민사업체에 위탁했고, 기업에서는 이 예산으로 마을 어르신 6명을 채용하여 하루 4시간씩 6일을 일하는 방식으로 동네골목청소사업을 수행했다.

결과는 아주 만족스러웠고, 주민 반응도 좋았다. 사는 동네를 직접 청소하니 책임감과 현장 대응성도 높아졌고, 구역당 청소 인력도 늘어서 더 깨끗해졌다. 이웃 어르신이 청소하는 모습을 보고 무단투기도 감소했다. 교대근무가 이루어진 덕분에 주말과 휴일에도 골목을 청소했다. 4시간을 근무하고 70여 만 원(당시 최저임금 기준)을 받는 썩 괜찮은 노인 일자리도 만들어졌다.

"예전에는 혼자 넓은 구역을 하려다 보니 집게를 사용했지만, 지금은 비질을 한다. 집게로 줍는 것보다 빗자루로 쓰는 편이 더 깨끗하지." 주민사업체의 일자리 나누기형 골목청소가 단지 취약계층에 일자리를 제공하는 시혜성 사업이 아니라 시장 원리로도 훨씬 효과적이고 경쟁력이 있다고 자부한다.

마을관리기업에 가로청소사업을 위탁하는 일이 점차 늘어나 시흥시 대야동과 신천동 원도심 전 지역 18개 구역으로 확대되었다. 다다마을관리기업은 가로청소사업 외에도 취약계층 간단 집수리 같은 동네관리소 운영, 불법 광고물 제거, 소공원·하천·버스정류장 관리, 사회주택 관리운영, 거주자 우선주차관리 같은 마을관리와 관련한 여러 공공서비스를 위탁 수행하여 사업 영역을 확대했고 직원도 130여 명으로 늘었다. 2017년에는 사회적기업으로 인증받았고 2020년과 2021년에는 고용노동부 강소기업에 연이어 선정되었다.

다다마을관리기업은 민·관이 힘을 합쳐 사회적경제를 지향하는 마을관리로 마을자치를 실행하며 일자리를 창출해나간 의미 있는 사례이다. 시 전체 청소사업을 한꺼번에 관리해오던 방식에서 벗어나 복잡하고 번거로워도 마을관리 주민사업체가 담당하는 골목청소지역을 위탁 형태로 전환한 일은 기존 행정관행상 결코 쉽지 않은 결정이다. 또 이를 실행하는 과정에 청소업무 주무부서와 마을관리기업을 지원하는 동 행정부서의 협업도 필요했다.

특히 마을자치 기간조직으로서 주민자치회가 단지 주민센터 프로그램을 운영하거나 일회성 기획행사를 운영하는 것 이상으로 활동을 확장하여 마을관리기업이 설립 운영되는 데 마중물 역할을 수행한 점도 평가할 만하다. 또한 청소사업과 기업경영, 공공사무 경험이 있는 인적 자원을 연계시켜 주민사업체가 마을관리 전문 사회적경제기업으로 자리 잡은 일은 주민협동경제의

〈표 10-1〉 (주)다다마을관리기업의 청소서비스 등 사업운영 경과

구분	2016년	2017년	2018년	2021년
구역	원도심 1구역 (대아동)	원도심 6구역 (대아동, 신천동) -무단투기 상습구역	원도심 11구역 (대아동, 신천동) -무단투기 상습구역	원도심 18구역(대아동, 신천동 전지역): 가로청소 해당 사업지: 기타 사업
고용 인원	6명 (가로청소원)	40명 가로청소원 36명 총괄관리1명 서무회계1명 전문인력지원 1명 간단 집수리 1명	60명 가로청소원 56명 총괄관리1명 서무회계1명 전문인력지원 1명 동네관리소 간사 1명	119명 가로청소 등 현장근로 113명 사업기획 1명 민간위탁 행정관리 1명 용역사업 행정관리 1명 회계·급여 1명 현장관리 2명
예산	청소사업 6천만 원	청소사업 4억 원 간단 집수리 5500만 원	청소사업 8억 6천만 원 동네관리소 4500만 원	가로청소 17억 3천만 원 체육시설 관리 1억 8천만 원 하천시설 관리 1억 1천만 원 동네관리소 6200만 원 기타 8천만 원 총 21억 6천만 원

강점이 발현된 사례라 할 수 있다. 이후 다다마을관리기업의 주민주도 마을관리사업은 시흥시 군자동, 월곶동으로 확장되어 각 마을관리기업에서 수행되고 있다.

최근 '주민자치법' 개정에 따라 주민자치회의 위상과 역할이 확장되고 있는데, 지난 2020년 10월 시흥시 매화동에서 전국 최초의 주민자치 연계 실행법인인 '매화동 주민자치 클러스터 사회적협동조합'이 설립된 일은 마을복지와 주민자치가 사회적경제와 만나는 새로운 시도이다.

3) 도시재생 지속 운영·관리: 한울 도시재생 마을관리 사회적협동조합

도시재생, 특히 노후 주거지에서 시행되는 도시재생사업은 노후주택 정비와 기초 생활인프라 공급으로 주거환경을 개선하고, 공동체 활성화와 지역자원을 활용하여 새로운 기능을 부여함으로써 상대적으로 쇠퇴한 지역에 활력을 불어넣는 사업이다. 이런 사업을 하려면 주민들이 주도적으로 주거지를 유지·관리하고 자조조직을 만들어 마을활동을 이어가야 한다. 도시재생 마을관리 사회적협동조합은 비영리주민협동사업체로서 도시재생 관련 국가지원사업 추진지역에서 지속적인 마을관리를 위해 주민을 조합원으로 하는 사회적협동조합이자 국토교통부에서 설립 인가한 사회적경제사업체이다.

주로 도시재생사업으로 조성된 공공기반시설을 운영·관리하고, 거점시설과 사업지역을 기반으로 지역에 필요한 재화나 서비스를 제공하는 일이 주 사업이다. '마을관리를 위한 주민대표조직'(대표성)으로서 '주민 참여에 기반한 마을관리'(지역성), '도시재생 기초생활인프라 운영관리'(공공성), '안정적으로 조합을 운영하기 위한 비즈니스 활동'(수익성)을 추진하며 도시재생지역에서 공적주민사업체의 성격을 나타낸다.

국토교통부 가이드라인에 예시된 조합 주요사업을 살펴보면 다음과 같다.

- 도시재생사업으로 조성된 기반시설 운영관리: 공영주차장, 공동이용시설, 복합 문화공간
- 마을단위 공공서비스 위탁/용역: 주택관리 및 집수리, 골목청소 및 시설물 관리, 공동체사업
- 공공·민간 영역의 지역기반 일자리(커뮤니티 비즈니스) 창출: 아이돌봄, 도시 재생지속사업, 사회주택 공급 및 관리, 마을 카페·식당, 태양광 보급 및 관리, 마을자원 기반 상품/서비스

'한울 도시재생 마을관리 사회적협동조합'은 시흥시 대야동에서 2018년부터 2022년까지 추진되었던 도시재생뉴딜사업의 일환이며 현재 본격적인 활동을 준비하고 있다. 도시재생 마을관리 사회적협동조합이 준비 설립되는 과정의 이해를 돕고자 '한울조합' 사례를 소개한다.

시흥시 대야동 도시재생뉴딜사업은 전형적인 노후 일반주택 주거지 재생사업으로서 주민이 사업 기획부터 추진, 향후 지속관리까지 적극적으로 참여해온 사업지역이라 평가할 수 있다. 재정비촉진지구(일명 뉴타운 지역)로 지정되었다가 2011년 주민투표에 따라 해제된 후, 주민조직을 형성하여 다양한 소규모 마을 만들기 사업을 펼쳐왔다. 2016년부터 도시재생학습과 워크숍, 주민회의, 소규모 도시재생 시범사업을 거쳐 주민이 주도하는 마을재생계획을 세웠고 2018년에는 국토부 도시재생뉴딜사업에 공모·선정되었다.

도시재생 주민협의체는 도시재생뉴딜사업 공모를 준비하는 단계부터 마을 협동경제에 관심이 높아 공모계획서에 마을사회적경제활동과 주민공동이용 시설을 주민이 주도해서 운영할 수 있는 방안을 제안·반영했다. 이후 도시재생사업의 일환으로 '공유주방 및 카페를 활용한 마을키친', '노인 등 주민건강을 위한 헬스테라피', '지역대학과 연계한 마을 플레이즘으로 마을 콘텐츠 개발' 같은 주제로 공동학습과 시범사업을 진행하여 마을 비즈니스를 실행하는

토대를 쌓아왔다. 또한 주민수요조사와 주민협의체 회의를 거쳐 마을 비즈니스와 연계된 기능을 담은 주민공동 이용시설 조성을 도시재생 기반시설 주요 사업으로 추진했다. 한편 시흥시에서는 주민공동 이용시설의 준공 시기에 맞춰 2021년 9월 도시재생 주민공동 이용시설 및 운영관리 주체인 마을관리사회적협동조합을 지원하는 근거를 반영한 시흥시 도시재생활성화 조례를 제정했다.

'한울 도시재생 마을관리 사회적협동조합'은 시흥시 대야동의 도시재생 지속 운영·관리를 목적으로 2021년 12월 설립 인가되었다. 조합은 '마을키친 및 브런치 카페', '마을독서실(스터디 카페)', '주민 공유공간'으로 구성된 도시재생 주민공동 이용시설을 관리·운영한다. 또한 마을목수 양성, 자가 집수리 교육, 세대별 주민 프로그램 같은 마을공동체 활성화 프로그램을 자체 기획하거나 위탁할 예정이며 마을과 거점시설을 기반으로 하는 다양한 재화와 용역 사업도 발굴하여 시행한다. 오랜 준비기간을 거쳐 첫발을 딛는 '한울 마을관리 사회적협동조합'의 왕성한 활동을 기대한다.

참고문헌

관계부치 합동·국토교통부. 2018.『내 삶을 바꾸는 도시재생뉴딜 로드맵』.
시흥시도시재생지원센터. 2018.『시흥시 주민주도 동네혁신 포럼: 시흥시 동네관리소 발전방향 및 지
　　속성 확보방안』. 포럼자료집.

사회적경제로 이루는 지역사회복지
서울 광진지역을 중심으로

박용수 (광진사회적경제네트워크 이사장)

사회적경제의 가장 주요한 활동 주체로 협동조합을 들 수 있다. 협동조합은 개인의 필요와 욕구에서 시작된다. 개인의 필요와 욕구는 사회복지 관점에서 니즈이다. 국제협동조합연맹(ICA: International Cooperative Alliance)에서는 협동조합을 공동으로 소유되고 민주적으로 운영되는 사업체에서 공통의 경제적, 사회적, 문화적 필요와 욕구를 충족시키고자 하는 사람들이 자발적으로 결성한 자율 조직이라고 정의한다. 공통의 경제적, 사회적, 문화적 필요와 욕구는 사회복지의 니즈와 관련 있다.

필자는 서울 광진구에서 태어나 오랜 시간 반지하 생활을 한 도시빈민이었다. 가난은 생존을 어렵게 하는 것은 물론, 가족의 다툼과 갈등도 가져온다. 가난은 육체뿐만 아니라 마음까지도 피폐하게 만든다. 2001년 자활에서 사회복지를 시작한 일은 필연이었을까? 혼자서는 감당하기 어려운 가난의 문제를 맞닥뜨린 수급자들을 만났다. 이들의 아픔은 곧 나의 아픔이었다. 우리는 혼자서 해결하기 힘든 가난의 어려움을 서로 힘을 모아 하나씩 해결하는 방식으로 극복해왔다. 공통의 경제적, 사회적, 문화적 필요와 욕구를 충족시키고자 하는 도시 빈민들이 결사를 통해 복지니즈를 해결했던 것이다. 이러한 활동이 나에게는 사회복지와 사회적경제활동이었다. 이제까지 국가와 시장이 해결해주지 못하는 가난의 어려움을 호혜와 협력으로 해소하고, 국가와 시장이 충족시켜주지 못하는 복지니즈를 스스로 결사하여 해결해왔던 광진지역활동은 사회복지의 실천이자 사회적경제의 실천 사례로 유의미한 시사점을 던져줄 것이라 생각한다.

1. 서울 광진지역사회의 특성

서울시 광진구는 서울 동남쪽에 소재한 인구 35만의 기초 자치구로 전형적인 대도시이다. 건대입구역 인근 재개발로 집값이 상승하여 속칭 "강북의 강남"으로 불린다. 광진구에는 주택 소유자의 재개발 꿈과 세입자의 설움이 공존한다. 강변 쪽에는 부촌, 어린이대공원 북쪽에는 빈촌이 분포하며, 사회 양극화가 심해 서울시에서 반지하가 많은 자치구 3개 중 하나이다.

산업 특성을 살펴보면, 개인 사업체가 20,711개(84%), 회사법인은 2,829개(11%)이다. 종사자 수가 4명 이하인 사업체는 20,680개(84%)로 영세 자영업자가 다수를 차지한다. 5인 미만 사업장은 근로기준법 적용이 제외되기 때문에 이곳의 종사자들은 사회보험의 사각지대에 놓여 있다. 업종별로는 부동산이 1,160개(5%), 교육서비스가 1,162개(5%)로 가장 높은 비중을 차지하여 산업구조상 성장 잠재력이 낮은 편이다(광진구청, 2014).

광진구 제2기(2011~2014) 지역사회 복지계획의 조사 분석에 따르면, 광진구 인구학적 대상별 종합적인 욕구는 "빈곤, 취업(실업), 사교육(비) 등 경제문제의 우선 해결"로 나타났다. 좀 더 세분하여 살펴보면, 일반 가구는 취업과 실업문제, 노인·장애인·저소득층은 빈곤문제, 여성·가족은 경제문제를 우선 해결해야 할 사회문제로 인식하고 있다.

1) 광진지역 시민사회의 발전

광진구는 서울시 성동구에서 1995년 분구되었다. 성동구로 포괄되었던 노동운동 관련 단체와 시민운동단체가 성동광진민주단체협의회를 구성하여 함께 활동해오다가 분구가 되면서 광진구만의 독자적인 시민사회활동을 발전시켜나간다. 1996년 설립된 광진시민모임과 1998년 설립된 광진복지센터는 2001년 광진주민연대로 통합되었고, 이후 광진시민사회단체연석회의라는 광진구 시민사회단체 네트워크가 형성된다. 광진주민연대는 2001년 광진자활후견기관(현 서울광진지역자활센터)을 위탁받으면서 지역의 복지니즈와 만난다. 광진지역자활센터가 사회복지전달체계를 넘어 빈곤문제를 극복하는 대안활동을 펼칠수 있도록 견인하는 일이 광진주민연대의 주요 미션이었다.

광진지역자활센터는 지역복지단체를 지역복지운동을 위한 광진복지네트워크로 조직화하고, 빈민층의 자조금고인 늘푸른우리조합(현 늘푸른사회적협동조합)을 육성하는가 하면, 가난한 이들의 돌봄공동체인 간병사업단 늘푸른돌봄센터, 건강한 먹거리를 공급하는 행복중심광진생협을 설립했다. 현재 빈곤층의 자조금고는 조합원 250명, 자본금 5억 원으로 신용과 급전, 주거의 문제를 해결하며, 사회적협동조합으로 인허가를 받아 활동하고 있다. 한편 늘푸른돌봄센터는 직원 850명, 조합원 900명인 사회적협동조합 도우누리로 성장했다.

광진주민연대는 지역자활센터를 이용해 빈곤문제를 해결할 뿐만 아니라, 〈그림 11-1〉과 같이 지역시민사회 인큐베이팅(플랫폼) 기능을 수행하면서 마을공동체네트워크, 사회적경제네트워크를 조직·창립하는 활동을 펼쳐나갔다.

<그림 11-1> 광진주민연대의 제3섹터 인큐베이팅 과정

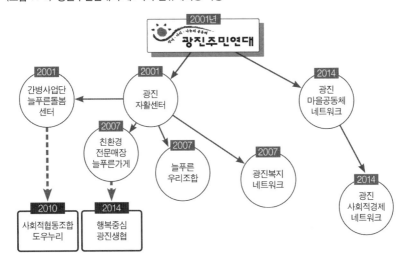

2. 광진지역의 사회적경제

2012년 광진구의 사회적경제는 사회적기업협의회를 이용해 사회적기업 간 교류를 이루었다. 협동조합까지 포함한 지역 내 사회적경제는 2013년 겨울 공동송년회를 개최하고 네이버 밴드를 만들면서 본격적으로 교류하게 된다.

1) 광진지역의 사회적경제네트워크 조성

2013년 겨울부터 자치구 내 사회적경제협의회를 구성하자는 목소리가 나왔다. 필자는 여러 차례 사회적경제기업을 방문했다. 본격적으로 교류하면서 기업들이 경제적으로 매우 열악한 상황이라는 사실을 알게 되었다. 판로부터 자금 조달에 이르기까지 다양한 경영문제에 봉착해 있었다. 기업들의 어려운 상황을 어떻게 해결해야 할지가 가장 큰 고민이었다. 결국 사회적경제기업들을 모임에 초대하여 기업 혼자서는 타개하기 어려운 문제들을 연대하고 협력함으로써 해결할 수 있을지 모색했다.

매월 회의가 개최되었다. 그 결과 2014년 7월 3일에 창립총회가 열리고 '광진협동사회경제네트워크'(이하 네트워크)가 창립된다. 사회적기업 '정립전자', '좋은세상베이커리', '복지유니온', '21세기자막단'과 광진지역자활센터, 자활기업 '행복기프트', 마을기업 '희망을심는나무', '아리청정협동조합', 사회적협동조합 '도우누리', 협동조합 '시니어협동조합', '꿈결협동조합', '늘푸른되살림협동조합', 광진마을생태계사업단, 광진마을넷, 광진주민연대, 마을기업인큐베이가 회원으로 참석했다. "네트워크는 조직 간 협동과 연대를 통해 광진구 협동사회경제생태계 조성 및 마을공동체를 활성화하고, 민주적 의사결정과정을 지향하며, 내부거래 및 협업을 촉진하여 자본보다 사람이, 이윤보다 공동체가 우선하는 지속가능한 지역사회를 추구한다"는 '네트워크'의 창립 목적을 세웠다(광진협동사회경제네트워크, 2014).

매달 회원사는 전체가 참여하는 회의를 진행했다. 총회와는 다르게 상호협력하고 친목을 도모하는 모임이었다. 이후 전체회의는 정기운영위원회로 명칭을 바꿔 개최했는데, 초기 네트워크 참여율이 90%에 달했다. 2021년 회원사가 59개로 확대되면서부터는 55%로 낮아졌다.

창립 초기의 네트워크는 광진구에 사업장 소재지가 있는 사회적경제기업과 유관단체, 지원조직으로 구성되었다. 그러나 광진구에서 타 구로 이사하

〈표 11-1〉 광진지역 사회적경제기업 현황

소계	사회적기업		마을기업	사회적협동조합	협동조합
	인증	예비			
193개	15개	9개	5개	29개	135개

자료: 광진구청(2021).

는 회원사가 생기면서부터는 회원자격을 광진구에 소재지를 둔 기업으로 한정 짓지 않고, 광진구에서 주요 사업을 하되 사회적 목적이 있는 사업체로까지 확대했다. 이로써 회원자격을 심의하는 조합원자격심의위원회도 생겼다. 조합원자격심의 기준은 '법인격 여부'와 '기업의 사회적 목적을 광진구에서 실

〈표 11-2〉 광진협동사회경제네트워크 회원사 현황(2021년 12월 말)

광진담쟁이협동조합 (마을기업)	광진마을공동체 네트워크	코발트사회적협동조합 (사회적기업)	광진우리동네자전거포 협동조합(자활기업)
광진주민연대	광진지역자활센터	늘푸른되살림협동조합 (자활기업)	늘푸른사회적협동조합
다민법률사무소	광진다이음협동조합	더불어내과	더블루피엠씨 (사회적기업)
돌봄플러스 사회적협동조합	동네친구 (예비사회적기업)	사회적협동조합도우누리 (사회적기업)	라이트라이프 (예비사회적기업)
마을과집협동조합 (사회적기업)	모아사회적협동조합	복지유니온 (사회적기업)	서울특별시 동부여성발전센터
새날사회적협동조합	시니어협동조합	아로마테라피 생활문화 협동조합	아르텔 필하모닉 노케스트라 협동조합
아름다운가게 (사회적기업)	에듀툴킷디자인연구소 (사회적기업)	협동조합 쇼셜랩	우리마을미디어 협동조합
인스케어코어 (사회적기업)	정립전자(사회적기업)	중곡제일시장아리청정 협동조합(마을기업)	사회적협동조합 함께시작
하나리더투어 (사회적기업)	한국광고시설물 협동조합	한국동화 사회적협동조합	한국사회혁신금융주식 회사(사회적기업)
학습공동체아카데미쿱	한국전산협동조합	한국세무사협동조합	한빛노동법률사무소
함께누리 사회적협동조합	해오름사회적협동조합	행복건축협동조합	행복중심광진소비자 생활협동조합
헬스브릿지 (예비사회적기업)	화유플라워&원예치료 센터(사회적기업)	힐링아트문화생활 협동조합	21세기자막단
EDS인재교육협동조합	한겨레두레협동조합	광진우리동네자전거포 3호점 협동조합	누리배송협동조합
심플라이프앤워크랩 (예비사회적기업)	협동조합봉봉봉	협동조합더나은	마법마을돌봄 사회적협동조합
태일공방 사회적협동조합	플래이댓 (예비사회적기업)	주거돌봄협동조합	

자료: 광진사회적경제네트워크(2021).

현하고자 하는가'이다. 2021년까지 매년 5~10개의 신규회원이 가입했는데, 사회적경제기업, 지원조직, 개인기업, 시민단체 등 다양한 회원이 활동하고 있다.

네트워크는 2015년 사회적협동조합으로 법인격을 취득하고, 2019년 광진 협동사회경제네트워크에서 좀 더 보편적인 '광진사회적경제네트워크'로 명칭을 개정했다. 네트워크의 사업 방향은 '상호 협력'과 '협업'으로 잡았다. 타 기초지역의 사회적경제네트워크와 차별되는 부분이다. 타 지역의 사회적경제는 정부 정책에 대응하기 위해, 즉 중간지원조직을 위탁받기 위해 사회적경제네트워크를 구성했다. 하지만 광진지역의 사회적경제는 사회적경제활동 주체끼리 연대하고 협력하여 '함께 사는 경제공동체'를 만드는 일이 무엇보다 우선이었고, 정부 정책은 이러한 목표를 이루는 데 필요한 활용자원으로 바라볼 뿐이었다. 현재 네트워크는 〈표 11-2〉와 같이 광진구를 소재로 하는 사회적경제기업의 약 70%를 포괄한다.

2) 상호호혜관계 형성

상호호혜는 시장경제와 차별되는 사회적경제의 요소이다. 호혜관계는 이익을 추구하는 거래를 넘어 사람과 사회를 위한 경제를 형성한다. 한편 상호호혜성은 사회복지서비스 제공 측면에서 볼 때, 수혜 대상자와 베푸는 자의 간극을 넘어서는 중요한 요소로 작용한다. 수혜자가 영원히 수혜를 받는 사람으로 남는다면 복지의 효율과 만족도는 떨어지게 마련이다. 더 나아가 베푸는 자가 없어지면 복지는 자연히 무너진다.

네트워크의 상호호혜성 형성은 회원사의 공통된 필요와 욕구로부터 시작되었다. 그것은 다름 아닌 빈곤으로부터의 생존이었다. 사회적경제기업은 생존하기 위해서 국가의 정책에 기대야만 했다. 그렇지 않으면 시장경쟁에서

〈그림 11-2〉 광진사회적경제네트워크 상호거래 추이(2015~2019년)

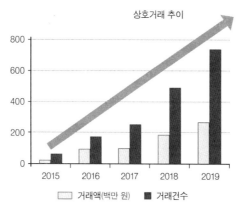

상호거래 추이

자료: 광진사회적경제네트워크(2020).

살아남기 어려웠다. 어떤 선택을 해야 할까? 네트워크 회원들이 선택한 대안은 상호호혜를 통한 생존전략이었다. 상호호혜의 구체적인 방안은 회원사의 제품과 서비스를 서로 구매하고, 상호거래 매출액의 2%를 적립하여 경영 어려움을 극복하기 위한 '인내기금'을 마련하는 것이었다. 하지만 상호거래는 바로 발생하지 않았다. 회원사는 자사의 제품과 서비스를 팔지 못해 어려움에 직면했지만, 네트워크에 속한 타 회원사의 어려움에는 별 관심이 없었다. 품질 좋아야 하면 대기업 상품을, 품질과 상관이 없으면 중국산을 선호했다.

2014년 7월 네트워크가 창립된 지 9개월 만인 2015년 4월 2일에 마침내 첫 번째 상호거래가 성사되었다. 한 회원사가 다른 회원사인 자활기업 '행복기프트'와 '행복중심광진생협'의 제품 및 서비스를 구매한 것이다. '인내기금'의 씨앗-상호거래 매출액의 2%인 26,000원-도 네트워크에 뿌려졌다.

회원사의 대표와 관리자가 매월 회의를 하면서 꾸준히 교류하고 서로를 알아가는 과정을 거쳤기 때문에 상호거래가 이루어질 수 있었다. 얼굴을 맞대고 이야기하면서 서로에 대한 이해와 신뢰가 점점 쌓여갔다. 이런 과정이 '구매'라는 값진 선물을 안겨주었다. 이렇게 시작된 상호거래는 2022년 기준 거래금액 3억 6천만 원으로 확대되었다. 매출액의 2%를 적립한 '인내기금', 즉 광진협동기금 또한 1억 1500만 원으로 증가했다. 광진협동기금은 회원사 간 상호거래 매출총액(부가세 포함)의 2%, 회원사 회비, 후원금으로 조성되며, 경영상 어려움에 직면한 회원사의 긴급신용대출금으로 쓰인다. 이러한 맥락에서 볼 때, 상호호혜의 관계를 형성하는 데는 지속적인 교류와 이를 통한 사회적 자본의 축적 과정이 무엇보다 중요하다는 것을 알 수 있다.

3) 협업체계 마련

상호호혜의 관계는 협동이 구조화함으로써 발전한다. 호혜관계를 발전시키기 위해서는 민주적으로 운영하여 참여를 높이고, 회원사의 필요와 욕구를 세분화해서 조직해야 한다. 또한 회원사의 경영을 돕는 경영지원서비스를 개발하여 공동의 자산으로 활용해야 한다. 네트워크는 사회적경제생태계를 네트워크로 해석했다. 그래서 네트워크 안에서 사회적경제활동이 활성화되는 구조를 마련해왔다. 회원사의 참여를 높이기 위한 회의체계와 협력체계, 서비스 체계가 그것이다.

4) 회의체계

회의체계는 총회와 이사회, 집행위원회로 구성된다. 총회는 연간 사업 방향과 계획 및 예산을 승인하고, 승인된 계획의 세부 집행안은 총회에서 선출된 이사회가 확정한다. 그리고 확정안은 각 분과의 분과장과 집행위원장으로 구성된 집행위원회에서 집행한다. 2021년부터는 집행력을 강화하기 위해 이사회와 집행위원회가 연석회의로 모이고 있다. 이와 더불어 매월 전체가 참석하는 정기운영위원회에서 의견 조율이 이루어진다. 조합원자격심의위원회

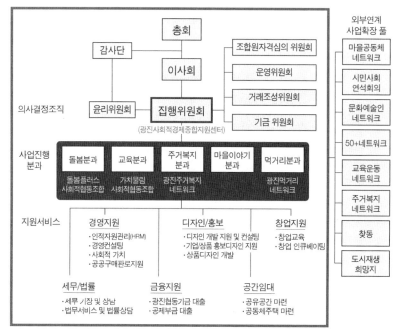

자료: 광진사회적경제네트워크(2022).

에서는 회원 가입과 탈퇴의 자격 검증을, 거래조성위원회에서는 상호거래, 공공구매 등 판로를 개척하기 위한 사업정책 논의를, 기금위원회에서는 광진협동기금의 운영과 대출 승인을 한다. 2015년에 구성된 윤리위원회에서는 회원사 윤리 경영을 위한 윤리규정 검토와 적용을 감사단과 함께 수행한다.

5) 분과체계

네크워크는 분과체계를 통해 규모 있는 사업 접근과 전문성을 강화하고 있

다. 돌봄서비스 업종의 회원사는 돌봄분과를, 교육사업을 하는 회원사는 교육분과를, 주거관련 사업을 하는 회원사는 주거복지분과를, 온라인 판매 관련 회원사는 마을이야기광진(2022년 유통분과로 사업 확장)이라는 온라인 쇼핑몰 운영을, 먹거리 관련 회원사는 먹거리분과를, 환경관련 사업을 하는 회원사는 환경분과(2022년)를 조성하여 협업사업을 추진한다. 사업 성격에 따라 분과 회원사들은 자체회의를 매달 진행한다.

분과체계와 사업내용을 좀 더 구체적으로 살펴보면 다음과 같다. 돌봄분과는 2015년부터 〈그림 11-4〉와 같이 클러스트로 묶어 어르신에게 원스톱 서비스를 제공한다. 사회적협동조합 도우누리의 요양서비스, 아동 대상의 국악놀이를 어른신의 재가서비스로 개발·운영하고 있는 사회적기업 한국아동국악교육협회의 정서서비스, 사회적기업 복지유니온의 영양서비스, 사회적기업

인스케어코어의 청소서비스, 사회적기업 라이트라이프의 정리정돈서비스, 광진지역자활센터의 빨래서비스, 사회적기업 헬스브릿지의 선강관리서비스가 그것이다.

어르신이 살고 있는 지역에서 삶의 질을 유지하며 오래도록 살아가기 위해서는 각종 재가서비스가 필요하다. 하지만 현재 한국에서는 생활을 영위하는 데 필요한 서비스가 각각 분절되어 있을 뿐만 아니라, 어떤 서비스는 꼭 필요함에도 공급이 이루어지지 않고 있다. 다양한 서비스를 연계하여 한 어르신의 삶이 온전히 유지될 수 있도록 접근할 필요가 있다. 네트워크는 이러한 문제를 해결하기 위해 사회적경제기업 한 곳이 모든 서비스를 개발·공급하는 방식이 아니라, 각각의 서비스를 제공하는 사회적경제기업이 협업해서 시너지와 전문성, 효율성과 경제성을 모두 취하는 방식으로 접근했다. 이러한 접근은 나름의 성과를 얻었다. 서울시에서 벤치마킹하여 '서울돌봄SOS센터'라는 정책으로 제도화되었다.

2015년 겨울에 구성된 교육분과는 2022년 기준 사회적협동조합 함께누리, 마을기업 담쟁이협동조합, 해오름 사회적협동조합, 협동조합 쇼셜랩, 코발트 사회적협동조합, 사회적기업 화유플라워앤원예치료센터, 사회적기업 에듀툴킷디자인연구소, EDS협동조합, 아카데미쿱, 동부여성발전센터 11개 기업이 협업하고 있다. 교육분과는 네트워크 회원사를 대상으로 교육 프로그램을 개발 실행하고 있으며, 중장기적으로는 회원사의 경영지원 시스템 구축과 사회적기업가 및 협동조합 창업지원, 지역커뮤니티 기반의 교육 커리큘럼과 네트워킹 개발, 멘토 양성 및 컨설팅 멤버 조직화 사업의 공동 추진을 계획하고 있다. 11개로 이루어진 교육분과는 2022년 기준 사업자로 구성된 사회적협동조합 설립을 준비하고 있다. 네트워크 내 교육관련 회원사는 교육이라는 공통분모를 가지고 모였지만, 서로 교육 프로그램이 겹치는 등 갈등이 있었다. 하지만 분과체계를 구성하고 각 기업이 가진 교육 커리큘럼를 집대성하여 전문성을 고도화하고 다른 회원사의 교육 커리큘럼과 연계하여 더 큰 교육시장에 접근할 수 있게 되었다. 2020년부터는 공동사업을 개발하여 사회적경제 인재양성, 사회적경제 창업지원, 사회적경제기업 대상 사회적 가치 측정 등 다양한 사업을 추진하고 있으며, 창업지원사업은 13억 원가량의 용역사업을 수행하고 있다.

한편 주거복지분과는 주거복지센터(사회적협동조합 도우누리의 위탁사업), 마을과집협동조합, 행복건축협동조합, 주거돌봄협동조합, 늘푸른사회적협동조합, 광진지역자활센터, 사회적기업 동네친구, 서울청년센터 광진오랑, 협동조합 소셜랩이 모여 지역의 주거복지를 위한 서비스를 개발·공급하기 위해 출발했다. 2022년 네트워크 회원사로만 구성하지 않고 지역의 유관단체를 포함하여 활동하는 주거분과는 네트워크 내 사회적경제기업 중심의 주거협업을 위한 하나의 분과이지만 지역 차원에서는 주거복지활동을 하는 단체들이 모여 연대하는 네트워크의 위상을 지니고 있다. 주거분과는 협업하여 주거복지상담, 긴급주택 설립을 통한 위기가구의 임시주거지 공급, 광진지역의 시민사회활동가를 위한 공동체주택 마련, 취약계층을 위한 공동주택 마련 사업을 추진하고 있다. 분과가 지향하는 바는 다음과 같은 운영 목적에 잘 드러난다. "주거 안정과 주거환경 개선의 욕구가 있는 지역주민과 취약계층의 주거복지를 실현하기 위해 서로 협력하여 주거환경을 개선하고 주거편의 서비스를 개발 및 공급하는 것을 목적으로 하며, 지역사회통합돌봄을 실현하기 위한 거버넌스 구축과 민간역량 강화를 위해 노력한다." 이를 실현하기 위해 사회적부동산회사 설립, 노후주택 조사를 통한 주택개량모델 수립, 주거편의서비스 제공기관 공동의 체크리스트를 작성하여 DB구축을 수행하고 있다. 또한 취약계층의 안전한 둥지를 마련하기 위해 공동체주택교육 등 연간계획을 준비하고 광진구 주거지원조례 제정을 추진하고 있다.

마을이야기광진분과는 온라인 어플을 통해 지역소식과 사회적경제기업의 쇼핑몰을 집적 운영한다. 광진구의 '광' 자인 빛광(光) 자를 따서 지역화폐 '광화폐'를 발행하고 지역순환경제 활성화를 꾀하고 있다. 사회적경제기업의 판로를 개척하고 소상공인까지 아우르는 지역순환 경제공동체를 조성하기 위해서다. 하지만 주체 역량이 부족하여 사업은 답보 상태였다. 2022년에는 타개책으로 사회적경제기업 상품을 개발 판매하는 전문유통회사 설립으로 사업 방향을 전환했다. 마을이야기광진의 어플을 이용하는 회원 수는 2022년 기준 개인(337명) 및 기업(128개소)을 포함하여 465개이며, 가게 상품은 930종, 광화폐 거래는 454건, 광화 환전액은 15,693,418광(2021년), 원화 환전액은 6,346,569원(2021년)이다.

먹거리분과는 2020년에 동부여성발전센터, 담쟁이협동조합, 미나리협동조합, 함께누리사회적협동조합, 코발트사회적협동조합, 복지유니온, 행복중심광진생협, 협동조합더나은의 전문가들로 구성되었다. 목적은 광진지역의 '생산 – 유통 – 가공 – 소비 – 교육'의 순환체계 마련, 광진구민의 식생활 개선, 도농 상호거래를 통한 농촌공동체 육성, 먹거리 취약계층의 먹거리 보장이다. 만들어진 지 얼마 되지 않았지만 먹거리분과는 안정적인 회의와 집행체계를 마련하기 위해 분투하고 있다. 먹거리환경교육, 50+독거남성과 함께하는 먹거리교육 및 공동식사, 자활취약계층의 먹거리실태조사, 괴산과의 도농협력사업이 먹거리분과의 주요 사업이다.

6) 서비스체계

기업 경영을 위해서는 경영지원서비스가 필수적이다. 네트워크는 내부에 경영지원서비스시스템을 구축하여 공동구매 방식으로 서비스를 구매할 수 있도록 구조화했다. 경영지원서비스 제공을 관련 회원사가 직접 수행하게 함으로써 회원사의 고유 사업을 개발·육성하고자 했다. 기업의 세무와 법률지원서비스, 경영·행정 및 컨설팅서비스, 금융지원서비스, 홍보지원서비스, 공간임대서비스, 창업지원서비스 등이 그것이다. 세무서비스는 기업의 세무 기장과 세무 조정을 대행해주는 서비스로 회원사가 비용의 50%, 네트워크가 50%를 지급한다. 회원사인 세무사협동조합이 이를 수행하는데, 협동조합의 세무 기장이 일반 주식회사와 차이가 있음을 고려한다면 회원사의 세무서비스는 타 세무사의 그것보다 전문적이며 맞춤형 서비스를 제공한다는 점에서 이점이 있다. 법률서비스는 매년 등기 변경을 대행해준다. 회원사인 다민법률사무소가 이를 맡고 있는데, 기업의 법률적 이슈가 나타날 때 법적 자문을 해준다. 한편 경영·행정 및 컨설팅서비스는 기업의 공모 제안, 마을기업 및 사회적기업의 인증, 경영평가와 자문을 수행하는 회원사들이 상품을 준비하고 있다. 작은 기업일수록 기업 대표가 경영 및 행정을 총괄하면서 실무 업무까지 담당하기 때문에 경영 효율이 떨어질 수밖에 없다. 기업의 어려운 경영 문제를 회원사의 경영지원서비스를 통해 해결할 수만 있다면, 회원기업의 경영에 많은 도움이 될 것은 자명하다.

금융지원서비스는 광진협동기금을 이용해 급전대출, 공제부금 조성을 통한 공제대출로 기업의 경영자금 문제를 해결하고자 하는 서비스이다. 최대 2천만 원까지 연 2% 이자로 대출이 이루어진다. 2021년 12월 31일 기준 누적 대출금액은 610,000천원(25건)이며, 회원사인 사회적기업 한국사회혁신금융이 이를 대행한다.

그 밖에 홍보지원서비스와 공간임대서비스도 이루어지고 있다. 홍보지원서비스는 디자인 컨설팅을 통해 기업 및 상품 디자인을 향상시키고, 홍보채널을 다양화함으로써 기업의 이미지를 제고하기 위한 노력을 기울이고 있다.

공간임대서비스는 2017년 중곡동의 시민자산화 사업을 통해 15개 시민사회단체와 사회적경제기업이 입주하여 임대서비스를 제공받고 있다. 시민자산화는 지역의 시민사회와 사회적경제가 공동으로 소유함으로써 임대를 통한 개인의 수익을 제거하고 실제 사용자에게 편익을 제공하는 자산소유 방식이다. 회원사들은 주변 임대료보다 40%가량 저렴하게 임대서비스를 공급받을 수 있다. 임대차계약 만료에 따른 건물 이전을 걱정할 염려가 없어 지속가능한 사업을 영위할 수 있다. 한편 광진구사회적경제통합지원센터를 위탁받아 시중가의 10% 수준으로 7개 사회적경제기업에게 사업장을 제공하고 있다. 끝으로 창업지원서비스는 지역주민과 사회적경제의 기존 사업가가 신규 사업을 시작할 때 협동조합과 사회적기업을 인증받는 데 도움을 지원한다. 창업지원서비스는 주로 정부의 창업지원 프로그램을 수주받아 추진된다.

3. 새로운 길을 만들어가고 있는 광진시민사회

지역사회의 복지니즈는 공공부문인 국가, 민간영리부문인 시장을 통해 해결하기에는 한계가 있다. 광진지역의 빈곤 양극화와 경제문제, 그에 따르는 인간다운 삶을 살기 위한 돌봄, 주거, 먹거리 문제 역시 여전히 해결하기 어려운 과제로 남아 있다. 그러나 광진에는 연대와 협력의 방식으로 이러한 문제를 해결하려는 시도가 존재한다. 2014년 본격적으로 시작된 광진사회적경제 네트워크활동이 그것이다. 근 10년의 세월이 흘렀다. 이러한 활동이 수요자 측면에서 지역의 복지니즈를 얼마만큼 충족했는지 구체적으로 기술할 수는 없다. 다만 시민사회가 자발적으로 개인의 사회화된 공통의 필요와 욕구에 접근하고, 지속가능한 대안을 만들고자 땀 흘려온 흔적은 찾을 수 있다. 지금 이 순간에도 광진시민사회는 협동의 경제방식을 통해 지역의 필요와 욕구를 조직하고 신뢰와 상호호혜에 기반한 협업체계를 구성하고 실행함으로써 그 누구도 가지 않은 길을 만들어가고 있다.

참고문헌

광진구청. 2021. 「광진구 사회적경제기업 현황」.

광진구청. 2014. 「광진통계연보」.

광진구청. 2011. 「광진구 제2기(2011~2014) 지역사회 복지계획」.

광진사회적경제네트워크. 2014~2022. 「광진사회적경제네트워크 총회 자료집」.

드푸르니, 자끄(Jaques Defourny)·니센, 마르뜨(Marthe Nyssens) 외. 2021. 『사회연대경제』. 김신양·엄형식 옮김. 서울: 착한책가게.

박용수. 2022. 「광사넷 소개」 강의자료(미발간).

자마니, 스페파노(Stefano Zamagni)·브루니, 루이지노(Luigino Bruni). 2015. 『21세기 시민경제학의 탄생』. 제현주 옮김. 서울: 북돋음.

사회복지에 사회적 금융으로 기름칠하기

박정환 ((재)한국사회가치연대기금 기금사업실 부장)

 사회복지사로서 12년은 복지 현장에서, 11년은 사회적기업과 사회적 금융 현장에서 경험을 쌓아왔다. 관악구, 송파구에서 관악구재가복지연합회(관재연)와 송파구재가복지여합회(송재연)를 만들고 뜻을 같이하는 지역사회 복지관, 시민사회단체의 멤버들과 함께 운영했다. 이러한 경험을 인정받아 보건복지부 파견근무, 고양시 무한돌봄센터 센터장으로서 시 단위 통합 사례관리 네트워크를 운영했으나 하향식(top-down) 자원개발의 한계를 느끼고 크라우드펀딩(crowdfunding) 사회적기업 오마이컴퍼니의 창립멤버로 참여하여 민간이 주도하는 집단지성과 십시일반(十匙一飯)의 힘을 경험했다. 이후 민간투자를 활용한 사회문제의 선제적 개입으로 사회서비스 전달체계를 개선하는 SIB에 관심을 가지고 지인들과 ㈜한국사회혁신금융을 설립하여 상임이사로 경기도 1호 SIB 해봄 프로젝트를 총괄했으며, 현재는 한국 최초의 사회적 금융 도매기금인 (재)한국사회가치연대기금의 기금사업실 부장으로 활동하면서 사회문제를 비즈니스로 해결하는 사회적경제기업들과 프로젝트에 자금을 공급하고 있다.

'실천 없는 이론은 허무하다'라는 선견자의 명언을 동경하여 사회서비스 전달체계와 사회적 금융 결합모델에 관심을 가지고 성공회대학교 시민사회복지대학원에서 크라우드펀딩 연구로 석사학위를 받았으며, 동 대학 일반대학원 사회복지학과에서 박사학위 취득 후 사회서비스 전달체계와 SIB를 주제로 현장 실무와 연구를 병행하고 있다.

1. 복지 현장에서 느낀 돈의 필요성

자본주의 사회에서 돈이 없으면 비참해진다고 한다. 이 말은 복지에도 적용된다. 어차피 서비스 이용자의 욕구는 무한하고 이를 해결해줄 수 있는 자원은 제한적이다. 이 둘 사이의 갭(gap)을 얼마나 줄여주느냐가 복지의 한 역할이라면, 돈은 복지서비스를 서비스 이용자의 욕구에 근접하도록 돕는 확장제 역할을 한다.

고양시 무한돌봄센터장을 하던 시절, 우리 센터는 당시 인구 95만 고양시(2010년)의 통합사례관리센터로서 권역별 네트워크 팀을 운영하던 복지기관들과 함께 복지 사각지대 대상자 발굴과 사례관리 업무를 맡아 수행했었다. 사례관리의 개념에 이미 서비스 '통합'의 개념이 포함되어 있으므로 '통합' 사례관리라는 표현은 마치 '역전 앞'처럼 중복된 개념이었으나 사례관리의 '협업 구조'를 강조하다 보니 그리 쓰게 되었다. 문제는 대부분 가용 자원이 현금이 아닌 현물이었다는 점이다. 현물은 서비스 이용자의 욕구에 유연하게 대처하는 데 한계가 있었다. 가령 남편의 폭력으로 자녀와 함께 도피 중인 여성에게 거주할 수 있는 공간, 침구류, 생필품 등 현물도 중요했지만, 정부에서 지원하는 긴급생계비로는 정상적인 생활을 영위하기가 역부족이었다. 그러나 사회복지사로서 가장 힘든 일은 따로 있었다. 늘 문제가 터지고서야 개입하는 내 모습이었다. 모든 사회문제를 사전에 예방할 수는 없었으나 그중 상당 부분은 사전에 막을 수 있는 일이었다.

1) 회의, 또 다른 시작

그 무렵 나는 복지 현장에 회의를 품고 도피 차원에서 대학원에 진학했다. 물론 낮에는 센터에서 근무하고 밤에는 공부하는 주경야독의 삶이었다. 사실 그 전부터 여러 대학원을 알아보고 있었으나 학부 때와 거의 유사한 커리큘럼으로 운영되는 사회복지대학원에는 선뜻 지원하고 싶지 않았다. 복지 현장에서 느낀 회의를 다른 방법으로 해소하고 싶었다. 그게 뭔지는 몰라도 말이다. 그러다 지인으로부터 사회복지와 사회적기업을 동시에 공부할 수 있는 대학원—성공회대학교 시민사회복지대학원의 이야기를 들었다. 2011년은 '사회적기업'이라는 용어가 생소했던 시절이었고 '기업' 앞에 '사회적'이라는 수식어가 붙었기 때문인지 당시 나한테 '사회적기업'은 영화 〈쉰들러 리스트〉에서 쉰들러가 운영했던 군수품 제조 공장을 연상시켰다. 그리고 회사가 망할 위험을 무릅쓰면서까지 죽음의 늪에 내몰린 유대인들을 고용했던 쉰들러가 당시 나에게는 사회적기업가의 이미지였다. 물론 사회적기업을 두 군데나 거치고 현재 사회적 금융 도매기관에 근무하고 있는 나의 생각은 완전히 바뀌었지만 말이다. 결국 나는 성공회대학교 시민사회복지대학원 사회적기업 전공으로 석사과정을 시작했다. 주경야독은 힘들었지만 대학원 특성상 사회복지 분야 외의 다양한 사람을 만날 수 있다는 점이 신선하게 다가왔다. 그중 한 명이 현재 한국 크라우드펀딩 사회적기업 1호인 ㈜오마이컴퍼니의 성진경 대표다. 시중의 모 투자증권에서 애널리스트로 활동했던 성 대표는 좀 더 의미 있는 삶을 살기 위해 사회적기업가 육성사업 1기로 사회적기업 창업을 준비하고 있었고 수업 중 본인이 구상하고 있던 사업 아이템, 크라우드펀딩에 대해 발표했다. 당시에는 크라우드펀딩보다 소셜펀딩(social funding)이라는 용어를 더 많이 썼으나 적어도 나에게는 둘 다 생소했고 무엇보다 "대중에게 십시일반으로 돈을 모아 사회문제를 비즈니스로 해결하는 사회적기업들을 돕는다"는 말과 "펀딩 성공은 투자 참여자들, 곧 집단지성의 힘에 의해 결정된다"는 말에 무슨 공상과학 같은 이야기냐며 발제자였던 성 대표에게 공격적인 질문을 했더랬다. 그런데 그 과정에서 오히려 내가 설득되고 말았고 결국 오마이컴퍼니의 창립 멤버로 참여하게 되었다.

내가 설득당한 가장 큰 이유는 사회문제를 '전통적 복지서비스'가 아닌 '비즈니스'로도 해결할 수 있다는 것, 그리고 그 비즈니스를 돕기 위해 인터넷 플랫폼을 이용해 대중으로부터 돈을 모을 수 있다는 점이었다. 나는 그간 서비스 이용자의 만족도가 높았던 사업을 정부 복지예산이 축소되는 바람에 안타깝게 접어야 했던 일들을 떠올리며, 투자의 선순환 구조가 사회문제 해결의 지속가능성을 높일 수 있다는 점에 신선한 충격을 받았다.

지금이야 사회적 금융을 '업(業)'으로 하고 있으니 사회적 금융이라는 용어가 엄마 품처럼 살갑게 다가오지만 당시는 정말 미지의 영역이었다. 말이 나온 김에 독자의 이해를 돕기 위해 사회적 금융을 개괄적으로 살펴보자면, 일차적으로 사회적 금융은 사회적 가치와 재무적 가치를 동시에 추구하는 금융 시스템을 의미한다. 여기서 '시스템'이라는 단어를 사용한 것은 투자, 융자의 행위보다 '체계'를 강조하고 싶어서다. 따라서 사회적 금융이 작동하기 위해서는 사회적 금융 '생태계 구축'과 같은 인프라가 갖춰져야 하는데 아직 한국은 제도화의 과도기에 머물러 있다고 보면 된다. 아무튼, 이 사회적 금융은 빈곤층이나 금융 소외계층을 대상으로 소액대출을 해주는 마이크로파이낸스(micro finance), 지역공동체 내에서 공동체 발전을 위해 지역공동체에 제공하는 자조기금과 같은 지역금융(community finance), 투자 목적이 금전적 이익뿐만 아니라 사회적, 환경적 목적을 동시에 추구하는 임팩트 투자(impact invest-

ment), 대중의 지성에 기반하여 플랫폼으로 자금을 모집하여 프로젝트에 투·
융자하는 크라우드펀딩으로 구분한다. 이 중 사회복지사로서 내가 처음 관심
을 둔 사회적 금융은 크라우드펀딩과 SIB(국내에서는 '사회성과보상사업'으로 불
리며 임팩트 투자로 분류됨)이었다. 지금부터 이 이야기를 하고자 한다.

2. 돈과 결합한 집단지성의 힘

크라우드펀딩은 군중을 뜻하는 crowd와 자금 조달을 뜻하는 funding의 합
성어로 대중으로부터 자금을 모집하는 일이다. 넓은 의미에서는 복지관에서
바자회를 열어 얻은 수익도 이에 해당한다. 하지만 현재는 온라인 소액투자
플랫폼으로 자금을 조달하는 사업을 크라우드펀딩으로 지칭한다. 따라서 크
라우드펀딩도 일종의 '플랫폼 사업'으로서 다양한 아이템이 플랫폼을 통해 대
중에게 알려지면 관심 있는 대중이 펀딩에 참여하고 그 성과를 공유한다. 크
라우드펀딩은 크게 후원형(리워드형), 대출형, 지분투자형으로 나뉜다. 먼저
후원형은 특정 펀딩 프로젝트에 참여하면 해당 프로젝트에서 제시한 펀딩 금
액별 리워드(reward)를 받는 방식이다. 리워드는 일종의 보상 개념으로 프로
젝트에 참여해준 데 감사를 전하는 메시지부터 특정 제품이 출시되기 전에 할
인 가격으로 선구매할 수 있는 기회를 제공하는 일까지 스펙트럼이 다양하다.
따라서 리워드가 없이 순수 후원만을 목적으로 하는 크라우드펀딩을 '기부형'
크라우드펀딩으로 별도 구분하기도 한다. 대출형은 다수의 사람으로부터 온
라인 플랫폼을 이용해 소액대출을 받는 것으로 대손 리스크가 다수에게 분산
되기 때문에 주로 주류 금융권에서 대출을 이용하기 어려운 저신용자나 기존
의 신용평가체계로는 평가하기 어려운 사회적경제조직의 프로젝트 자금 조
달에 활용된다. 한마디로 온라인 마이크로크레딧(microcredit)인 것이다. 이때

자금 대출자는 자금을 대여한 다수로부터 평판에 대한 리스크(reputation risk)를 부담하는데, 플랫폼에 따라 대출 일정에 맞춰 꼬박꼬박 잘 갚으면 다음 번에 대출 신청할 때는 이자를 할인해주기도 한다. 마지막으로 지분투자형은 주로 스타트업이나 소자본 창업자를 대상으로 투자금에 비례한 지분 취득과 수익 창출을 목적으로 진행된다. 한국의 경우 2016년 지분투자형 크라우드펀딩이 합법화되면서 본격적으로 활성화되기 시작했다.

나는 이 세 유형의 크라우드펀딩 모두 사회복지를 더 풍성하게 할 수 있는 도구로 생각했었지만, 그중에서도 특히 후원형 크라우드펀딩에서 사회복지와의 접점을 발견했다. 그 이유는 후원형 크라우드펀딩의 특징인 리워드의 존재가 사회복지와 사회적경제에서 중요하게 다뤄지는 사회자본(social capital)을 활성화할 수 있다는 생각에서다. 예를 들면 복지기관에서 매년 하는 후원모금 행사나 캠페인 도구로서 후원형 크라우드펀딩을 활용한다면 보다 효과적인 모금과 홍보가 가능할 것이다. 아래는 오마이컴퍼니 크라우드펀딩 플랫폼을 통해 펀딩에 성공한 '도란도란 노인복지센터 시설완비 프로젝트'다. 이 프로젝트가 주목한 사회문제는 농촌의 노인문제, 그중에서도 농촌지역 내 노인복지시설 부재였다. 어르신들이 몸이 아프면 본인이 나고 자라 평생 일터였던 지역에서 주간보호, 방문요양서비스를 받고 싶어 하지만 지역에 시설이 없다 보니 타 지역으로 갈 수밖에 없어 심리적 고립감이 커지는 문제에 개입했다. 시설은 여차해서 지을 수 있었으나 의료기기 구입비가 모자랐다. 이를 크라우드펀딩으로 모집했다. 주목할 점은 투자 금액별로 정해진 리워드다. 농촌지역임을 감안하여 리워드는 노인복지센터가 위치한 충청북도 천안 북면에서 생산되는 지역 농산물로 정했다. 예컨대 2만 원 투자 시 무농약 인증 호박고구마 5kg, 5만 원 투자 시 알타리김치 5kg 또는 쌀 꾸러미 10kg(백미 8kg+흑미 1kg+서리태 1kg), 7만 원 투자 시 무농약 인증 호박고구마 5kg와 알타리김치 5kg를 리워드로 제공했다. 이 프로젝트에 총 95명이 참여하여 목표

〈그림 12-1〉 노인복지센터 의료기기 마련 프로젝트

자료: (주)오마이컴퍼니.

한 모집 금액의 134%인 538만 원이 모였다. 노인복지센터 의료기기도 마련하고 지역 농산품도 알린 것이다.

그런데 이런 의문이 드는 사람도 있을 것이다. '자금 수요자와 자금 공급자가 따로 만나서 진행해도 될 일을 굳이 플랫폼을 통해 하는 걸까?' 이유는 단순하다. 바로 '리워드의 공식화'다. 크라우드펀딩 플랫폼으로 사람과 사람 간의 약속을 '공식화'하는 것이다. 친한 사이일수록 돈 빌리기 어렵다는 말이 있듯이 지인 사이일수록 돈을 빌려주었을 때 정해진 기일에 갚지 못하면 빌려준 사람이나 빌린 사람이나 난처하고 상처받기 십상이다. 그러니 생판 모르는 타인의 경우에는 어떻겠는가? 이러한 도덕적 이슈들을 자유롭게 해준다는 의

<그림 12-2> 사회복지 분야에 적용된 후원형 크라우드펀딩 사례

자료: (주)오마이컴퍼니.

미로서 길트프리(guilt-free) 전략이 리워드의 공식화인 것이다(박정환, 2013).
플랫폼을 통해 투자하면 리워드를 주겠다고 약속함으로써 만에 하나 약속이
지켜지지 못할 경우 적절한 피해 보상을 받을 수 있다. 사회복지 분야에서 이
러한 후원형 크라우드펀딩은 지역이슈 해소를 위한 캠페인에서부터 시설투
자와 취약계층 문화공연까지 다양하게 활용될 수 있다. 그리고 그 프로젝트
의 성공 여부는 펀딩에 참여한 집단지성의 판단에 맡겨질 것이다.

3. 사회문제를 예방하는 방법

　서두에서도 언급했지만, 사회복지를 하면서 제일 아쉬웠던 것은 사전에 예방할 수 있는 문제를 예방하지 못하고 문제가 발생해서야 부랴부랴 세금을 들여 해결하려는 것이었다. 그러나 곱씹어 보면 정부의 예산집행 방식은 늘 그래왔다. 사회문제가 발생하면 예산을 세우고 회계연도 안에 집행하는 식이었다. 여기서 회계연도 안에 예산을 집행하는 의미는 문제가 해결되었다는 전제가 아니라 개입 프로그램에 예산을 집행했다는 의미이다. 문제 해결과는 상관없이 예산이 집행되는 것도 이해가 되지 않는데 해당 예산을 다 집행하지 못하면 다음 연도 예산이 삭감된다며 반드시 다 써야 한다고 강요받았을 때는 어이가 없었다. 나는 관악구의 S복지관과 송파구의 M복지관에서 쌓은 지역사회 네트워크 조직 경험을 인정받아 서두에서 언급했던 고양시 무한돌봄센터를 운영한 적이 있다. 시 직영으로 예산 걱정은 없었으나 복지 사각지대를 발굴하고 지원하는 일은 자원 확보가 병행되지 않는 한 해결되기 어려웠다. 그럼에도 불구하고 예산은 회계연도를 넘기지 않고 꼬박꼬박 집행되었다. 모두가 알다시피 이것은 비단 특정 시만의 문제는 아니었다. 현실적으로 행정기관의 예산은 '산출(output)'에 맞춰져 있지 '성과(outcome)'에 맞춰져 있지 않다. 다시 말하면, 서비스 지원 횟수(산출)에 맞춰져 있지 서비스 지원을 통해 창출되는 삶의 질 향상(성과)에 맞춰져 있지 않은 것이다. 결국 정부예산은 국민이 뼈 빠지게 번 돈에서 낸 세금이므로 현장에서 마주하는 이러한 정부의 예산집행 방식은 비용 편익적이지 않았으며 가치 추구형 인간인 나에게는 일종의 죄의식 같은 불편한 마음을 불러일으켰다. 그런데 의외의 만남에서 이 불편한 마음을 해소할 수 있었다. 크라우드펀딩 사회적기업 오마이컴퍼니에서 활동하던 중 소셜벤처 발굴 프로젝트인 현대차 주최 'H-온드림'에 참가했는데(자랑하자면 우리 오마이컴퍼니가 혁신상을 수상했다) 여기에 심사위원으로 참여하셨던 한국사회적 금융연구원 문진수 원장님이 우리에게 정기적인 '사회적 금융 스터디'를 제안하셨고 그중 한 섹션이 SIB였다. 사회복지사로서 크라우드펀딩을 통해 복지 자원개발의 새로운 가능성을 봤다면, SIB를 통해서는 사회서비스 전달체계 개선을 통한 공공가치 창출의 가능성을 봤다고 해야 할 것이다. 나는 그날의 신선한 충격을 그냥 망각의 강에 흘려보낼 수 없었다. 뭔가 정리가 필요했다. 그래서 석사학위 취득 후 6개월 만에 모교 박사과정에 진학해 본격적으로 SIB를 연구하기 시작했다. SIB를 사회적 금융으로만 알고 있는 사람이 많지만 사실 'SIB는 사회서비스 전달체계 개선을 목표로 하는 자금집행 방식'이므로 사회복지학 박사과정이 나에게는 더 적합하다고 생각했다. 물론 돈은 없었다. 주변에서는 하고 싶은 공부만 하면서 살 수 없다고 만류하는 사람도 많았다. 그도 그럴 것이 당시 딸은 네 살, 아들은 첫돌이 갓 지났을 때였다. 어떻게든 처자식을 먹여 살리면서 공부해야 했다. '뜻이 있는 곳에 길이 있다'는 상투적인 표현을 쓰고 싶지는 않지만 이 말이 진리임을 부정할 수 없다는 것은 경험을 통해 알고 있어 쓸 수밖에 없다. 2015년 나는 '사회서비스 부문에서의 대안적 거버넌스 모형 탐색'을 주제로 영국과 미국의 SIB 비교분석에 관한 소논문을 단독으로 썼고 한국사회복지행정학에 등재되었었는데 이 논문이 매개가 되어 경기도 1호 SIB 운영기관 설립을 위한 지속가능경영재단의 TFT에 참여 제의를 받았다. 우여곡절 끝에 우리는 ㈜한국사회혁신금융이라는 법인을 설립했고 경쟁입찰을 통해 일반 수급자의 탈수급을 위한 경기도 1호 SIB '해봄' 프로젝트 운영기관으로 선정되었다. 사업 기간인 3년 동안 내 연구 주제인 SIB를 현업으로 삼을 수 있게 된 것이다!

SIB를 현업으로 하다 보니 일한 만큼 연구자료가 축적되었고 SIB를 도입한 각 나라별 특징이 눈에 들어오기 시작했다는 점이 흥미로웠다. 그와 동시에 SIB를 도입한 나라와 한국의 차이점도 보였다. 그 차이점은 바로 비용 편익적이지 않은 정부 예산집행 방식을 숙명처럼 받아들이느냐, 아니면 개선해보려고 부처가 서로 머리를 맞대느냐였다. 영국이 그러했다.

2010년 영국 피터버러(Peterborough)시에서도 이렇게 낭비되는 혈세를 막기 위해 사회문제를 사전에 예방하려는 프로젝트가 실행되었다. 이른바 Social Impact Bond(SIB)다. 동유럽 출신 이민자가 상당수 살고 있는 피터버러시에서는 높은 음주운전 재범률이 골칫거리였다. 영국에 비해 상대적으로 음주운전에 관대한 동유럽 문화가 원인으로 지목되었다. 음주운전은 1년 이하의 단기 복역이 많았는데 출소 후 이들의 재범률은 60%에 달했다. 밑 빠진 독에 물 붓기였다. 이는 지역사회문제로 공론화되었고 음주운전 재범률을 사전에 낮추기 위한 프로젝트가 시작되었다. 피터버러시는 12개월 미만 단기복역 후 출소한 남성을 대상으로 1개의 동일집단(cohor)당 1천 명씩 총 3천 명의 지원자를 받아 향후 5년간 프로그램을 실시하여 재범률이 평균 7.5%로 떨어지면 투자자에게 원금은 물론, 원금의 최대 13% 범위 내에서 인센티브를 지급하기로 했다. 이 프로젝트에는 총 17개 기관이 투자자로 참여하여 총 500만 파운드(한화 약 100억 원)의 프로그램 선행자금을 공급했다. 그렇다면 결과는 어땠을까? 2017년 보고에 의하면, 2개 동일집단에 대해 프로그램을 진행한 결과 평균 9.0%의 재범률 감소로 세 번째 동일집단에 대한 개입 없이 바로 정부 교정복지 정책으로 흡수되었다. 그렇다면 어떻게 재범률을 감소시킬 수 있었을까?

그 비결은 서비스 통합에 있었다. 'One Service'라는 서비스 공급자 컨소시엄을 통해 교도소 출소 전과 후에 개인별 밀착 서비스를 지원한 것이다. 이것은 한국 사회복지 현장에 어떤 함의를 줄 수 있을까? 사회복지 관련 모 학회에서는 20년 전이나 지금이나 똑같이 '서비스 통합'을 강조하는 주제 발제와 토론이 이어지고 있음에도 사회복지 현장은 크게 달라진 것이 없는 듯하다. 그럼에도 불구하고 우리에게는 필요한 것은 혁명이 아니라 혁신이다. 그리고 혁신은 늘 그렇듯 더디게 진행된다.

〈그림 12-3〉 피터버러 교도소 SIB 이해관계자 구조

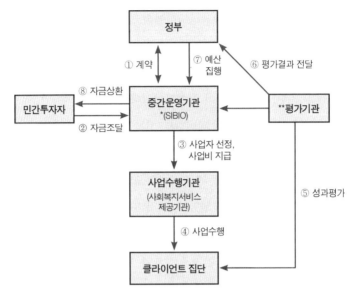

* SIBIO: Social Impact Bond-Issuing Organization의 약자로 사회성과연계채권 발행기구이다.
** 평가기관: 제3의 민간 평가전문기관.
자료: 박정환(2015)에서 재구성.

4. 진정한 혁신의 의미를 찾아서

본격적으로 사회복지와 SIB를 논하기 전에 어쩌다가 SIB가 탄생했는지 알아볼 필요가 있다. 이 말은 어쩌다가 사회복지의 도구에 불과했던 금융이 사회복지의 주체 중 하나로 들어왔는지 살펴보자는 얘기다. SIB가 탄생한 배경은 여러 논지에서 주장되지만 이를 크게 묶으면 아래와 같이 세 가지로 요약된다.

첫째, 점점 복잡해지는 사회문제에 일일이 대응하기에는 정부 역량에 한계가 있어서다(Social Finance, 2016). 서두에서 언급했듯이 복잡한 사회문제가 발생한 후에 개입하다 보니 늘 비용은 많이 들고 복지 체감도는 떨어질 수밖에

없다. 특히 경제 양극화와 대량 실업 등 구조적 문제, 가족관계 해체는 문제가 발생한 후에 접근하면 막대한 비용이 든다.

둘째, 정부의 재정 악화이다(Edmiston and Nicholls, 2018). 사회문제가 복잡해지고 광범위하게 일어나다 보니 당연히 정부에서 집행하는 복지예산도 따라 늘 수밖에 없다. 그런데 저출산 고령화로 돈 들어갈 곳은 많은데 세금 낼 사람은 줄어드니 정부로서는 여간 곤욕스러운 게 아니다.

셋째, 결국 비용 대비 성과를 생각하지 않을 수 없게 되었다(Reisman and Olazabal, 2016). 비용 대비 성과를 따지려면 '과학적으로' 측정 가능한 성과를 사전에 정해두어야 했다. 성과기반형 예산집행 방식이 그것이다.

위와 같이 SIB의 탄생 배경을 살펴보았다. 그런데 뭔가 빠진 것 같다. 앞의 세 가지 배경은 모두 현존하는 사회서비스 전달체계의 문제점을 이야기할 때 단골 메뉴처럼 등장하는 이슈이기 때문이다. 바로 '어떻게(HOW)'가 빠져 있는 것이다. SIB는 그 '어떻게'라는 가려움증을 긁어주기 위해 사회문제의 선제적 개입을 대안으로 제시했다.

A fence at the top of the cliff is preferable to an ambulance at the bottom(절벽 위에 펜스를 치는 것이 절벽 아래에 구급차를 대기시키는 것보다 낫다).

영국의 저명한 자선단체 커뮤니티 링크(Community Links)의 공동 설립자이자 SIB의 설계자 중 한 명인 데이비드 로빈슨(David Robinson)의 말이다. 사회문제에 대한 SIB의 예방적 성격을 강조한 말임과 동시에 사회서비스 전달체계에 투자자가 참여할 수밖에 없다는 의미도 함축하고 있다. 사회문제를 예방하려면 문제가 발생하기 전에 문제가 야기될 것으로 예상되는 지점에 개입할 수 있어야 하며, 개입하려면 돈이 필요하다. 여기에서 고민에 빠진다. 누가 개입 비용을 공급할 것인가? 사회문제가 발생한 다음에 문제를 해결하기 위해서라면 정부가 공급하면 된다. 그러나 사회문제가 발생하지도 않았는데 무슨 근거로 정부가 예산을 집행할 수 있을까? 사전에 예산을 투입한다고 해도 매년 예산집행계획을 세우고 집행해야 하는 정부의 단년도 회계기준을 넘기 어렵다. 사회문제는 그렇게 빠르게 해결되지 않기 때문이다. 대안은 하나, 민간에서 프로그램 선행자금을 조달하는 것이다. 그렇다면 민간에서 프로그램 선행자금을 모집하는 것과 사회문제를 예방하는 것 사이에는 어떤 관계가 있을까?

SIB는 전통적인 사회서비스 사업에서는 볼 수 없는 투자자와 중개기관, 그리고 평가기관이 참여한다. 즉 전통적인 사회서비스 전달체계에서 이해관계자인 정부와 서비스 제공자 외에 3개 주체가 참여하는 다중 이해관계자 구조이다. 한마디로 말하면 복잡하다. 그런데 이 복잡해 보이는 구조에 사회문제를 보다 비용 효과적으로 해결할 수 있는 역동성이 내재되어 있다. 이 역동성의 핵심은 각 주체가 느끼는 일종의 '부담감'이다. 중개기관은 투자자로부터 투자를 받았기 때문에 목표 성과를 달성하여 원금과 인센티브를 돌려주고지 하는 부담감이 있으므로 어떻게 해서든지 사업수행기관과 잘 협력하여 목표 성과를 달성하고자 할 것이고, 사업수행기관은 목표 성과를 달성하지 못하면 동 분야의 평판이 나빠지기 때문에 향후 다른 정부사업에 참여할 기회를 얻기 위해서라도 최선을 다한다. 그리고 투자자는 자신이 투자한 돈이 제대로 사용되어서 어떤 성과를 창출하고 있는지, 목표 성과는 달성하지 못하더라도 원금은 찾을 수는 있는지 궁금하므로 정기적인 성과 리포팅을 원할 것이다. 애가 타는 건 SIB를 도입한 지방정부도 마찬가지다. 행여나 실패한다면 예산을 낭비한 것이 아니냐는 등 잡다한 이야기로 골머리를 앓을 수 있기 때문이다. 일각에서는 SIB가 성공할 만한 프로젝트만 선택해서 실행하는 게 아니냐고 의심하기도 한다. 그러나 이런 의심은 SIB의 구조를 잘 몰라서 하는 말이다. 왜 그런지 좀 더 자세히 살펴보자.

〈그림 12-4〉 SIB의 작동 순서

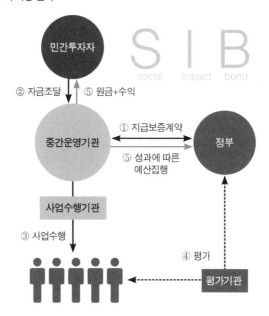

SIB는 크게 5단계로 작동한다. 먼저 지방정부는 중개기관과 지급보증 성격의 계약을 체결한다. 엄밀히 말하면 조건부 지급보증이다. 즉 목표 성과를 달성하면 예산을 집행해서 원금과 인센티브를 주겠다는 계약이다. 지방정부와 계약을 체결하면 2단계로 중개기관은 이 계약을 근거로 투자자를 찾아 나선다. 그리고 투자자가 확보되면, 3단계에서 중개기관은 투자자와 투자계약을 체결하고 모집된 프로그램 선행자금을 위탁계약을 체결한 사업수행기관에 전달하여 본격적으로 사업을 수행한다. 이때 중개기관은 전통적인 사회서비스 전달체계에서 정부가 맡아왔던 커미셔너로서의 역할, 즉 사업수행기관에 대한 관리·감독자의 역할도 겸한다. 4단계에서는 독립된 평가기관이 사업수행기관으로부터 사업추진 관련 자료를 넘겨받아 목표성과 달성 여부를 과학적으로 평가하며, 그 결과가 지방정부와 운영기관에 통보된다. 마지막 5단계에서는 평가기관으로부터 통보받은 목표성과 달성 정도에 따라 지방정부는 성과 지불자로서 중개기관에 예산을 집행하고, 중개기관은 투자자에게 원금과 인센티브를 지급하고 사업을 종료한다.

문제는 2단계가 어렵다는 것이다. SIB가 창출하는 혁신의 핵심 기제가 '성과와 연동된 투자수익'인데 투자자 입장에서는 아직 시작하지도 않은 프로젝트에 투자 여부를 결정해야 하는 것이다. 다시 말하면 '불확실성'이 너무 크다는 것이다. 사회문제를 예방하기 위해 사전에 개입해야 한다는 당위성은 이해하겠으나 그건 지방정부와 중개기관의 생각이고, 투자자 입장에서는 이 프로젝트의 성공 확률이 몇 %나 되는지 알 수 없기 때문에 조직 내에서 의사결정 과정을 거치다 보면 SIB 투자 건은 다른 건에 묻히기 일쑤다. 이러한 배경으로 해외에서도 SIB 등장 초기에는 투자자 대부분이 자선 투자자였다. 하물며 한국 상황은 어떠하랴! 아시아 최초로 실행된 서울시 1호 SIB '경계선 발달장애아동 조기개입 프로젝트'의 경우 투자자는 총 3곳으로 이 중 비영리조직 1곳이 투자모집 금액의 90% 이상을 공급했다. 경기도 1호 SIB '일반 수급자 취·창업 맞춤교육을 통한 탈수급 프로젝트'에도 국가보조금의 혜택을 누리고 있던 일반 수급자들이 취·창업 프로그램에 얼마나 참여하겠으며, 참여한다고 해도 혜택을 포기하고 열심히 참여하겠냐는 '불확실성'이 투자자가 SIB 투자 참여를 꺼리는 주요인이었다. 상황이 이렇다 보니 경기도 1호 SIB는 투자금 모집을 한번에 성사시키기 어려워 1차년과 2차년을 분할하여 투자자를 모집할 수밖에 없었다. 때문에 최근에는 아예 투자 모집 전에 중개기관이 사업수행기관과 협력체계를 수립하고 같이 투자자 모집에 나서고 있다. 투자자에게 가장 좋은 정보는 유사 사업의 성공률이기 때문에 이 정보를 줄 수 있는 믿을 만한 사업수행기관과 파트너십을 체결하는 것이 중개기관의 역량이 되었다.

여기에서 하나 짚고 넘어가야 할 것이 있다. 'SIB에서 말하는 혁신은 무엇인가?' 이 질문이 중요한 까닭은 서두에서 언급한 SIB의 사회문제 예방 메커니즘을 이해하는 데도 도움이 되기 때문이다.

단도직입적으로 SIB에서의 혁신은 '사회문제의 해결(공익)과 투자수익의 비례성'이다. SIB를 강의하다 보면 정부 SOC(Social Overhead Capital-사회간접자본) 사업과 SIB의 차이점에 대한 질문이 많다. 이 둘을 비교해서 알아두면 이해하기 쉬울 것이다. 예를 들어 정부가 고속도로를 민간자본으로 건설하고 차량 이용자(시민)에게 톨게이트 비용을 징수한다고 하자. 이때 고속도로 건설 투자자의 수익은 고속도로를 이용하는 시민의 이익과 반비례한다. (물론 고속도로를 건설함으로써 장기적으로 얻을 수 있는 여러 유익이 존재하지만 여기서는 단순하게 톨비를 내는 시민 편익만 가정한다.) 즉 투자자의 투자수익은 시민이 내는 톨비를 할인할수록 줄어들며, 반대로 톨비를 많이 징수할수록 투자자의 투자수익은 커진다. 다시 말하지만 투자수익과 공익이 반비례하는 것이다. 반면 SIB는 사회문제의 해결 정도에 따라 투자수익이 결정되므로 사회문제를 더 많이 해결할수록 투자수익도 커진다. 영국 소셜 파이낸스(Social Finance)는 이를 SIB의 '혁신적 구조'라고 칭했다(Social Finance, 2016).

5. 성과를 넘어 임팩트로!

2023년 11월 기준으로 SIB는 전 세계 38개국에 284개 프로젝트가 도입되었다. 여기에는 한국의 서울시 1호 SIB(2015년 도입)와 경기도 1호 SIB(2016년 도입)가 포함되어 있다(Government Outcomes LAB, 2023). 그렇다면 각국이 SIB를 도입하는 궁극적인 목적은 무엇일까?

대표적인 SIB 운용기관인 영국의 소셜 파이낸스는 SIB 도입의 궁극적인 목적이 '사회서비스 전달체계 개선'에 있음을 밝히고 있다(Social Finance, 2016). 이 말은 우리가 앞서 살펴본 SIB의 목표'성과'를 넘어 '사회서비스 전달체계 개선'이라는 SIB의 임팩트를 시사한다. 예컨대 일반 수급자의 탈수급을 목표로 실행된 경기도 1호 SIB에서 투입(output)은 맞춤형 취·창업 교육 프로그램 지원이고, 산출(output)은 일반 수급자의 취·창업이며, 성과(outcome)는 이를 통한 탈수급 1년 유지율이다. 그리고 임팩트는 성과가 입증된 그 서비스 전달체계를 제도로 흡수하는 것이다. 이는 한국 사회서비스 전달체계에도 시사하는 바가 크다.

경기도 1호 SIB 해봄 프로젝트의 경우 일반 수급자에 특화된 취업역량 강화 프로그램으로 800명의 일반 수급자 중 178명이 탈수급하여 목표성과인 160명을 18명 초과 달성했으며, 절감된 정부 복지예산 중 일부는 이 프로젝트에 선행자금을 공급한 민간 투자자에게 최대 19.7%의 투자수익으로 성과 지불되었다. 그럼 과연 경기도는 이렇게 민간 투자자에게 원금과 인센티브를 제공하고도 괜찮은 걸까? 혹시 프로젝트 성공에만 눈이 어두워져서 퍼주기식 빚지는 장사를 한 것이 아닐까? 이런 우려는 이 프로젝트의 평가기관인 한국산업관계연구원의 사회적 편익분석 결과를 보면 자연스럽게 불식된다.

실제 탈수급 기간을 적용한 사회적 편익 약 39.2억 원, 성과 불인정자의 탈수급 기간 동안의 보장급여 절감액 약 1.7억 원, 취업소득액으로 인한 사회적 편익 약 61.7억 원을 합하여 총 102.6억 원의 사회적 편익이 발생한 것으로 분석되었다. 총 사업비 약 19억 원에 견주어 보면 창출된 사회적 편익은 실로 엄청나다(한국사회혁신금융, 2020). 그러나 안타깝게도 이러한 사회적 편익을 창출한 SIB도 '성과'를 넘어 '임팩트', 즉 제도화까지는 이르지 못했다. 지자체 조례에 의존하고 있는 SIB의 현실이다.

현재 한국의 사회서비스는 세계에서 유래를 찾을 수 없는 급격한 고령화로 단시간 내에 많은 서비스 공급 인프라를 구축해야 했다. 돌볼 사람은 걷잡을 수 없이 늘어나는데 복지기관을 통해 지원되던 서비스만으로는 그 수요를 감당할 수 없었기 때문이다. 정부에서는 사회서비스 공급자의 민영화를 통해

돌봄서비스 인프라 구축과 동시에 자율 경쟁에 의한 서비스 품질의 질적 제고를 꿈꿨다. 그러나 우리가 다 아는 바와 같이 결과적으로는 다수의 열악한 서비스 공급 주체를 양산했고, 서비스 분절화와 파편화는 개선되지 않았다. 상황이 이렇다 보니 정부 보조금을 받아 서비스를 제공하는 주체들에 대한 서비스 품질 관리가 다시 도마 위에 올랐다. 이들이 제공하는 서비스 효과를 어떻게 평가할 것인가? 즉 평가의 실효성 문제였다(사회서비스발전포럼, 2016).

SIB는 위와 같은 한국 사회서비스 전달체계의 3가지 당면과제, 즉 열악한 서비스 공급 주체, 서비스 분절화와 파편화, 평가의 실효성 문제에 동시 접근한다. 세계 최초 SIB인 영국 피터버러 SIB 모델에서 살펴봤던 서비스 제공기관들의 컨소시엄인 'One Service'처럼 서비스 최종 수요자의 복잡한 욕구를 해결하기 위해서 다수의 서비스 공급자가 사업수행기관으로 참여하여 통합서비스를 구현한다. 그리고 서비스 이용자 삶의 변화를 과학적으로 측정하여 목표한 성과가 달성되었는지 평가한다. 이 일련의 과정들은 금융기제 안에서 유기적으로 결합되어 기존의 정부사업에 비해 예산은 절감하면서도 성과는 만드는 '혁신'을 창출한다.

서울시 1호 SIB에서는 사업수행기관으로 아동 교육전문 대기업 1곳이 참여한 반면, 경기도 1호 SIB에서는 경기도 내 권역별 네트워크를 보유한 사회적협동조합과 재무컨설팅 사회혁신기업이 사업수행기관으로 참여했고, 최근 부여군 1호 SIB에서 비로소 다수의 서비스 공급자가 참여하는 컨소시엄 형태의 사업수행기관을 선보였다. 그런데 여기서 다수의 서비스 공급자가 컨소시엄으로 참여하는 것이 통합서비스를 제공하는 것과 어떤 상관이 있는지 궁금할 것이다.

이를 이해하는 가장 빠른 방법은 기존의 정부 복지서비스 전달체계와 SIB 모델에서의 서비스 흐름을 파악하는 것이다. 기존 정부 복지서비스 전달체계에서는 서비스가 부서별로 쪼개져서 서비스 이용자에게 공급된다. 문제는 복잡한 욕구를 가지고 있는 이용자의 경우 그 욕구를 해결하기 위해 여러 서비스가 동시에 공급되어야 하는데 서비스를 제공하는 부서마다 서비스 이용 자격 기준이 달라 서비스는 분절된 채 공급된다. 물론 그 제공된 서비스도 서비스 이용자에게 공급되었다는 것에 초점을 두지 서비스 이용자의 삶의 변화에 초점을 두진 않는다. 반면 SIB에서는 SIB의 서비스 대상자로 선정되면 이론적으로 자격 기준이 동일하기 때문에 SIB의 사업수행기관(컨소시엄)이 제공하는 서비스를 통합 지원받을 수 있다. 예컨대 미혼모가 취·창업 서비스를 받고자 할 경우, 기존 정부 복지서비스 전달체계에서는 동거아동에 대한 보육서비스, 보건서비스, 어머니에 대한 자격증 취득 프로그램, 문화활동서비스 등이 부서별로 분산되어 있고 각각의 자격 기준이 상이하여 통합적 접근이 제한된다. 하지만 SIB에서는 어머니가 취·창업 교육을 받을 수 있도록 아이를 맡아줄 아이돌봄서비스가 지원되고, 교육장까지 오고 가는 교통비와 식비 등 실비를 지원하고, 취·창업 교육수강기간 동안 생업에 종사하지 못함으로써 발생하는 생계비가 지원된다. 그리고 취·창업 교육이 종료되면 이력서 쓰기, 모의 면접 그리고 동행 면접까지 지원된다. 이후에는 정기적인 상담을 통해 회사에 잘 적응하고 있는지에 대한 사례관리서비스가 지원되는 것이다. 말 그대로 통합서비스가 가능한 것이다.

SIB가 도입될 수 있는 영역은 사회서비스 분야 중에서도 공공 데이터를 기반으로 비용편익 분석이 용이한 사회서비스 영역이 될 전망이다. 그 이유는 현존하는 사회서비스보다 예산은 절감하면서도 사회문제 해결이라는 성과를 달성하는 것이 SIB의 도입 목적이기 때문이다. 다시 말하면 특정 사회문제를 사전에 개입해서 얻는 실이익이 현존하는 해당 사회서비스보다 투입 비용과 효과성 측면에서 '플러스' 편익이 있어야 SIB 도입이 가능한 것이다. 여기에 해당하는 사회서비스 영역은 아동·청소년 분야에 '학교 밖 청소년 자립역량 강화사업', '학교폭력 예방사업', '청소년 미혼모 자립역량 강화사업', '새터민

청소년 지원사업', 청년 분야에 'NEET족 자립역량 강화사업', '저소득 대학생 신용불량자 예방사업', 장년 분야에 '장년층 재취업 지원사업', '노숙인 자립 지원사업', 노인 분야에 '농어촌 어르신 자살예방사업', '치매예방사업' 등이 있으며, 보건·의료 분야에 '당뇨병 예방사업', '커뮤니티케어 사업'이 검토되고 있다.

6. 그리고 넘어야 할 산들

하지만 이러한 장점에도 불구하고 SIB는 몇 가지 한계를 가지고 있다. 그중 대표적으로 지적되는 것이 '복잡성'이다. 기존 복지서비스 전달체계에는 없는 중개기관과 투자자, 평가기관이 참여하면서 거래비용이 증가한 것이다. 이 말인즉슨, 이 모든 거래 비용을 빼고도 개입 성과를 창출할 수 있는 영역이어야 SIB가 도입될 수 있다는 얘기다. 따라서 SIB가 제도화된다고 하더라도 사회서비스 전달체계의 대체재가 아니라 보완재로서 기능할 것이 유력하다. 현재 각국에서는 SIB의 이러한 '복잡성'을 최대한 '단순화'하려는 시도를 하고 있다. 경우에 따라서는 중개기관의 역할을 사업수행기관이 겸임하기도 하고 사업수행기관이 투자자와 공동 투자에 참여하기도 한다(〈그림 12-5〉).

또 자선 투자자에서 영리 투자자까지 참여 범위를 확대하기 위해 투자위험에 따른 투자수익을 차등화하기도 한다. 예를 들면, 영리 투자자는 리스크를 부담하는 대신 수익률이 높고 자선 투자자는 위험을 부담하지 않는 대신 수익률을 낮게 설계하는 것이다. 그러나 아직 한국에서는 제도적으로 뒷받침이 되지 않아 이처럼 다양한 시도를 할 수 있는 상황이 아니다.

2022년 6월, 한국에서 SIB는 '사회성과보상사업 운영조례'라는 이름으로 전국 17개 지자체에서 특별 조례를 제정했다. 서울시와 경기도에 이어 부여

<그림 12-5> 5가지 SIB모델

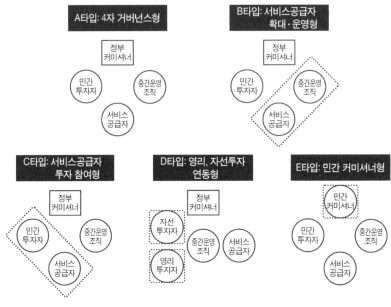

자료: 박정환(2015).

군이 기초지자체로는 최초로 치매예방 SIB를 진행하고 있으며, 화성시도 청년 실업문제 해결을 주제로 SIB를 추진하고 있다. 그러나 SIB가 지자체에 확산되어 사회서비스 전달체계를 개선하는 도구로 기능할 수 있도록 하기 위해서는 성과의 불확실성을 알고도 투자에 참여하는 임팩트 투자자를 위한 세제 혜택, 사회서비스 분야별 비용편익 분석 데이터 공유가 필요하다. 그리고 무엇보다 SIB가 잘 작동하도록 하기 위해서는 총괄부서(headquarter)가 상부에 자리 잡고 여러 부서를 통제할 수 있어야 한다. 예컨대 광역시의 경우 시장이나 부시장 직속 수준에 설치되어야 부서 간 칸막이 효과를 완화하고 사회서비스의 비용 효과성을 향상시킬 수 있을 것이다.

늘 그렇듯 혁신은 더디지만 계속되어야 한다. 그리고 사회적 금융은 혁신의 도구로서 삐그덕거리는 사회복지에 기름칠을 하여 지속가능성을 높이는 데 기여할 수 있을 것이다.

참고문헌

박정환. 2015. 「사회서비스 부분에서의 대안적 거버넌스 모형 탐색: 영국과 미국의 사회성과연계채권 (SIB) 비교분석을 중심으로」. ≪한국사회복지행정학≫, 17(1): 147~187.

박정환. 2013. 「사회적기업의 대안적 자금조달방안으로서의 크라우드펀딩 활성화연구」. 성공회대학교 시민사회복지대학원 석사학위 청구논문.

한국보건사회연구원. 2016. 『2016년 하반기 사회서비스발전포럼』. 서울: 한국보건사회연구원.

한국사회혁신금융. 2020. 『해봄 프로젝트 최종성과보고서』. 경기도: (주)한국사회혁신금융.

Edmiston, D. and A. Nicholls. 2018. "Social Impact Bonds: The Role of Private Capital in Outcome Based Commissioning." *Journal of Social Policy*, 47(1): 57~76.

Reisman, J. and V. Olazabal. 2016. *Situating the Next Generation of Impact Measurement and Evaluation for Impact Investing*. US: The Rockefeller Foundation, 3~15.

Social Finance. 2016. *Social Impact Bonds-The Early Years*. UK: Social Finance, 3~81.

크라우드펀딩 사회적기업 (주)오마이컴퍼니
    https://www.ohmycompany.com/main/search?searchKeyword=복지(접속일: 2022.6.7)

영국 GOLAB
    https://golab.bsg.ox.ac.uk(접속일: 2023.11.16)

13장

현장과 정책을 잇는 현실정치
부천 사회적경제 사례

박명혜 (전 부천시 시의원)

'선비의 문제의식과 상인의 현실감각'을 겸비하는 것이 정치인의 덕목이라고 한다. 고(故) 김대중 대통령이 남긴 이 말은 정치인에게만 적용되지 않는다. 나는 지난 4년간 부천시 시의원을 했고, 그 전 9년간 사회적기업을 운영했다. 그 과정에서 내가 추구하고자 했던 가치와 현장의 현실은 너무 달랐다. 문제의식과 현실감각의 균형점을 찾는 일은 쉽지 않았다. 거듭된 시행착오 속에서 지혜를 배울 수밖에 없었다. 그 시간은 끊임없는 시련의 시간이었지만, 그 경험이 오늘의 나를 있게 한 큰 자산이자 성장의 기반이었다.

1973년 봉천동 산동네에서 태어나 10여 차례 이사를 다니며 가난한 유년 시절을 보냈고 상업고등학교를 다니며 일과 학업을 병행해서 어렵게 대학에 입학했다. 1991년 강경대 열사의 죽음은 나를 학생운동으로 이끌었다. 학생회 부총학생회장으로 학원민주화를 요구하다 제적되었다. 1993년 부천 아남반도체에 입사하여 3교대 근무를 하며 7년간 노동조합활동을 했다. 노동조합 사무국장을 맡아 지역 노조·단체와 연대 활동을 했고, 서울·인천·부천 노조와 함께 '아남반도체 계열사 노동조합협의회'를 조직했다.

퇴사 후 2년간 필리핀과 호주를 여행하며 노동문제를 넘어 이주노동자, 성평등, 반전운동, 기후위기 등 글로벌 이슈를 접하면서 시야를 넓혔다. 특히 호주에서 이민자들에게 직업훈련과 언어교육을 통해 경제공동체를 일구는 사회복지와 사회적경제의 모델을 접하고 많은 시사점을 얻었다.

국회에서 일하면서 비정규직, 여성, 이주노동자, 장애인 관련 업무를 했고, 2006년 '사회적기업육성법' 입법 과정에 참여하여 사회적경제의 정책적 기틀을 마련하는 데 기여했다.

2008년 직업상담사 자격증을 취득하고, 2009년 '취약계층 직업훈련과 일자리 창출을 위한 행복도시락' 사회적기업 대표를 맡아 9년간 운영했다. 20대였던 1990년대에는 여성노동자의 권익 향상을 위해 노동 현장에서 일했고, 30대가 된 2000년대에는 소외된 이들을 위한 정책을 생산하고 싶어 진보정치에 몸을 담았다. 30대 후반에는 노동통합과 사회통합이 화두였다. 경력단절, 산재, 장애, 이주 등 다양한 사유로 적합한 직장을 갖지 못하는 사람이 많았고, 내 주변 이웃도 힘들어하고 아파했다. 이들의 일자리를 만들고 사회통합을 이루어내는 일이 간절했고 해결하고 싶은 사회문제였다. 그래서 사회적기업 대표를 맡았다.

행복도시락은 '경기부천나눔지역자활센터'(한국여성노동자회 법인)에서 한부모 여성가장의 자립을 위해 설립한 부천 사회적기업 1호 사회적기업이다. 결식아동과 노인에게 따뜻한 밥을 주고, 일자리도 만들 수 있다는 행복도시락의 사명을 이루어내기 위해 고군분투했다. 유료 도시락 판매, 출장뷔페, 구내식당 운영, 예비군 도시락 납품 등 사업을 확장했다. 새벽에 출근하여 1일 1천식이 넘는 도시락을 제조하고 배송하며 직원들과 동고동락했다. 사회적 가치와 경제적 지속가능성 두 가지를 실현하는 일은 쉽지 않았다. 애초 비즈니스 모델이 '일자리 창출'과 '결식이웃에게 양질의 식사를 제공'하는 것이었기에 그 어떤 사회적기업보다 어려웠다. 지속가능성이 무엇인지 흔들릴 때도 많았고,

외식업, 제조업, 서비스업, 사회복지까지 모두 감당하려니 상상 이상의 무게였다. 그러나 초기 사회적기업과 지자체, 공공기관, 지역사회 구성원이 함께하며 대안경제의 가능성을 확인해갈 수 있었다.

이런 경험이 지역사회에서 생활정치를 하라는 요구와 맞닿아 2018년 시의원에 도전했다. 1993년부터 둥지를 틀고 산 내 지역구는 원도심지역이라 해결할 과제가 많다. 도시재생, 인프라 구축, 차별 해소를 위해 사회적·경제적 관점으로 시정을 살피겠다는 다짐으로 출마하고 최선을 다해 활동했다. 사회적기업을 운영한 경험과 사회복지, 사회적경제 영역의 인적자원이 '현장과 정책을 잇는 현실정치'의 든든한 자산이 되었다.

시의원은 정책을 입안하고, 조례를 제·개정하여 정책 수행을 위한 근거를 마련한다. 집행부의 예산 편성과 사업의 집행 방향에 대해 행정감사와 예산 승인 권한을 통해 현장과 맞닿는 정책이 실현되도록 방향키를 움직이는 역할도 한다. 본인의 정치 철학과 실행 능력에 따라 시민에게 이롭고 현장에 도움이 되는 일을 할 수 있다. 반대로 누군가를 해하고 집행을 중단시키며 애를 먹일 수도 있는 지위이기에 늘 겸손하고 조심해야 한다. 감사하게도 나는 다양한 경험 덕에 시의원 역할에 조금 더 성실하게 임할 수 있었다. 시민의 민원을 처리하고 담당 공무원과 깊이 있는 소통에도 최선을 다했다.

무엇보다 사회복지 현장과 사회적경제 영역에서 활동하는 분들이 부천시의 예산이나 정책으로 인해 조금이라도 도움이 되면 좋겠다는 바람이 컸다. 부족하지만 작은 성과를 함께 만들기도 했고, 여전히 갈 길이 멀어 미안하기도 하다. 중요한 사실은, 현장의 혁신성과 공공정책이 만났을 때 시민을 위한 서비스가 향상되고, 시민이 주체가 될 수 있다는 점이다. 이 글에서는 사회복지와 사회적경제, 그리고 공공정책이 힘을 합쳐 만들어낸 모범 사례 몇 가지를 소개하고자 한다.

1. 사회적경제와 그린뉴딜을 결합한 공원의 혁신 사례

부천시는 녹지율이 전국 최저이다. 공원 조성에 많은 노력을 기울이고 있으나 신규 공원 조성은 쉽지 않다. 그렇기에 현재 조성된 작고 큰 공원들을 잘 관리하고 시민에게 편의를 제공하는 것이 중요한 정책 방향이다. 공원 관리는 공무직이 담당하는데 고령화로 자연 감소함에 따라 민간위탁으로 전환했다. 인건비 중심의 민간위탁사업비는 인력을 최소화해야 이윤이 창출되는 방식이다. 영리업체는 이윤을 창출하기 위해 인력을 조절하는 일이 최선이었다. 그러나 공원을 이용하는 시민의 욕구와 기대치는 높아지는 데 반해 공원 관리는 부실하고 서비스는 안일하다는 민원이 생겼다. 행정부에서는 변화되는 시민 수요를 담아낼 새로운 정책이 필요했다. 이런 시대적 요구와 맞물려 2020년도에 5개 사회적기업이 컨소시엄을 구성하고 "시민 참여형 공원 관리를 제안"해 민간위탁을 맡았다.

사회적경제 주체들은 그동안 기본적인 운영 관리에만 집중했던 공원 관리에서 벗어나 공원을 조성하는 시기부터 시민이 참여하고, 상시적으로 정비하며, 환경 정화와 안전 관리까지 하고 있다. 미화 117명, 코디네이터 38명, 관리자 4명을 고용하여 신규 일자리 113개를 창출했다.

대부분 지역주민을 고용했다. 또한 공원에서 다양한 행사를 진행하여 공원

〈표 13-1〉 공원 네트워크 사회적경제조직 공원관리 현황(2022년)

구분		합계	중상동지구	부천·범안지구	소사지구	오정지구
공원 수		114개	29개	28개	28개	29개
근로자	계	159명	42명	41명	38명	38명
	미화	117명	29명	31명	28명	29명
	코디네이터	38명	12명	9명	9명	8명
	관리자	4명	1명	1명	1명	1명

자료: 공원네트워크.

을 시민의 품으로 돌려주고 있다. 공원 미화 일대일 책임 관리로 청결도가 상승했고, 지역주민이 직접 관리하여 주인 의식이 향상되는 실질적 성과를 이루어냈다. 약속한 대로 '주민 참여형 공공서비스'를 만들어낸 것이다.

주목할 것은 공원 코디네이터를 양성하여 일자리를 창출하고, 작고 큰 공원의 특성을 살려 어린이, 학생, 노인과 행사를 진행한다는 점이다. 공원 코디네이터는 총 90시간 교육을 이수하고 공원에서 각종 교육과 행사를 진행하며 생태 해설사로 활동한다. 경력단절 여성에서부터 중장년 남성까지 제2의 인생을 시작하는 분도 많다.

처음에 반신반의하던 공무원들도 다양한 행사와 주민 참여가 높아지는 것을 보며 신뢰를 갖게 되었다고 했다. 특히, 인천에 가까이 있어 부천 시민이 이용하지 않던 상동호수공원을 시민 참여형으로 바꿔 다양한 행사를 진행하니 공원에 생기가 돌았다. 원미동어린이공원에서는 봉사단체와 어린이집, 공원 코디네이터가 함께 공원에서 다양한 프로그램을 진행한다.

시민 참여형 행사 기획은 매우 탁월하다. 벼농사, 물총놀이, 나무 심고 꽃 가꾸기, 제철 장 담그기, 염색, 재활용 분리수거 교육 등 공원의 특성과 참여자의 연령을 고려한 맞춤형 행사로 주민의 참여를 높이고, 지속적으로 관리할 수 있는 주인 의식을 심어주고 있다. 특히 세대가 통합된 프로그램은 코로나 19 팬데믹 속에서 고립되고 외로운 마을 사람들에게 단비 같은 활동이었다.

그러나 민간위탁을 하며 드러난 문제점도 있다. 인건비, 사업비로만 구성된 민간위탁사업의 특성상 기타 운영비를 책정할 수 없다. 그래서 각종 행사나 홍보, 직원의 경조사비 등을 전혀 지급할 수 없는 구조이다. 이윤도 10% 미만인데 운영비까지 기업이 감당해야 한다. 사회공헌 차원에서 진행하는 행사, 복리후생비 모두 기업이 부담해야 하는 실정이다. 이에 대한 개선 방안이 필요하며, 사회적 성과 측정이나 시민 만족도를 측정하여 예산을 증액하는 방안 등이 모색되어야 한다. 공공정책과 사회적경제가 만나 만들어낸 '시민 참여형 공원'은 지속되어야 하기 때문이다.

2. 노인에 의한, 노인을 위한 건강살롱과 노인 일자리

원미동에 위치한 시민의원 3층 건강살롱에는 저녁마다 노인들로 북적인다. 여기는 바로 부천의료사회적협동조합이다(이하 부천의료사협). 부천의료사협은 "지역사회의 든든한 주치의, 부천시민의원", "조합원의 협동과 참여로 일구는 건강공동체", "모두가 함께하는 따뜻한 돌봄"의 정신으로 2016년 설립되었다. 2022년에는 총 조합원 1,411명, 건강리더 156명, 소모임이 12개이다. 이제 원미동에서 없어서는 안 될 귀한 사회적경제조직 중 하나이다.

다양한 부천의료사협 사업 중 이 책에서 소개하려는 것은 건강살롱과 노인 일자리 사업이다. '건강리더 사업'은 건강이 취약한 고립된 노인을 지역주민이 일주일에 한 번 만나 건강증진 활동을 펼치는 프로젝트다. 의료사협 3층에 마련된 건강살롱에서 20시간 교육 과정을 이수하면 건강리더로 활동할 수 있다. 건강리더는 '어르신들의 건강한 생활을 돕는 따뜻한 이웃'이라는 사명으

자료: 부천의료사회적협동조합.

로 주치의 안내에 따라 어르신 집에 방문하여 심신의 건강관리와 운동을 돕고, 노인의 지속적 욕구를 파악한다. 부천 관내 10개 광역동이 '돌봄대상 어르신'을 발굴하여 연계하면 건강리더 1명이 어르신 5명과 결연하고 정기적으로 방문하여 건강을 돌본다. 부천의료사협 주치의가 첫 방문 동행하여 건강계획을 수립한 후 그에 따라 건강리더는 결연 맺은 어르신의 건강예방을 위해 운동습관과 건강수칙 실천, 마음건강 돌봄활동을 한다. 필요한 경우 건강교육 연계, 중요한 욕구 발생 시 상위 기관에 전달하고 연계한다.

이런 경험을 바탕으로 부천의료사협은 2022년부터 '건강살롱'이라는 건강증진형 일자리를 창출했다. 전직 통반장, 퇴직 공무원, 임상 병리사, 간호사 등 전문직 노인과 지역 인원 135명이 지원했고 이 중에 60명을 선발했다. 60세 이상 노인을 대상으로 한 일자리를 새롭게 만든 것이다. 지원자들은 이웃에 대한 관심과 이 사업에 열정이 가득했다.

이 일자리는 두 가지 특징이 있다. 첫째, 전문가가 아니더라도 교육과 훈련을 통해 양성된 노인이 스스로 건강증진 활동을 펼칠 수 있다. 둘째, 예방적 측면이 강하다는 점이다. 기존에 하고 있는 통합돌봄 지역리더 사업이 건강 악화 직전의 집중 관리군과 정기 관리군을 대상으로 한다면, 자기역량 지원군에 대한 건강예방 활동이 핵심이다. 즉 스스로 자기건강을 돌보는 방법을 배우고, 이런 방법을 배운 건강리더들이 또래의 노인을 돌보는 노노케어를 하는 것이다. 거점 커뮤니티 건강살롱을 운영하여 고령자들이 장기요양으로 진입하는 것을 예방할 수 있다. 또한 정보와 사회적 관계가 고립된 건강 취약계층이 어울리고 사회화되면서 삶의 질이 개선된다. 부천의료사협은 '건강리더'라는 의료복지 사업을 통해 60명의 일자리를 창출했고 300명이 넘는 노인을 노인들이 돌봄으로써 상호호혜적 사회안전망을 구축했다. 노인 자살율이 세계 최고이며 코로나로 고독사가 심화된 2022년, 노인에 의한 노인을 위한 돌봄은 더욱 소중하다.

3. 마지막 식사 한 끼, 행복한 도시락

2009년 사회적기업 행복도시락을 운영할 때 큰 갈등을 겪었던 사업 중 하나가 독거노인 밑반찬 지원사업이었다. 반찬과 국을 만들어 가정으로 배달하는데 1인당 한 끼 예산이 2,500원 정도였기에 수익이 날 수 없다. 경기도에서 노인복지사업으로 진행하는데 독거노인에게 꼭 필요한 사업임이 입증되어 다년간 진행되었다. 매년 연말에 부천시와 재계약을 해야 할 때면 고민이 깊었다. 직원이나 동료 사업가들 중에는 '돈도 안 남고 일만 많은 사업이니 접자'는 의견이 많았기 때문이다. 복지법인도 아닌 입장에서는 재정을 고려해야 했고, 기업 대표로서 수익성과 사회성을 두고 결정하는 것은 늘 힘겨웠다.

그러나 나는 반대하는 직원들을 설득해서 7년간이나 지속했다. 멈출 수가 없었기 때문이다. 현장에 가면 이 반찬을 받고 고마워하는 분들이 많았고, 그 분들에게서 받는 기쁨이 컸다. 배달 시간에 맞춰 문밖에서 기다리고, 텃밭에서 따 온 상추와 고추를 신문에 말아주시고, 사탕이나 껌을 주머니에 넣어주시기도 했다. 반찬 배달할 때 포장했던 비닐 수백 장을 고이 접어 하늘 가시는 길에 고맙다는 편지와 함께 주신 분도 계셨다. 이런 분들 덕에 돈이 되지 않아도 그 사업을 중단할 수 없었다.

또 다른 이유는 우리가 제공하는 이 한 끼가 이 분들의 건강과 생명에 직결된 경우가 많아서였다. 종일 밥이 오기만을 기다리는 이 분들은 경제적 능력도 없지만 실제로 밥이나 반찬을 할 줄 모르는 남자 노인이 많았다. 평생을 밥 짓고 반찬을 만들어보지 않은 분이 매일 시장을 보고 식사 준비를 하는 것은 쉽지 않다. 밖에서 혼자 식사하는 것도 익숙하지 않은 노인에게 이 밥 한 끼는 단순한 끼니가 아니다. 세상과 소통하는 수단인 것이다. 특히 다양한 병증으로 식사가 어려우신 분은 자극적이지 않고 소화가 잘되는 음식을 섭취하는 일이 생존과 연결되어 있다. 가끔 경찰서나 119에서 연락이 오기도 한다. 고독사한 분들의 마지막 연결 고리가 우리 회사인 경우가 있기 때문이다. 며칠째 연락이 닿지 않아 요양 보호사가 방문하면 마지막 식사한 흔적으로 사망 시간을 추정하기도 하고, 우리가 다시 방문했을 때 이전 음식이 문밖에 걸려 있으면 불길한 일이 생긴 경우도 있어 배송할 때마다 주의를 기울이게 된다. 식사를 배달하면서 일상을 챙기고 돌보는 것이다.

사회적기업 사례 강의를 하면 나는 꼭 이 대목에서 울음이 터졌다. 편지나 한 다발의 비닐 봉지를 보여주며 고인들을 기억했다. 울보 강사라는 별명이 붙은 건 이런 사연 때문이었다. 지금도 어르신들을 생각하면 목이 막힌다. 가슴이 찡하다. 다시 돌아간대도 난 노인들을 대접하는 일을 계속 할 것 같다. 고령화로 고립이 더욱 심화되고 생계수단이 막막해진 가난한 이웃에게 따뜻한 밥 한 끼를 대접할 수 있다는 것은 내가 받은 큰 선물이기도 하다.

<그림 13-3> 독거노인 집에 방문하여 식사 제공

자료: 행복도시락 박명혜 sns.

4. 사람과 마을과 지구를 잇는 "부천공정무역협의회"

부천시청과 부천시의회 사이 1층에는 '뜨락'이라는 카페가 있다. 그곳에는
공·정·무·역·커·피가 있다. 낯선 단어에 고개가 갸웃거려진다. 경기부천소
사지역자활센터에서 운영하는 뜨락에서 공정무역 커피를 처음 만났다는 사
람들을 심심치 않게 볼 수 있다. 조금 더 눈을 돌리면 '공정무역 도시, 부천'이
라는 슬로건이 보인다. 부천시는 2017년 12월 한국에서 최초로 '공정무역 도
시' 인증을 받았고 2022년에는 재인증을 받았다. 공정무역은 무엇이고 공정
무역 도시는 무엇일까?

공정무역은 불공정무역의 잘못된 점을 반성·개선하고자 시작되었고, 대화
와 투명성, 존중에 기초하여 국제 무역에서 보다 공평하고 정의로운 관계를
추구하는 거래 기반의 파트너십이다. 특히 저개발국가에서 경제발전의 혜택
으로부터 소외된 생산자와 노동자에게 더 나은 거래 조건을 제공하고 그들의
권리를 보호함으로써 지속가능발전에 기여한다(FINE 1998/WFTO&FLO 2009).

공정무역을 통해 판매되는 초콜릿은 아동노동 없이 재배된 카카오로 만들어진다. 공정무역은 공평하고 장기적인 거래 파트너십을 통해 세계 무역과 빈곤, 환경, 인권의 문제를 해결하려는 전 세계적인 운동이다. 2000년 영국 가스탕에서 시작되어 현재 전 세계 30개국 1,994개(2019년 10월 30일 기준)의 마을과 도시가 '공정무역마을'의 이름으로 동참하고 있다. 그중 95%가 유럽에 집중되어 있으며, 4%에 해당하는 북미지역과 더불어 아시아, 아프리카, 남미 등 생산지 중심의 국가에서도 공정무역마을운동이 점차 확산되고 있다.

한국에는 18개 도시, 34개 실천기관이 있다. 그중 하나가 부천이다. 2017년에 부천시는 '부천시 공정무역 육성 및 지원에 관한 조례'를 제정하고, 예산을 편성하여 공정무역도시 교육, 캠페인, 홍보사업을 진행했다. 당시 공정무역도시 선포는 현장에서 공정무역 거래를 직접 하는 주체가 주도적으로 참여하지는 못했다. 내실 있는 공정무역 도시를 만들기 위해 공정무역 주체가 모여 '부천공무역협의체'를 준비하여 2020년 5월에 부천공정무역협의를 발족시켰다. 경기두레생협, 경기부천나눔지역지활센디, 경기부천소사지역자활센터, 부천YMCA, 부천사회적협동조합, 부천시민아이쿱생협, 부천아이쿱생협, 한살림 경인지부가 참여했고, 원미자활센터, 지엔그린, 소사청소년센터도 동참했다. 협의회가 운영하는 공간과 올리브영, 편의점 등 판매처가 조금씩 확대되는 추세이다.

공정무역협의회는 2년 동안 공정무역운동 홍보와 캠페인 활동, 공정무역 활동의 성과를 망라한 부천 공정무역 포트나잇, 공정무역 실천기관 및 판매처를 발굴하기 위한 간담회와 교육을 진행한다. 공정무역 실천가와 캠페이너를 양성하고 이들은 학교, 기관, 주민에게 '공정무역' 교육을 하며 교역품을 알린다. 국내 이슈를 넘어 글로벌 이슈에 관심을 갖게 한다. 학교에서 공정무역 수업을 듣고 온 중학교 3학년 딸이 '공정무역 초콜릿'을 사 먹고 친구들에게도 소개하는 모습을 보니 교육의 효과를 실감할 수 있었다. 교육 중에 시식이 있어 효과가 배가 된 것 같다. 이런 다양한 노력의 결과로 부천시는 2021년에 공정무역도시 재인증을 받았다. 코로나 펜데믹에서도 공정무역을 실천하고 확산하는 데 최선을 다한 공정무역협의회 구성원의 피와 땀 그리고 눈물인 것이다.

공정무역은 생산자에게 좋은 물건을 잘 사 와서 국내 소비자에게 잘 팔면 되는 경제활동이라고 생각하기 쉽다. 그러나 그리 단순하지만은 않다. '공정'이라는 단어가 '무역'이라는 경제적 가치와 어울리려면 소비자 의식을 변화시키는 데서부터 출발하여 마을, 도시 전체가 함께하는 일종의 운동이 필요하다. 이러한 운동은 수많은 자원봉사자, 활동가, 지역공무원 및 학교, 종교기관, 상점과 기업까지 지역사회 구성원의 의지와 지지를 기반으로 탄생했고 부천지역에서도 점차 파트너가 다양해지고 있다.

도서관에서 공정무역 도서와 홍보물, 시식 물품을 비치하고 관련 주제로 공모전을 진행했을 때 200개가 넘는 출품작이 나왔다, 소사청소년센터에서 전시회를 열었으며 모퉁이돌 카페, 약댓말세대공감 문화공간에서는 퀴즈 풀기, 시식을 통해 흥미와 교육이라는 두 마리 토끼를 잡기도 했다. 또한 각종 지역행사에서 공정무역 캠페인을 하고 있다.

교육과 관점의 확장은 공정무역도시 시민을 만들기 위한 필수 과정이다. 현재 가장 중요한 과제는 협력기관을 늘리고 판매처를 확대하는 것이다. 판매처가 있어야 소비자가 쉽게 구매할 수 있다. 안타깝게도 일부 매장은 찾는 고객이 없어 공정무역 생산품 판매를 중단했다. 원도심지역이나 고령자 주민이 많이 사는 지역은 판매가 무척 어렵고, 코로나19로 소비가 위축되고 경제가 어려워져 판매가 저조하다. 그런 와중에 사회적기업, 자활센터, 복지기관에서 운영하는 카페가 협력하여 서로에게 큰 힘이 되는 일은 고무적이다. 기존 생활협동조합 매장에서만 만날 수 있던 공정무역 물품을 동네에서도 만날 수 있고 주민이 체감할 수 있다. 이렇듯 교육기관, 사회복지기관, 사회적경제

주체가 모여 마을을 잇고 국가를 잇는 '공정무역' 활동을 하고 있다.

5. 시사점

거버넌스(governance)는 정부가 일방적으로 주도하는 경향에서 벗어나 정부, 기업, 비정부기구 등 다양한 행위자가 공동 관심사에 대한 네트워크를 구축하여 문제를 해결하는 새로운 국정운영 방식을 말한다.

나는 지난 30년간 다양한 현장에서 사회문제를 해결하고 싶어 했다. 아쉽게도 끊임없이 거버넌스와 네트워크, 협력을 말하지만 좋은 결과를 보기 어려운 적이 많았다. 선비의 문제의식을 지녔으나 상인의 현실감각이 없어 좌절하는 순간이 많았고, 현실에 충실하다 보면 당초의 문제의식은 저 멀리 사라지기 일쑤였다.

사회복지와 사회적경제 현장에서 활동하는 사람들은 비슷한 한계를 고백한다. 혁신, 거버넌스, 협업이라는 화두를 던지지만 현실에서는 함께할 파트너가 점점 줄고, 경쟁은 더 치열해진다. 또한 좋은 기획과 아이디어로 시도한 사업이지만, 일회성으로 그치기가 다반사이고 공공부문이 주도하면서 아이템은 뺏기고 껍데기만 남은 경우도 있다.

사회적기업이 지속가능하려면 공공기관과 시장경제 주체 서로가 좋은 파트너가 되어 호혜의 정신으로 협업해야 한다. 그러나 공공기관은 아직 사회적기업을 잘 알지 못하고 협업을 조심스러워한다. 공공정책은 시민에게 미치는 영향력이 커서 혁신하거나 새로운 파트너를 선정하는 위험을 감수하려고 하지 않기 때문이다. 그런 점에서 사회적기업은 공공기관과 함께하기에 좋은 파트너이다. 앞에 소개한 사례들이 이를 잘 보여준다. 시민이 참여할 수 있는 공원을 열고, 상호호혜적인 돌봄으로 노인 일자리를 창출하고, 지속가능성으로 사회복지를 실현하고, 의식을 확장하여 착한 소비를 이끌어내는 것들이다. 이런 사례들이 더 다양한 방식으로 확대 지속되었으면 좋겠다.

사회적기업들도 공공기관이 위험을 감수하더라도 같이 해보고 싶은 파트너가 될 수 있도록 좀 더 견고하고 탄탄한 서비스를 제공할 필요가 있다. 상품과 서비스도 좋아야 하지만 좀 더 상인의 현실감각으로 공직자와 정책 입안자를 대하면 좋겠다. 내용은 좋은데 태도나 접근 방식이 세련되지 못한 경우도 있다. 홍보가 잘 되어야 구매 의욕이 생기고, 구매를 해보아야 좋은 파트너가 될 수 있는데 안타깝게도 그 단계까지 가지 못하는 사례도 있다. 원칙이나 의무만 주장하다 서로 등을 돌리게 된다. 부천의 경우 중소사업장이 많은 곳이라 일부 업종은 지역 중소기업, 소상공인과 충돌하기도 한다. 이런 부분은 공공기관 우선구매 정책, 지역경제 활성화 정책 등을 면밀하게 살펴야 한다.

코로나19 시대, 고립과 공포를 경험하면서 사회적 돌봄과 공동체의 중요성이 다시 확인되었다. 인구 감소, 기후변화, 개인 시대라는 블랙홀에서 살아남기 위해서는 '사회적 돌봄'이 필요하다. 혼자 살되 혼자서는 살 수 없는 시대이기 때문이다. 시의원이 되고 공직자를 만났을 때 "생각보다 굉장히 부드럽고 유연하시네요"라는 말을 가장 많이 들었다. 내 이력과 평판을 듣다 직접 만나니 사뭇 다르다는 이야기였다. "출근할 때 간이랑 쓸개는 집에 두고 오거든요. 하도 훈련이 되어서요." 내 대답은 웃폈지만, 사회적기업가는 필요하면 이 또한 해야 한다. 아직도 부족하지만 노력하고 있다.

오늘도 고군분투하며 낯선 길을 만들어내고 있을 사회복지사들과 사회적기업가들에게 박수를 보낸다.

참고문헌

공정무역협의회. 2022. 공정무역협의회 정기총회 자료집.
공정무역협의회. 2021. 공정무역협의회 창립총회 자료집.
부천사회적경제센터. 2022. 부천사회적경제 보고서.
부천의료사회협동조합. 2017~2022. 부천의료사회협동조합 정기총회 자료집.
서울·인천·경기·강원 관계기관 합동. 2022. 사회적경제정책사업 자료집.
행정안전부. 2021. 지방규제혁신 우수사례집.

14장

디지털 사회혁신과 사회복지 실천

에이블 테크 소셜벤처 사례

김성기 (에스이임파워 사회적협동조합 대표이사)

필자는 10년 전쯤 성공회대학교 사회적기업연구센터에서 사무국장으로 재직했다. 당시 한국에서는 사회적기업과 사회적경제 붐(boom)이 한창이었다. 국내에서 나름 손꼽히는 사회적경제 분야의 선구자였는데 뜻하지 않게 사회적기업을 창업했다. 학문과 실천의 통합, 이론 현장화에 대한 소명감이 꿈에도 생각하지 않았던 창업의 길로 필자를 이끌었다. 돌이켜보면 상인 정신이 태생적으로 있었던 것 같기도 하다.

필자가 몸담고 있는 에스이임파워(SE• Empower) 사회적협동조합(이하 에스이임파워)은 사회혁신을 추구하는 공공사업 종합기획사이다. 특히 IT(information technology) 디지털 기술을 활용하는 사회서비스 분야에 특화된 사회적기업으로 성장하고 있다. 사회적기업은 일종의 '소셜 비즈니스(social business)' 기업이다. 소셜 비즈니스는 무엇일까? 상품을 매개로 고객가치, 즉 경제적 부가가치를 창출하는 일이 비즈니스라고 한다면, 소셜 비즈니스는 여기에 공익

•   SE는 중의적 의미—Social Enterprise 혹은 Social Entrepreneur—를 담고 있다.

가치와 혁신가치의 창출을 더하는 일이라고 정의할 수 있다. 따라서 소셜 비즈니스도 차별화된 비즈니스 경쟁력을 보유하는 데 사활을 건다. 에스이임파워는 창업 초기부터 사회서비스에 혁신가치를 담는 유력한 전략으로 '디지털 기술'을 결합하고자 했다. 경영전략 관점에서 보면 전통 사회적기업들과 차별되는 전략이자 시장 점유를 선도하는 전략이다.

사회적경제 분야에서 에스이임파워가 개척한 IT 특화 소셜 비즈니스 영역은 다각적으로 진화하고 있다. 처음 시작한 IT 특화 창업보육사업은 8년의 경험이 쌓였고, 지금까지 약 200회에 걸쳐 사회적기업의 창업을 지원했다. IT 스타트업을 지원한 경험은 에스이임파워가 직접 IT 서비스를 개발하고, 나아가 지역사회에서 사회적 가치를 실현하는 기업으로 성장하는 데 커다란 밑천이 되었다. 이른바 비즈니스 가치 사슬의 확장을 이루어낸 것이다. 에스이임파워가 개척한 스마트시티 리빙랩(living lab) 분야는 거의 독보적이라고 자부한다. 리빙랩은 생활계 내에서 발생하는 문제를 해결하고자 기술 솔루션을 연구하고, 기획·개발하는 일종의 실험실이다. 구로구, 강남구, 종로구, 광진구, 하남시 등 여러 지자체에서 지역사회 주민과 함께 스마트시티 기술·서비스를 기획·개발·실현하고 있다. 한 예로 2018년부터 3년간 서울 구로구에서 '스마트 심야 안전 보행길' 프로젝트를 진행한 바 있다. 지주(기둥)형 가로등을 설치하지 못하는 구로동이나 가리봉동의 좁은 골목길에 태양광으로 충전되고 보행자의 이동에 따라 자동으로 반응하는 스마트 LED 등을 2.5km가량 설치했다. 이 길에서는 지금도 심야 조명등이 빛나고 있다.

2021년에는 사회문제 해결형 R&D(Research&Development, 연구개발) 사업으로도 진출했다. ICT 기술을 활용하여 건설업과 제조업 근로자를 위한 건강관리 솔루션을 개발하는 중이고, 2022년에는 제조업 사업장을 위한 안전관리 솔루션 개발에도 나서고 있다. 또한 공공 데이터 자동 수집·가공 솔루션을 활용한 사회적경제기업 데이터 온라인 서비스 '에스이 레이더(seradar.seem power.kr)'를 운영 중이며, 올해 하반기에는 '사회적경제기업용 AI ESG 진단 서비스'도 출시할 예정이다.

최근 사회복지계에서도 '복지기술(welfare technology)'이라는 용어가 등장했다. 복지기술은 복지 수요를 효과적으로 충족시키기 위해 과학기술을 적극 활용하는 기술혁신형 복지서비스이다. 예를 들어, 코로나 팬데믹을 거치면서 부상하고 있는 비대면 돌봄서비스의 기반은 복지기술이다. 이러한 복지기술은 이제 막 시작된 것이 아니라 지금 새롭게 조명되고 있을 뿐이다. 이미 2010년대 중반 이후 들어 사회복지 현장에는 AI 기능이 탑재된 '돌봄로봇', 개인 맞춤형 스마트 헬스케어 서비스, IT 기술을 활용한 치매 진단 서비스 같은 다양한 디지털 기술과 서비스가 보급되고 있다.

이른바 스마트 복지 시대가 펼쳐지고 있다. 필자는 사회복지사와 사회복지계에 다음 질문을 던지고 싶다. 왜 우리는 스마트 복지 서비스의 단순 이용자 혹은 소비자에 머물러야 하는가? 'Technology(기술)'는 사회복지가 직접 개입할 수 있는 or 개입해야 하는 영역인지 묻는 것이다. 현재 보급되고 있는 스마트 복지 서비스를 개발하는 데 우리가 직접 참여한 적이 있는가? 사회복지사는 스마트 복지 기술·서비스를 개발할 능력이 없는 것인가? 이러한 질문에 대한 대답은 매우 다양하겠지만, 이와 관련하여 이 글에서는 IT 기술·서비스를 활용하여 혁신적 사회서비스를 개척하고 있는 국내 에이블 테크 소셜벤처들의 사례를 소개하면서 그 시사점을 살펴보려 한다.

1. 디지털 사회복지의 다른 이름, 디지털 사회혁신

4차 산업혁명에 대한 관심이 고조되면서 기술 기반의 사회혁신에 대한 관심이 고조되고 있다. 한국지능정보화사회진흥원(구 한국정보화진흥원)에 따르면 디지털 사회혁신(Digital Social Innovation)이란 정부가 해결하지 못하는 다양한 사회문제를 시민 참여와 디지털 기술을 바탕으로 해결하고 사회적 가치를 실현하는 활동을 말한다. 실제로 첨단 ICT 기술이 발전한 결과 AI, 빅데이터 기술을 융합시킨 새로운 공공서비스의 출현이 많아지고 있다. 예컨대 서울시의 '올빼미 심야버스'는 ICT 기술과 결합한 혁신적 공공서비스의 좋은 사례라 할 수 있다. 이러한 기술을 활용한 공공서비스의 혁신에 사회복지서비스도 예외가 될 수 없다.

한국에서 '디지털 사회혁신'은 2012년 이후 서울시(민선 5기, 박원순 시정) 정책으로 처음 수용되면서 중앙정부의 정책으로까지 확대되었고 디지털 뉴딜, 스마트시티, 디지털 포용 기술·서비스, 사회문제 해결형 R&D 등 다양한 정책사업으로 추진되고 있다. 디지털 사회혁신의 실천은 경제, 문화, 생활, 환경, 민주주의, 복지, 주거, 시민자치 등 거의 모든 삶의 영역을 포괄하는데 사회복지 관점에서 디지털 사회혁신은 디지털 포용의 가치로 이해하고 접근하는 것이 유용하다.

'디지털 포용 가치론'은 디지털 기술의 확산과 지능정보사회의 도래가 가져오는 부정적 현상에 대응해서 등장한 패러다임이다. 주지하듯이 인공지능 같은 정보기술의 확산으로 새로운 산업이 창출되거나, 일반 국민은 물론 취약계층(장애인, 고령층)의 삶의 질이 획기적으로 개선되는 긍정적 효과가 상당하다. 하지만 긍정의 이면에 부정적 효과도 발생한다. 무엇보다 일반 국민과 취약계층 간의 디지털 기술에 대한 접근능력과 활용역량 차이, 즉 디지털 불평등이 확산되고 있다. 정보화 취약계층의 소외 문제에 주목해야 한다. 이런 흐름에서 2021년에는 '디지털 포용법(안)'(강병원 의원 대표발의)이 발의되기도 했다.

유럽연합 집행위원회는 2019년 'Digital Inclusion for a better EU society'에서 '디지털 포용'의 목적을 "국민 모두가 디지털 경제와 디지털 사회에 공헌하고 동시에 디지털 혜택을 누리도록 하는 것"으로 규정했다(European Com-

❶ ICT 접근성 제고(Accessible ICT): 국민 모두를 위해 ICT 접근성 확대, 기술 발전을 위해 새로운 방법론을 창출할 수 있는 환경 육성
❷ 보조기기 기술(Assistive Technology) 활용 및 개발: 장애인이 이전에 할 수 없었던 활동을 실행하게 지원하는 ICT 활용 기술의 개발, 사회적 관계에서 상호 작용하도록 ICT 기술 활용
❸ 디지털 기술 역량 강화(Digital Skill): ICT 교육을 통하여 직업을 포함해 국민이 사회적 배제와 소외를 극복하도록 디지털 역량 강화
❹ 사회통합(Social Inclusion): 공공, 사회, 경제 활동에서 사회 약자의 참여(participation)를 제고

mission, 2019). 다시 말해서 디지털 포용은 디지털 불평등을 해소하고, '모두를 위한 기술(tech for all)'이 실현되는 사회를 지향한다. 따라서 디지털 포용은 디지털 사회복지의 다른 이름이라 할 수 있다. 유럽연합과 영국 같은 해외 선진국은 디지털 포용 정책의 구체적인 내용으로 디지털 격차 해소, 디지털 기술 및 역량 강화, 기술 및 서비스 제공, 경제사회 참여를 제시한다(이은수 외, 2020). 유럽연합의 디지털 포용 4대 정책과제는 〈표 14-1〉에서 볼 수 있는데 이러한 디지털 포용의 정책 목표는 디지털 사회복지, 즉 복지기술의 핵심 목표와 그 맥을 같이한다.

2. 에이블 테크를 통한 디지털 사회혁신의 실천 사례

최근 한국에서도 디지털 포용 패러다임에 따라 '디지털 포용 기술·서비스' 정책이 추진되고 있다. 이 분야의 정책은 과학기술정보통신부와 산하 공공기관인 한국지능정보사회진흥원이 맡고 있다. '디지털 포용법(안)'에 따르면, 디지털 포용 기술·서비스는 디지털을 활용하여 취약계층의 소외와 불평등을 해소하고 국민의 삶의 질을 개선하는 기술·서비스이다. 사회복지 관점에서 디지털 포용 기술·서비스의 실체를 잘 표현하는 용어는 '에이블 테크(Able Tech)'

이다. '에이블 테크'는 장애인, 노인 같은 취약계층과 일반인 모두를 위한 포용적 가치를 추구하는 복지기술이다.

에이블 테크와 관련하여 그동안 사회복지 영역에서는 이른바 '보조기기'라는 용어를 주로 사용해왔다. '장애인, 노인을 위한 보조기기 지원 및 활용 촉진에 관한 법률'에 따르면, 보조기술(Assistive Tech)은 장애인, 노인 같은 신체적, 정신적 약자를 위해서 생활기능을 지원하는 기술이며, '보조기기'는 장애인의 신체적, 정신적 기능을 향상 보완하고 일상 활동에서 편의를 돕기 위해 사용하는 각종 기계, 기구, 장비를 말한다. 정부에서는 장애인 보조기기 품목으로 의지·보조기, 맞춤형 교정용 신발, 수동휠체어, 보청기, 전동휠체어, 전동스쿠터, 자세보조용구, 욕창예방방석과 매트리스, 이동식 전동리프트를 지정하여 지원한다. '보조기기 서비스'는 보조기기를 확보하고 효율적으로 활용할 수 있도록 제공되는 일련의 보조서비스로 보조기기 렌트와 수리도 포함한다. 보조기기, 보조서비스는 디지털 포용 기술·서비스나 에이블 테크에 대한 협의의 개념으로 이해할 수 있다.

미국의 오클라호마 에이블 테크(Oklahoma ABLE Tech)는 12가지 에이블 테크 기술·서비스—① 컴퓨터 접근성과 인체공학기술(Computer Access & Ergonomics), ② 일상생활 향상을 지원하는 기술, ③ 청력 취약자를 위한 기술, ④ 적극적 놀이(Recreation)를 위한 보조기술, ⑤ 위치 교정 및 이동 장치(Seating, Positioning & Mobility), ⑥ 문자, 음성, 그래픽을 통한 의사소통(Speech Communication) 촉진 기술, ⑦ 이동 약자를 위한 차량개량(Vehicle Modification) 기술, ⑧ 시각기능(Vision) 개선 기술, ⑨ 읽기(Reading) 지원 기술, ⑩ 쓰기(Writing) 지원 기술, ⑪ 계산능력(Mathematics) 지원 기술, ⑫ 정보 관리 및 조직 기술—를 소개한다(https://www.okabletech.org).

이제 국내 에이블 테크 소셜벤처의 사례를 소개한다. 장애인, 노인의 실생활을 지원하기 위해 인공지능, 로봇, IoT 등 최신 첨단기술을 활용하여 개발한 디지털 포용 서비스의 사례들이다. 통상 벤처기업은 이전에 없던 아이디어로 위험을 감수하고 도전에 나서는 혁신적인 중소기업을 지칭한다. 정부가 중소기업에서 별도의 기준을 통해 벤처기업을 지정하는 것처럼 소셜벤처는 사회적경제기업에서 지정한 기업으로 이해하면 된다. 한국 정부는 2007년부터 고용노동부에서 사회적기업의 인정/지정을 시작했으며, 소셜벤처는 2018년부터 중소벤처기업부에서 판별하고 있다.

이 글에서 소개하는 사례는 국내에서 활동하는 기술기반 소셜벤처 3곳이다. 시각장애인, 청각장애인, 발달장애인의 신체적, 생활적 요구와 문제에 대한 해법을 ICT 기술과 서비스를 결합하여 찾는 기업들이다. '닷'은 시각장애인을 위한 스마트 워치를 제조·판매하는 소셜벤처이고, '에이유디(AUD) 사회적협동조합'은 청각장애인에게 문자통역서비스를 제공하는 사회적기업이다. 또한 '(주)테스트웍스'는 발달장애인을 노동에 참여하게 하는 데이터 수집 플랫폼을 개발한 소셜벤처이다. 필자가 이들 사례를 심층적으로 접한 계기는 2020년에 서울시 사회적경제 지원기관인 '소셜벤처허브'에서 발주한 '에이블테크 소셜벤처의 성장과 지원에 관한 연구' 용역을 수행하면서였다. 그 과정에서 기술을 통해 혁신을 창출할 수 있는 비즈니스가 사회복지 실천 영역에 무궁무진한 잠재력으로 존재한다는 확신을 얻었다.

이들 사례를 자세히 설명하기는 어렵겠지만, 개략적으로라도 전통적 사회복지와 사회적경제에서 이들의 혁신적 의의가 무엇인지, 구체적으로 ICT 기술이 어떻게 복지혁신의 가치를 창출하는지, 성공하려면 어떤 핵심 역량이 필요한지 그리고 ICT 기술을 복지의 가치로 연결하는 데 어떤 난관이 있는지를 함께 음미했으면 한다.

1) 세계 최초의 시각장애인용 스마트 워치, 닷

'(주)닷'은 세계 최초로 시각장애인용 텍스트 정보(전화, 문자, 메시지, 알람)를 실시간으로 제공하는 스마트 워치를 개발한 소셜벤처이다. '닷'은 미국 유학생 출신인 김부윤과 성기광이라는 20대 청년 사회적기업가 2명이 2015년에 공동으로 창업한 기술벤처이다. 이들은 "아이폰을 들고 다니는 시대에 왜 시각장애인은 여전히 무겁고 비싼 점자 리더기를 들고 다녀야 할까? 시각장애인을 위한 가볍고 편리한 기기는 없을까?"라는 의문에 답을 찾기 위해 함께 '닷'을 올렸다.

  '(주)닷'은 촉각 및 융·복합 기술을 이용한 시각장애인용 ICT 보조 공학기기를 개발하고 서비스하면서 배리어 프리(barrier free)의 가치를 추구하면서 세계적인 기술벤처기업으로 성장하고 있다. 주요 비즈니스 분야는 시각장애인용 ICT 보조 공학기기(닷 워치, 닷 패드 등) 제조 및 판매 사업 그리고 스마트시티 배리어 프리 서비스 기획 및 구축 사업(시각장애인용 키오스크, 위치기반 이동 안내 앱 서비스 등)이다. 주요 수혜자 및 이용자는 시각장애인, 청각장애인, 휠체어 이동자 같은 이동 약자이다. 2022년 기준으로 특허 122건, 임직원 수 51명, 총 투자 유치액 225어 원의 경영 성과를 냈다. 아마노 사회적경제기업에서 제일 많은 기술특허를 보유한 소셜벤처로 추정된다. 최근 '닷'은 사업의 영역을 스마트 도시 서비스 분야까지 확산했는데, 부산시와 상주시에서 장애인을 위한 배리어 프리 서비스를 구축하는 중이다.

  전 세계 중증 시각장애인 수는 4천만 명에 달한다. 이들을 위한 점자 리더기가 있지만 무게는 2~3kg이고 가격은 400만~600만 원 정도이다. 이렇게 무겁고 비싼 기기를 휴대용으로 사용하기는 어렵다. 두 청년 사회적기업가는 그동안 콘셉트로만 존재했던 시각장애인용 스마트 워치의 개발 기회를 놓치지 않았다. 수많은 시행착오를 겪으며 기술개발에 각고의 노력을 다한 후 드디어 2017년 닷 워치를 출시했다. 닷 워치는 기존 제품에 비해 가격은 1/5, 크기는 1/20에 불과했다. 제품은 출시되자마자 글로벌 보조기기 시장에서 상당한 주목을 받았다. 영어, 한국어, 중국어, 아랍어 등 11개 언어로 활용이 가능

〈그림 14-1〉 닷 워치

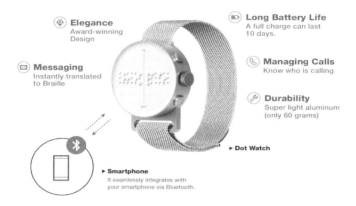

자료: (주)닷.

하다. 닷 워치의 돋보이는 혁신은 점자 모드와 촉각 모드이다. 이를 통해 점자를 모르는 사람도 촉각 모드로 점의 개수를 세어 눈으로 확인할 수 있다. 이러한 닷 워치의 유니버설한 접근은 시각장애인과 비 시각장애인 모두에게 호평을 받았다.

닷 워치 출시 이후, 2020년 기준 매출 총액은 20억 원 수준이었다. 이는 자체 평가에 따르면 투자액 대비 매출액의 신장이 기대에 못 미치는 수준이었다. 자체 분석에 따르면 스마트 점자 시계가 아직 시각장애인에게 필수품으로 인식되지 않았고, 시각장애인이 소비자로서 지불능력이 취약했기 때문이다. 국내뿐만 아니라 세계적으로도 마찬가지였다. 하지만 닷 워치는 꾸준히 고정 고객을 유치하면서 입소문으로 고객을 확대하고 있다. 아울러 낮은 반품율이 보여주는 높은 고객 만족도는 성장의 잠재력을 충분함을 알려준다.

대다수 시각장애인용 보조기기가 그렇듯이 필수품이 아닌 경우, 국내시장만 겨냥하면 시장이 협소해서 성장을 장담하기 어렵다. 그렇지만 기술적인 차원에서 닷은 닷워치로 세계 최고수준의 ICT 점자 기술을 보유한 기업의 면모를 드러내는 데 성공했을 뿐 아니라, 닷 워치 다음에 이어진 후속 기술개발의 행보도 주목할 만하다. 그래픽을 인식할 수 있는 스마트 점자 디바이스인 '닷 패드'를 개발해낸 것이다. 2020년 시장에 출시된 '닷 패드'는 글로벌 플랫폼 기업인 애플, 구글과 공동 연구를 진행했으며 시각장애인이 그래픽과 텍스트를 함께 쓸 수 있는 기술을 개발했다. 이 기술 역시 세계 최초이다. 닷 패드는 글로벌 기업인 휴먼웨어(Humanware)와 대형 계약이 성립되어 안정적이고 지속적인 판로를 확보했다.

닷 워치와 닷 패드는 ICT 혁신 기술이 어떤 형태로 스마트 복지 기술·서비스로 구현될 수 있는지 그 잠재력을 글로벌 차원에서 보여준다. 닷이 개발한 닷 워치와 닷 패드가 국내는 물론 전 세계 시각장애인이 보편적으로 이용하는 시기가 곧 도래하길 기대한다. 한국 소셜벤처가 글로벌 복지시장을 선도하는 모습은 생각만으로도 흥분된다.

2) 청각장애인용 실시간 문자통역서비스 '쉐어타이핑'

소셜벤처 '에이유디(AUD) 사회적협동조합'(이하 에이유디)은 청각장애인의 지속가능한 소통을 추구한다. AUD는 'Auditory Universal Design'의 약자로 청각장애인을 위한 유니버설 디자인(보편적 설계)을 의미한다. 에이유디의 창업 리더인 박원진 이사장은 청각장애인이다. 그는 청각장애인의 특성과 문제, 문화를 잘 이해하고 있었고, 결국 자신에게 필요한 ICT 서비스를 에이유디에서 만들어냈다. 에이유디는 2014년 6월에 설립된 사회적협동조합으로 인증 사회적기업이기도 하다. 주요 비즈니스 분야는 정부와 기업 및 개인을 대상으로 하는 문자통역서비스이고, 주요 수혜자 또는 이용자는 청각장애인이다. 기업 현황은 2021년 기준 직원 13명, 조합원 273명, 매출액과 사업 외 수익은 총 13억 3100만 원이다.

〈그림 14-2〉 쉐어타이핑의 서비스 제공 구조

| 강사 | 문자통역사 | 방개설 / 타이핑 | 방 입장 후 자막제공 받음 |

자료: 에이유디 홈페이지(http://audsc.org/).

에이유디의 핵심 서비스인 쉐어타이핑(ShareTyping)은 실시간 문자통역서비스이다. 세미나, 포럼, 학교, 교회 같은 다양한 상황에서 소리로 전달되는 정보를 문자통역사, 자원봉사자가 타이핑하여 스마트폰의 자막으로 제공함으로써 청각장애인의 소통을 지원한다.

엄밀하게 보면, 쉐어타이핑 서비스의 혁신성은 ICT 기술 측면보다는 문자통역사 같은 서비스 생산을 담당하는 인력에 있다. 문자 전송의 생산 주체가 기계이 아니라 사람이기 때문이다. 이 비즈니스 모델의 핵심은 쉐어타이핑이라는 서비스를 어떻게 비용 효과적으로 생산하는가, 그리고 서비스 이용자인 고객을 얼마나 효과적으로 확보하는가이다. 에이유디는 협동조합의 강점을 활용하여 이 점을 실현했는데 생산자와 소비자를 기업 비즈니스에 내부화하는 다중조합원제도를 적용했다.

우선 서비스 생산 측면에서 에이유디가 생산자조합원제도로 고품질을 보장하는 문자통역사를 확보한 사실이 주목할 만하다. 에이유디의 문자통역사 조합원은 '국가공인 기술자격 한글 속기사 1급 자격증'을 보유한 사람 중에서 심사를 거쳐 선발되며, 선발 후에도 교육을 지속하여 일정 수준 이상의 통역 서비스 품질을 유지한다. 50~60명 정도의 충분한 인력 풀(pool)을 확보하고 고객의 요구와 상황에 맞는 문자통역사를 배정하는 방식으로 서비스를 제공한다.

판로 차원에서 에이유디는 문자통역서비스 시장의 고정 기업 고객(B2B)을 선점하고 있다. 서비스를 이용하는 고객은 포럼이나 컨퍼런스 행사에서 빔 스크린으로 문자통역서비스를 제공받으며, 청각장애인과 일반인 모두 현장에서 그 서비스를 이용한다. 이러한 기업용 문자서비스는 입소문으로 점차 확대되고 있다. 일종의 바이럴 마케팅 효과(viral marketing)가 한몫하고 있다.

또한 소비자조합원제도로 고정 고객도 확보하는데, 기업의 후원을 기반으로 조합원에게는 저렴한 가격 또는 무료로 문자통역서비스를 제공한다. 통상 소비자조합원제도는 고객을 내부화(단골 확보)하여 마케팅 비용을 절감하는 비즈니스 효과를 발휘한다. 박원진 대표는 청각장애인이 가진 폐쇄적, 내향적 특성을 잘 알기 때문에 신뢰 관계에 기반한 소비자조합원제도를 고안하여 서비스 이용자를 확보했다. 에이유디 모델은 생산자와 소비자 조합원을 통합시킨 다중 이해관계자 협동조합 모델을 이용해 생산과 판로의 혁신을 이루어 냈다. 즉 서비스에 관여하는 핵심 이해관계자를 서비스에 참여시키는 사회적 경제 방식의 사업 모델이다.

에이유디의 청각장애인 문자서비스는 2019년 서울시의 공공서비스로 수용되어 '서울문자통역서비스'로 출시되었다. 하지만 에이유디의 IT 기술역량에서 나타나는 한계는 극복되어야 할 과제이다. 부족한 기술역량은 쉐어타이핑 서비스의 고도화에 결정적인 한계로 작용한다. 예를 들면 에이유디는 인공지능 문자통역서비스인 쉐어톡의 상용화에 도전하고 있지만 인력과 기술개발에 더 큰 투자가 필요한 실정이다. 안타깝게도 비영리법인인 사회적협동조합은 원천적으로 지분 투자를 받을 수 없다. 만약 에이유디가 AI 기술을 활용한 인공지능 문자통역서비스를 상용화하는 수준까지 나아간다면 디지털 청각장애인 서비스의 새 장을 열 수도 있다.

3) 발달장애인의 AI 학습 데이터 일자리, 에이아이웍스

'(주)테스트웍스'는 소프트웨어 테스트 및 AI 데이터 셋 구축 전문 기업으로 공정한 고용 기회의 가치를 지향한다. 2015년 6월에 설립되었고, 인증 사회적 기업이다. 주요 비즈니스 분야는 소프트웨어(SW) 테스팅 서비스, 인공지능 (AI) 기계학습 데이터 수집 및 가공을 통한 데이터 셋 구축 서비스이다. 주요 고객은 삼성전자 등 글로벌 대기업과 공공기관 및 단체이고, 여기에서 창출된 일자리의 주요 수혜자는 성인 발달장애인, 경력단절 여성이다. 기업 규모는 2021년 매출액 70억 원 수준이며, 직원 수는 약 150명에 달한다.

테스트웍스의 창업자인 윤석원 대표는 컴퓨터공학 전공자로서 기술역량을 보유한 사회적기업가이다. 윤 대표는 미국 코넬대학교에서 컴퓨터공학을 전공하고 마이크로소프트(MS)와 삼성전자에서 소프트웨어 품질관리 전문가로 일했다. IT 분야에서 전문성과 실무역량을 갖추었기 때문에 고품질의 전문 IT 서비스를 중심으로 B2B 비즈니스 모델을 조기에 연착륙시킬 수 있었다. 또한 사회적 약자를 위한 STEM(과학, 기술, 공학, 수학) 분야의 다양성을 확장해야 한다는 사명감으로, 국내에서 선도적으로 발달장애인의 노동배제 문제에 대응하는 노동통합형 소셜벤처를 성장시키는 데 성공했다.

그가 테스트웍스를 창업한 동기는 "발달장애인에게 그들이 지금까지 기회를 얻지 못했던 SW, AI 관련 일의 기회를 주고자 함"이었다. 마이크로소프트 재직 시절에 사회공헌 활동으로 탈북 청년에게 소프트웨어 테스팅을 가르쳤던 경험이 계기였다. 삼성전자 재직 시절에 '은평 여성인력개발센터'에서 경력단절 여성을 대상으로 교육을 진행한 일은 또 다른 계기였다. 당시 교육을 받은 실력 있는 여성들이 기업에 취업하려 했지만 일반 회사는 경력단절 여성을 반기지 않는 현실에 직면했고, 결국 자신이 직접 그들의 일자리를 창출하는 사업을 꾸리기로 결심한다.

테스트웍스는 2015년에 창업하면서 '은평 여성인력개발센터'와 함께 경력단절 여성을 ICT 분야 전문 직종인 소프트웨어 테스터로 양성하고 그들에게 일자리를 제공하는 사업을 시작했다. 나아가 발달장애인을 소프트웨어 테스트 직무에 투입하는 도전에 나섰다. 윤 대표는 "자폐성장애인만이 가진 강점, 즉 반복 작업을 싫증내지 않고 오히려 비장애인보다 잘 해낼 수 있다는 점을 활용하면 새로운 IT 직무 모델을 개발할 수 있지 않을까?"라는 가설을 세웠다. 그리고 이를 현장에 구현하기 위해 사회혁신분야 지원 전문기관인 엠와이씨 소셜컴퍼니(MYSC)와 'Autism@Work: IT 테스팅 교육 프로그램'을 공동 기획하고 실험을 진행했다. 이 프로그램은 한 가지 분야에 집중력이 뛰어난 고기능성 혹은 아스퍼거 증후군이 있는 자폐 청년들이 본인의 강점을 살려 IT 테스팅 분야의 전문가로 발돋움하는 기회가 되기를 바라는 취지에서 기획되었다.

소프트웨어 테스트 서비스를 통해 시장 안착에 성공한 테스트웍스는 한 걸음 더 나아가 2020년에 AI 학습 데이터 수집·가공 전문 플랫폼인 '에이아이웍스(aiworks)'를 개발했다. 2010년대 후반에 4차 산업혁명이 화두가 되면서 AI, 빅데이터 등 첨단 지능화 기술과 관련된 산업·정책 수요가 급증한 일이 배경이었다. 에이아이웍스는 크라우드 소싱 방식의 데이터 수집·가공 전문 플랫폼이다. 자원봉사제도를 활용하여 데이터 수집 비용을 절감하는데, 데이터 수집에 참여한 자원봉사자에게 추후 현금으로 전환할 수 있는 포인트를 적립해준다. 물론 봉사활동시간으로 인정받을 수도 있다. 이 플랫폼은 자원봉사제도와 발달장애인이 참여하는 데이터 일자리를 연계시켜 사회 참여의 가치와 생산비용 절감을 동시에 실현하면서 다른 경쟁사와 차별점을 만들어냈다.

㈜테스트웍스는 디지털 기술로 포용적 고용을 실현한 모범적 사례로 손꼽을 만하다. 국내 IT 소셜벤처 기업에서 가장 선도적인 R&D 역량을 보유하고 있으며, 고품질 서비스 구현과 동시에 노동 취약계층의 노동통합을 실현하

〈그림 14-3〉 테스트웍스의 에이아이웍스

고 있다. 발달장애인이나 경력단절 여성 등 노동 취약계층의 강점을 발현시킬 수 있는 작업공정 개발은 포용적 기술혁신의 본보기라 할 수 있다.

3. 에이블 테크는 진화 중

앞의 사례에서 알 수 있듯이, 에이블 테크는 기술혁신으로 사회통합을 실현하는 데 괄목할 만한 잠재력을 보여준다. 에이블 테크 소셜벤처는 장애와 연령, 성별, 인종이 초래하는 배제와 소외, 접근성 문제를 기술·서비스로 해결하면서 사회적 포용의 가치를 창출한다. 한마디로 디지털 포용의 가치를 창출한다고 할 수 있는데, 가치 실현의 내용을 좀 더 구체적으로 살펴본다.

첫째, 디지털 접근성을 제고하는 가치를 실현한다. 소셜벤처의 ICT 기술은 신체적, 정신적, 인지적 장애 때문에 접근이 불가능했던 영역에 도전하는 중이다. 청각장애인, 시각장애인과 같은 다양한 범주의 장애인을 위해 디지털 기반의 문자, 음성, 그래픽 기술을 결합하여 의사소통과 정보 접근성을 지원하는 기술·서비스가 대표적이다. 에이유디 사회적협동조합의 쉐어타이핑은 청각장애인을 위한 실시간 문자통역서비스 플랫폼이며, '(주)닷'의 '닷워치'는 시각장애인에게 실시간으로 텍스트 정보(전화, 문자, 메시지, 알람 등)를 제공하는 스마트 워치 기술이다. 스마트 패드인 '닷패드'는 문자와 소리만 접해왔던 시각장애인에게 그래픽을 인식하게 해주었다.

둘째, 디지털 역량 강화의 가치이다. 디지털 포용 기술·서비스 이용자는 필수적으로 그것을 활용할 수 있는 능력을 배양해야 한다. 장애가 있는 이용자(사용자)는 이제 디지털 활용 역량을 보유하지 않고서는 유용한 디지털 서비스의 혜택을 누릴 수 없다. 나아가 (주)테스트윅스에서 발달장애인은 서비스를 이용하는 사용자가 아니라 서비스와 솔루션을 개발하는 생산자이자 개발자로 재탄생했다. 디지털 포용의 역량강화 가치는 장애인이 그들의 상점을 개발하는 기회를 제공한다.

셋째, 디지털 포용 기술·서비스는 보편적 이용 가치를 실현한다. 종래의 보조기술 관점은 특정 장애인의 문제를 해결하는 데만 집중했다. 반면 디지털 포용 가치를 향한 에이블 테크는 특정 장애인에 대한 솔루션을 찾는 데서 출발하지만 그 가치는 다양한 장애 유형으로 비교적 손쉽게 확장·통합될 수 있다. 나아가 '닷'의 '부산 베리어 프리 스마트 도시 서비스' 사례에서 볼 수 있듯이 시민 누구나 편리하게 사용할 수 있는 가치로 확장되고 있다.

넷째, 디지털 포용은 사회통합의 가치를 실현한다. 장애인학(學)에서 통합(integration)은 참여(participation)와 역량 강화(empower)를 포괄하는 관점인데, 디지털 포용은 이러한 가치통합을 실현하는 데 잠재력이 크다. (주)테스트윅스의 사례를 보면 데이터 수집 과정에 청소년은 자원봉사자로 참여하면서 사회통합의 가치를 체득하고, 발달장애인과 경력단절 여성은 직무 역량을 강화하고 난 후 피고용자로 노동에 참여하는 기회도 얻는다.

여기서 소개한 사례들 외에도 국내외 에이블 테크 기업들은 매우 다양하게 발전하고 있다. 많이 알려진 사례로, 이동 약자를 위한 디지털 기반의 모빌리티 기술·서비스(예: 토도웍스(주)의 토도 드라이브, 수동휠체어에 전동 기능을 부착한 스마트 휠체어 솔루션), 인지 능력에 결함이 있는 장애인의 학습능력 개발을 지원하는 기술·서비스(예: 중국 화웨이의 스토리 사인(story sign), 청각장애인 아동의 학습을 지원하는 인공지능 기반의 학습 콘텐츠 앱를 들 수 있고, 그 외에도 다양한 디지털 포용 기술·서비스가 개발되고 있다.

4. 디지털 사회혁신의 기술적 미래와 전망

최근 지능 정보화 기술 분야에 'D.N.A'라는 용어가 등장했다. 'D.N.A'는 Data(데이터), Network(네트워크), Artificial Intelligence(인공지능)의 약자이다. 모든 지식과 정보를 담은 데이터가 연결되고 인공지능으로 학습되어 사용자·소비자 맞춤형으로 제공되는 플랫폼 서비스를 지향한다는 의미이다. 쉬운 예로 대기업의 홈 케어 영상 모니터링 기기는 주택의 입출입자를 실시간으로 모니터링하여 고객에게 알려준다. 향후 에이블 테크 기업이 창출하는 디지털 포용의 가치는 에이블 테크 도시, 배리어 프리 도시, 유니버설 디자인 도시, 포용적 혁신 도시 등의 상(象)으로 표출될 것이다.

사회복지 영역에서도 디지털 복지 서비스를 개발하기 위해 수많은 기술벤처가 도전하고 있다. 복지 콘텐츠가 AR·VR 기술과 연결되어 메타버스 방식의 프로그램으로 등장할 날이 머지 않았다. 복지와 관련된 행정 정보가 빅데이터로 관리되고 스마트폰 앱으로 수급자 또는 정부 지원 대상자 여부가 자동으로 판별되는 'AI 자동 판별 서비스'도 곧 등장할 것이다. 사례관리 서비스도 머지않은 시기에 빅데이터로 처리되어 지능화·자동화 서비스로 진화할 것이다. 돌봄 분야에서는 이미 다양한 웨어러블 디바이스가 시장에서 상용화되고 있다. 나아가 지능 정보화 기술의 대명사인 'D.N.A'는 전통적 사회복지 서비스의 경계를 허물 것이고, 그에 따라 사회복지의 전통적 접근 방식인 대면주의와 전문주의는 새로운 도전 앞에 놓일 것이다. 디지털 포용 기술이 창출하는 사회복지서비스의 미래를 적극적으로 상상할 필요가 있다.

참고문헌

관계부처 합동·중기벤처부. 2018.『소셜벤처 활성화 방안을 통한 일자리 창출 방안』.

소셜벤처허브. 2020.『2020년 에이블 테크 분야 소셜벤처 육성을 위한 전략적 과제 도출 연구』.

이은수·한유정·주윤경. 2020.「디지털 포용 정책 동향과 사례」. ≪Digital Inclusion Report≫, 1호. 한
국정보화진흥원.

지능정보사회진흥원. 2002.『디지털 포용 실현을 위한 기술·서비스 사례조사 및 과제발굴 연구』.

European Commission. 2019. *Digital Inclusion for a better EU society*.

기획   성공회대학교 사회적기업연구센터

성공회대학교 사회적기업연구센터는 사회적기업 관련 정책의 발전을 위한 연구활동과 사회적기업 관련 인적자원 개발을 위한 교육 프로그램 개발을 위해 2007년 9월에 설립되었다. 2007년은 한국 최초의 사회적경제 관련 입법인 「사회적기업육성법」이 제정·시행된 해였고, 성공회대학교는 시민사회복지대학원에 '자활과 사회적기업 전공'을 개설했다. 대학원 정규 과정으로 개설된 국내 최초의 사회적경제 관련 교육과정이었다. 사회적기업연구센터는 이와 연계하여 대학원 교육을 지원하고 관련 정책을 연구하는 목적 아래 동년 9월 설립되었다.

설립과 동시에 (주)현대제철의 사회공헌사업 지원을 받아 '사회적기업 현장연구자 장학사업'을 10여 년에 걸쳐 수행하면서 다양한 활동(교육, 연구, 실천)을 전개했다. 교육사업으로는 대학원생을 위한 '여럿이 함께' 장학기금 설립, 연 2~3회의 국내연수, 총 11회에 걸친 해외연수사업(영국, 프랑스, 독일, 일본, 미국, 러시아, 베트남, 캐나다, 인도, 네팔 10개국)을 진행했다. 2008년부터 2014년까지 진행한 사회적기업가 학교는 고용노동부 및 한국사회적기업진흥원의 지원을 받거나, 한겨레신문사와 의료생협, 주거복지협회 등 시민사회단체와 협력하여 시민 주도형 풀뿌리사회적기업가 학교를 진행하기도 했고, 지방자치단체(구로구, 금천구, 시흥시, 남양주시)의 위탁사업도 수행했다. 이와 같이 대학원 전공 과정과 비정규 과정인 사회적기업가 학교는 초창기 한국 사회적경제 관련 인적자원의 성장을 위한 마중물 역할을 수행했다고 자부할 수 있다. 연구작업으로는 사회적경제 관련 국내외 심포지엄 개최와 대학원생의 사회적경제 관련 학위논문 작성을 지원하는 외에, 경기도와 서울시의 사회적경제 발전전략 연구작업을 수행했다. 실천적인 사업으로는 코이카 및 국내 사회적기업들과 협력하여 '네팔 카트만두 사회적기업 활성화 지원사업'(2013~2014)을 진행했고, 구로구와 협력하여 구로지역 청소년을 위한 멘토링 사업단(2009~2015)을 운영하기도 했다. 센터장으로는 이영환 교수(초대)와 정원오 교수, 김용득 교수를 거쳐 현재 조남경 교수가 봉직하고 있다.

지은이

김상신　전 (재)시흥시도시재생지원센터 센터장

대학에서 사회학을 전공했고, 1997년 시민단체 시흥YMCA를 설립하기 위해 책임간사로 시흥과 인연을 맺은 후 시흥에서 계속 살고 있다. 시흥YMCA에서 10여 년간 시민운동·청소년운동 간사와 사무총장 역할을 번갈아 맡아왔고, 지역시민의 공론을 형성하고자 시민 출자와 참여를 운영 원리로 하는 지역 인터넷 언론 '시흥시민뉴스'를 만들고 운영하는 데 주된 역할을 했다. 2011년부터 시흥YMCA생활협동조합의 초대 상무이사로서 법인 설립과 운영, 조합원 조직활동, 법인재무회계, 생활 재배송 등 여러 실무를 담당하며 협동조합운동 현장을 생생하게 경험했다. 이를 계기로 지역시민활동을 협동경제, 사회적경제로 풀어가는 일에 특히 관심을 갖고 본격적으로 참여하게 되었다. 2014년부터 지역의 소중한 생태·문화·역사 자원인 '시흥갯골'을 보존하고 생태적으로 활용하는 것을 주목적으로 하는 '시흥갯골사회적협동조합'의 설립 기획과 조직, 운영 실무를 맡았다. 이후 성공회대학교 시민사회복지대학원에서 사회적기업을 전공했다.

2016년 그동안 시흥지역에서 시민운동과 주민활동 지원, 사회적경제 운영을 경험한 바탕으로, 시흥시 출연기관으로 새로 설립된 (재)시흥시도시재생지원센터의 초대 센터장으로 선임되어 2022년 7월까지 근무했다.

김성기　에스이임파워 사회적협동조합 대표이사

시민 중심의 새로운 복지혁신을 꿈꾸는 사회적기업가이다. 청년 시절에 시민운동으로 사회개혁에 매진하다 대학원에서 사회복지와 사회적기업을 전공했다. 2008년 금융위기 이후 한국 사회에 사회적경제라는 대안경제운동이 부각되면서 '사회적경제에 힘을 불어넣자'는 취지로 성공회대학교 대학원 동문과 함께 에스이임파워 사회적협동조합을 설립했다. 남은 반평생은 스마트 기술과 사회주택을 결합한 시민 주도의 복지도시가 태동하는 데 힘을 쏟겠다는 소망으로 일하고 있다.

김연아   성공회대학교 사회적기업연구센터 부센터장

성공회대학교 열림교양대학 초빙교수로 사회복지학을 전공했다. 부모 세대의 빈곤이 자녀 세대에도 대물림된다는 「비정규직의 세대 간 전승 연구」로 박사학위를 받은 이후 빈곤과 불평등, 대안경제에 관심을 두고 연구와 강의를 하고 있다. 칼폴라니사회경제연구소 부소장을 거쳐, 한국의료돌봄컨설팅협동조합 이사로 활동하면서 사회복지와 사회적경제의 통합적 실천 방법을 모색한다.

박동옥   부천나눔지역자활센터 센터장

1987년 멕스테크노동조합 위장폐업철회투쟁으로 힘없고 가난한 이들의 연대의 소중함을 경험했다. 여성노동자회 회원 활동과 부천여성노동자회 실무를 하면서 2000년 자활사업을 만나고 현재 자활과 사회적경제조직 현장을 지원하고 있다. 남아 있는 삶의 시간 동안 사람과 자연환경에 정성을 기울이는 삶을 살아가고자 한다.

박명혜   전 부천시 시의원

서울 달동네에서 가족과 이웃, 친구들과 행복한 유년기를 보냈다. 상업학교에서 일찍 사회생활을 시작했다. 반도체 공장, 국회의원실, 사회적기업, 시의회, 경기도의회에서 일했다. 현재는 성공회대학교 사회복지학 박사과정에 있다. 현장의 목소리를 정책에 담기 위해 '정치'를 했고, 사회에서 배제되거나 정책에서 소외된 이들을 위해 좋은 정책을 만들고 싶어 공부를 하고 있다. 일과 공부를 통해 문제의식과 현실감각의 균형점을 찾고자 노력하고 있다.

박용수　광진사회적경제네트워크 이사장

도시빈민으로 태어나 반평생 반지하방에서 생활했다. 가난이 아픔이 되어 가난의 문제를 해결하기 위해 광진지역에서 사회복지와 사회적경제를 시작했다. 어려운 사람이 혼자 힘으로는 안 되는 것을 서로 연대하여 협력할 때 해결할 수 있다는 가능성을 보았으며, 자활사업에 15년 몸담았다 지금은 광진사회적경제네트워크에서 활동하고 있다.

박정환　(재)한국사회가치연대기금 기금사업실 부장

대학 졸업 후 12년 동안 관악구재가복지네트워크, 송파구재가복지네트워크, 고양시무한돌봄센터 통합사례관리 네트워크 등 사회복지사로서 활동하다가 지속가능한 사회문제 해결에 대해 고민하던 중 사회적 금융에 그 대안이 있음을 발견하고 성공회대학교 시민사회복지대학원에서 사회직기업 전공으로 석사학위를 취득했다. 석사 동기와 함께 크라우드펀딩 사회적기업 (주)오마이컴퍼니 설립 멤버로 참여했고 이후 평소 관심사였던 사회서비스와 사회적 금융의 결합 모델인 SIB 연구를 위해 같은 대학 일반대학원 박사과정에 진학하여 박사학위를 취득했다. 지인들과 함께 경기도 SIB 운영기관인 (주)한국사회혁신금융을 설립하고 상임이사로 활동했다. 현재는 국내 최초 사회적 금융 도매기금인 (재)한국사회가치연대기금에서 사회서비스와 사회적 금융을 연결하는 꿀벌 역할을 담당하며 관련 연구를 병행하고 있다.

백정연　소소한소통 대표

사회복지사이자 사회적기업가. 어린 시절 우연히 사회복지사가 일하는 모습을 보고 사회복지사를 꿈꾸기 시작했다. 대학에서 사회복지학을 공부하고 발달장애 관련 기관에서 오랜 기간 일했다. 발달장애인법 시행 준비를 위해 보건복지부에서 민간전문위원으로 근무하던 중 '쉬운 정보(easy read)'를 알았고, 세상의 모든 정보를 쉽게 만들어보자는 취지로 2017년 사회적기업 '소소한소통'을 설립했다. 지은 책으로는 장애인 가족과 함께 살고 장애인 동료와 함께 일하는 경험을 담은『장애인과 함께 사는 법』, 쉬운 정보에 대한 국내외 문헌과 사례를 고찰한『쉬운 정보에 대한 여덟 가지 질문』이 있다.

송선영　성공회대학교 사회적기업연구센터 연구교수

사회복지학을 공부했고, 2000년대 초반부터 빈곤과 사회적경제를 중심으로 연구자와 현장 조직가로 활동하면서 몇 편의 책과 논문, 연구보고서 등을 발표했다. 광역자활센터 사무국장, 한국자활복지개발원 연구원, 한국지역자활센터협회 정책국장을 역임했고, 지금은 성공회대학교 사회적기업연구센터 연구교수이자 경기군포지역자활센터 센터장이다. 연구자이며 현장 활동가로서 연구는 항상 현장과 소통하고 현장의 변화 발전에 이바지하는 것이어야 한다고 생각한다.

심옥빈　사회적기업 (주)다사랑보육서비스 대표

아주 어렸을 적 선생님을 꿈꾸었고, 청년 시절에는 사회변혁을 꿈꿨다. 이후 시민사회활동가, 사회복지사, 그리고 사회적기업가로 변모했다. 청년 시절에 가톨릭청년운동을 했고, 2000년대에 접어들면서 민주노동당 인천서구위원회 사무국장과 기초비례의원 출마 등 지역정치활동을 했다. 이후 (사)실업극복인천본부에서 사무국장 활동을 하면서 사회적경제에 입문했고, 2007년부터 본격적으로 사회적기업 운영과 교육, 컨설팅 활동을 수행하면서 관련된 여러 위원회와 협의회에서 활동했다. 현재는 임대아파트 단지에서 지역아동센터 2곳을 운영하고 있고, 사회적기업 (주)다사랑보육서비스 대표이다.

우세옥　한국의료복지사회적협동조합연합회 상임이사

안산의료복지사회적협동조합의 창립 멤버로 사회적경제를 만났다. 병원의 임상 간호사로서의 삶에서 지역 의료협동조합에 몸담은 것을 천만다행으로 여긴다. 의료복지사회적협동조합에서 삶을 배운다. 호기심도 많은 편이다. 열정, 도전, 꾸준함을 인생의 가치로 여긴다. 강점을 잘 살려 개인과 조직의 성장을 지원하는 일이 체질인 듯하다. 현재는 한국의료복지사회적협동조합연합회에서 회원조합을 지원하고 주민 스스로의 건강을 잘 가꾸고, 존엄하게 삶을 살아갈 수 있는 환경과 정책을 만드는 데 힘을 보태고 있다.

이영환　성공회대학교 명예교수

서울대학교에서 사회복지학을 전공했다. 1991년부터 성공회대학교에 재직했고 2023년 2월에 정년 퇴임했다. 재직 중 사회복지정책과 사회복지운동을 주제로 교육과 연구 및 사회활동을 수행했고, 2007년 성공회대학교 시민사회복지대학원에 '자활과 사회직기입 진공'을 개설하고 사회직기입연구소를 민드는 과정을 주도하면서 사회적경제운동과 사회복지를 연결하는 주제에 관심을 기울였다. 비판사회복지학회와 참여연대 등 시민사회단체 그리고 사회적경제 관련 단체에 두루 참여했다.

정원오　성공회대 사회복지학과 교수

현재 성공회대학교 사회융합자율학부 사회복지학 교수이자, 사회적협동조합 시흥주거복지센터 이사장이다. 복지국가론, 사회보장론, 사회복지정책론을 강의하고 있지만 빈곤문제에 관심이 많아 1998년 IMF 경제위기 때 노숙인 지원을 위해 한국 최초로 서울역 노숙인상담소를 개소·운영했다. 2007년부터 성공회대학교 시민사회복지대학원 '자활 및 사회적기업 전공'을 만드는 과정에 참여했으며, 이후 사회적기업연구센터장을 역임했다. 대학원 과정에서는 빈곤론, 사회적기업개론을 강의했다.

황인매   성공회대학교 사회복지연구소 연구교수

지역네트워크사업 참여와 소비자생협조직활동 경험으로 지역사회와 사회적 경제에 관심을 갖게 되었다. 연구활동가로서 돌봄, 커뮤니티, 사회적경제에 관심이 있으며, 개인의 강점과 자산을 발견하여 지역사회와 연결하는 자산접근방법에 대한 연구와 교육, 현장 활동에 집중하고 있다. 현재 성공회대학교 사회복지연구소 연구교수이자, 장애인과 비장애인의 결합으로 연구와 사회서비스 개발을 주로 하는 위인협동조합 이사로 활동하고 있다.

한울아카데미 2489

사회적경제로 사회복지 하기
사회복지사는 왜 사회적경제를 공부하는가?

ⓒ 성공회대학교 사회적기업연구센터, 2024

기   획 ㅣ 성공회대학교 사회적기업연구센터
지은이 ㅣ 김상신·김성기·김연아·박동옥·박명혜·박용수·박정환·
            백정연·송선영·심옥빈·우세옥·이영환·정원오·황인매
펴낸이 ㅣ 김종수
펴낸곳 ㅣ 한울엠플러스(주)
편   집 ㅣ 배소영

초판 1쇄 인쇄 ㅣ 2024년 1월 12일
초판 1쇄 발행 ㅣ 2024년 1월 19일

주소 ㅣ 10881 경기도 파주시 광인사길 153 한울시소빌딩 3층
전화 ㅣ 031 955 0655
팩스 ㅣ 031-955-0656
홈페이지 ㅣ www.hanulmplus.kr
등록 ㅣ 제406-2015-000143호

Printed in Korea.
ISBN 978-89-460-7490-3 93330 (양장)
        978-89-460-8271-7 93330 (무선)

※ 책값은 겉표지에 표시되어 있습니다.
※ 이 책은 강의를 위한 학생판 교재를 따로 준비했습니다.
   강의 교재로 사용하실 때에는 본사로 연락해 주시기 바랍니다.